아이와 교사의 행복을 위한 개정 누리과정 중심

놀이지도

신지연 이신영 서원경 이미화 공저

신정

머리말

2019년도 개정 누리과정은 한국의 유아교육에 '놀이중심 교육과정' 실현에 대한 커다란 명제를 안겨주었다. 개정 누리과정 발표 후 유아교육 현장에서는 '놀이란 무엇인가?' '지금까지 우리가 해왔던 놀이는 무엇인가?' '생활주제 없이 과연 유아 주도의 놀이만으로 교육과정이 가능한가?' '유아의 놀이를 지원하는 교사의 역할은 무엇인가?' 등의 질문을 던지며, 전통적으로 유아교육의 중심에 있어왔던 '놀이'에 대한 심도 깊은 반성과 성찰, 놀이의 재개념화를 도모하게 되었다.

개정 누리과정은 '유아와 놀이'를 최우선으로 존중하는 교육과정이다. 교사가 미리 계획한 활동을 중심으로 진행되는 '교사중심 교육과정'이 아니라 유아 주도적인 놀이가 중심이 되는 '놀이중심 교육과정'을 강조하는 교육과정이다. 즉, 개정 누리과정에서는 기존의 주제중심의 계획된 수업에서 탈피하여 개별 유아의 다양한 특성을 반영할 수 있는 자유놀이 방식으로 교육과정을 개편하고, 기존 지침서 위주의 교수방식이 아닌 유아의 다양한 놀이를 유도할 수 있는 교육방법을 명시하였다. 이를 위해 바깥놀이를 포함하여 유아가 자유롭게 놀이할 수 있는 시간을 충분히 편성하여 운영할 것을 제안하고 있다.

놀이는 유아의 삶이자 배움의 방식이다. 유아에게 놀이는 세상을 살아가면서 만나는 수많은 문제를 해결하고 배워가는 앎과 삶의 방식인 것이다. 놀이중심 교육과정을 지향하는 개정 누리과정 실현을 위해 교사들은 그 어느 때보다도 유아의 놀이와 배움에 대한 깊은 이해를 기초로 교사의 역할과 놀이지원 방법, 놀이의 관찰과 기록방법 등에 대한 깊은 이해와 실천능력이 요구되고 있다. 이에 본서는 개정 누리과정을 중심으로 놀이지도의 전반적인 이론과 실제를 다루고자 하였다.

1장 놀이의 개념을 명확하게 하기 위해 놀이의 정의, 놀이의 특성, 놀이의 중요성과 교육적 가치를 살펴보았으며, 2장 놀이이론에서는 고전적 놀이와 현대적 놀이를 통해 놀이란 무엇이고, 놀이를 왜 하게 되는지, 놀이의 가치는 무엇인지를 고민하며 자기만의 놀이이론을 생각해 보도록 하였다.

3장 놀이와 발달에서는 0세에서 만 5세까지 연령별 놀이발달을 살펴보며, 영유아 사회적 · 인지적 발달 수준에 따른 놀이의 특성을 다루었다. 또한 놀이에 영향을 미치는 개인적 요인(연령, 성별, 지적능력, 성격 등), 환경적 요인(부모, 교사, 또래, 놀잇감, 놀이공간), 그리고 사회적 요인(미디어, 조기사교육)으로 나누어 살펴보았다.

4장 놀이와 교육에서는 '놀이하며 배우는 유능한 유아'에 대한 이해를 기초로 놀이를 통한 배움과 앎에 대해 다루었다. 놀이를 통해 유아는 무엇을 어떻게 배우는지 개정 누리과정을 기초로 살펴보았다. 또한 놀이와 교육과정과의 관계를 다루어 '놀이를 통한 교육과정'과 '교육과정을 통한 놀이'의 개념을 생각해 보았다. 무엇보다 놀이의 연속적 과정을 자발적 놀이, 안내된 놀이, 교사 지시적 놀이로 구분하여 개념을 정리하고, 세 놀이의 유형이 어떻게 역동적인 놀이중심 교육과정이 되는지 살펴본다.

5장 놀이환경에서는 유아의 발현적인 놀이에 계기를 부여하고 확장시킬 수 있는 실내 · 외 놀이환경의 구성원리와 놀이 자료를 다루었다. 특별히 개정 누리과정에서는 실내외 공간을 넘나들며 융통성 있는 공간활용을 제안할 뿐만 아니라 비구조적인 놀잇감(자연물, 블록, 되살림 놀잇감, 천 등)의 활용을 격려하고 있어 이에 대한 내용을 다루었다.

6장 놀이지원에서는 영유아가 선택한 놀이를 존중하고, 영유아의 놀이경험이 배움으로 연결될 수 있도록 시간, 공간, 자료를 제공하여 역동적 역할을 통해 영유아의 놀이가 시작-강화-확장-전환되는 데 공헌하는 교사의 역할을 다루었다. 또한 놀이상황에서 교사의 놀이개입을 다루어 놀이개입의 긍정적인 측면과 부정적인 측면을 생각해 보고자 하였다.

7장 놀이유형과 교사의 놀이지원에서는 영아기와 유아기로 구분하여 놀이의 가치와 놀이지원을 살펴보았다. 영아기에는 신체놀이, 상징놀이, 쌓기놀이, 언어놀이, 탐색놀이, 표현놀이, 숲놀이에 대한 내용을 다루었으며, 유아기는 역할놀이, 쌓기놀이, 되살림놀이, 손끝놀이, 과학놀이, 물 · 모래 · 흙놀이, 숲체험 놀이에 대한 교육적 가치와 교사의 놀이지원을 다루었다.

8장 놀이의 관찰과 기록에서는 관찰과 기록을 통한 놀이이해를 다루면서 다양한 놀이관찰 방법(일화기록, 평정척도, 행동목록, 시간표집 등)을 소개하였다. 또한 놀이중심 교육과정의 핵심인 놀이를 통한 유아의 배움을 지원하기 위한 다양한 놀이 흔적 기록 방법을 살펴보았다.

9장 놀이치료와 치료놀이에서는 '놀이의 치료적 힘'을 활용한 두 심리치료방법을 다루어, 예비교사들이 교육현장에서 심리적 어려움을 겪는 유아들을 위한 놀이의 치료적 힘을 이해하고 활용할 수 있도록 구성하였다.

10장과 11장에서는 영아와 유아를 위한 놀이실제 사례를 풍부하게 담기 위해 노력하였다. 실내에서의 놀이(되살림, 클레이, 블록, 소품놀이 등), 무엇이든 가능한 실외놀이(흙놀이, 물놀이, 모래놀이), 사계절 숲놀이, 특별한 날의 놀이(독도의 날, 농업인의 날, 텃밭 데이 등)에서 영유아들의 발현적인 놀이와 교사의 놀이지원을 사진과 함께 소개하였다.

무엇보다 본서는 2019~2020년 개정 누리과정 시범유치원을 실행한 삼육대학교부속유치원의 교사들, 정지영, 이미정, 김윤성, 백아름, 최은진, 이솔잎, 김송현, 홍기은 교사의 의견과 놀이실행 과정이 많이 반영되었다. 교육현장에서 아이들과 행복한 씨름을 하는 우리 교사들에게 큰 감사의 인사를 전한다. 또한 삼육대학교부설어린이집의 이은주 원감님과 송미애, 최효정, 홍은숙, 조민희, 정지혜, 이보미, 김란, 신지현, 김연숙, 김다슬 선생님들은 영아를 위한 다양한 놀이사례를 함께 공유해 주었다. 어린 영아들과 행복한 놀이중심 교육과정을 만들어 가는 부설어린이집 교사들에게 진심으로 감사의 인사를 전한다.

놀이중심 교육은 유아와 교사가 함께 만들어 가는 행복한 교육과정이다. 모쪼록 부족한 본서가 개정 누리과정에서 지향하는 유능한 유아의 놀이와 배움을 이해하는 데 도움이 되는 마중물이 되기를 기대한다.

2021년 새해를 시작하며

저자 일동

차례

Chapter 03 놀이와 발달

Chapter 04 놀이와 교육

Chapter 05

놀이 지원

Chapter 06

놀이 환경

Chapter 07

놀이유형과 교사의 놀이지원

Chapter 08

놀이의 관찰과 기록

Chapter 09 놀이치료와 치료놀이

PART 02 실기편

Chapter 10 영아기 놀이

PART 01

이론편

CHAPTER

01

놀이의 개념

CHAPTER 01

놀이의 개념

1 놀이의 정의

놀이란 무엇일까? 놀이에 대한 정의는 영어 옥스포드 사전만 보더라도 100여 가지 이상의 뜻이 제시되어 있을 정도로 다양하여 그 의미를 정의하는 것은 쉽지 않다. 그러나 유아들의 삶을 들여다보면, 놀이가 유아에게는 본능이고, 삶 그 자체임을 금방 알 수 있다. 유아에게 놀이는 세상과 소통하며 세상을 알아가는 방식도 된다. 유아들은 놀이를 통해 세상을 살아가며 만나는 수많은 문제를 해결하는 방법을 배우게 되고, 어린 영아기 때부터 감각 및 탐색 놀이를 하면서 세계와 소통하고 스스로 성장해 간다(교육부 · 보건복지부, 2019b). 이는 유아들이 태어날 때부터 놀이하는 인간(Homo Ludens)(Huizinga, 2018)으로 놀이 본능을 갖고 태어나기 때문이다.

그리스어로 '유아', '놀이', '교육'을 살펴보면, 유아에게 놀이가 어떤 의미인지를 명확하게 가름해 볼 수 있다. 그리스어로 '유아'는 pais(pie eés)인데 '놀이'와 '교육'의 두 단어는 '유아'에서 유래하였고 더 흥미로운 것은 놀이와 교육의 단어가 같다는 것이다. 놀이는 'pie–dee–áh', 교육은 'pie–deé–ah'로 악센트 위치만 다를 뿐이지 놀이와 교육은 같은 단어를 사용한다(Jonson, Christie, & Wardle, 2005). 이것은 유아의 삶에서 놀이는 떼어낼 수 없는 본질적인 것이고, 유아의 교육도 유아 중심으로 하되 놀이와 분리될 수 없는, 즉 놀이를 통한 교육이 되어야 함을 나타내는 것으로 해석해할 수 있다.

이에 고대 그리스의 철학자 Platon은 그의 저서 『공화국(Republic)』에서 놀이 본능이 잘 발휘될 수 있는 놀이를 학습의 중요한 부분으로 간주하며 '강요된 학습은 마음속에 머무르지 않는다… 유아들이 놀이를 통해 배우도록 하라(Comford, 1951: 536; Johnson et al., 2006 재인용)'고 주장하였다. 또한, Aristlc은 가정에서 어린이를 건강하게 자라도록 놀이를 통해 지도하는 것이 바람직하다고 강조하였으며, Locke는 어린이를 신사로 성장시키기 위해 그들이 좋아하는 놀이를 하도록 허용해야 한다고 주장하였고, Rousseau도 『에밀』에서 자연에서의 놀이의 중요성을 크게 강조히였다(이숙재, 2004). Froebel은 '자연 속에서 유아의 자유와 놀이를 강조한다'는 맥락에서 '어린이정원(Kindergarten)'이란 명칭을 처음으로 사용하였고(이신영, 2019), 유아에게 놀이란 무엇을 의미하는지 다음과 같이 밝히며 유아교육에서 놀이의 의의와 가치를 확립하는 데 크게 기여하였다.

> 놀이는 어린이 내적 세계를 스스로 표현하는 것이며 자기의 내적 본질의 요구에 의해서 내적세계를 외적세계에 표현하는 것이다. 놀이는 아동기의 가장 순수한 정신적 산물이며 인간 생활 전체의 모범이라고 할 수 있다. 그러므로 놀이는 기쁨과 자유와 만족, 자기 내외의 편안함과 세게외의 화합을 만들어 낸나(Frobel, 2005: 54).

또한, Dewey는 놀이는 어린이 시기의 매우 중요한 경험으로서 놀이를 신체, 정서, 인지, 사회 등 전인발달을 도모하는 수단으로 보았다(이숙재, 2004). Bruner(1975)도 놀이를 유아기의 중요한 본질로 간주하고, 놀이는 유아들이 최초로 경험하는 행동 과제일 뿐만 아니라 성장하면서 창의성 및 문제해결능력을 길러주는 경험을 제공하는 필수적인 활동으로 강조하였다.

이와 같이 놀이가 놀이의 교육적 가치 측면에서 정의되었다면, Garvey(1977)는 유아의 관점에서 본 놀이의 순수한 특성에 관심을 갖고 놀이는 즐겁고 유쾌한 것이며 놀이 그 자체에 목적이 있고, 다른 사람의 강요에 의하지 않는 자발적인 활동이라고 하였다. 임부연, 오정희, 최남정(2008)도 같은 맥락으로 유아에게 놀이는 그 자체가 목적이고 즐거움과 재미를 내포하고 있으며 놀이하는 주체에 의해 행해지는 자발적인 행동으로 정의하였다. 김명순(2019b)은 놀이를 유아의 관점에서 바라보는 것이 중요하며, 진짜 놀이란 유아들이 스스로 시도하고 계속하고 싶어하는 놀이임을 강조한다.

놀이의 개념은 탐색의 개념과 비교할 때 좀더 명확해진다. 놀이와 탐색은 둘 다 내적으로 동기화된 행동이며 외적 목표를 직접 추구하지 않는다는 점에서 유사하나(Fenson & Schell, 1986; Jonson, Christie, & Wardle, 2005) 이전의 연구들(Hutt, 1971; Hughes & Hutt, 1979; Weisler & McCall, 1976)에서는 〈표 1-1〉과 같이 놀이와 탐색을 시간, 맥락, 목적, 행동, 기분, 심장박동이 측면에서 차이점을 설명하고 있다. 즉 놀이는 탐색 후 익숙한 물체를 갖고 이루어지며 익숙한 물체에서는 더 이상의 자극이 없기에 유아들은 놀이를 통해 자극(재미와 즐거움)을 생성하는 것을 목적으로 한다. 놀잇감에 따라 다양한 놀이 행동이 전개되며 이를 통해 유아들은 행복해하고 놀이상황에 따라 심장 박동의 변화도 높게 나타난다. 반면, 탐색은 새로운 물체를 접하게 될 때 이루어지며 그 물체가 갖고 있는 정보를 획득하는 것을 목적으로 한다. 탐색할 때 나타나는 유아의 행동은 '호기심을 갖고 바라본다. → 가까이 다가가 조심스럽게 손으로 만져본다. → 손으로 집어 들고 흔들어 보거나 입으로 가져가 입으로 탐색한다.'식으로 놀이에 비해 정형화되어 있으며, 탐색 시 과학자와 같은 매우 진지한 모습을 보이고 심장박동의 변화도 놀이에 비해 적은 편이다.

그러나 유아를 직접적으로 관찰해보면 놀이와 탐색이 쉽게 구별되지는 않는 경우가 많다. 이는 이 두 상태는 한순간 변할 수 있기 때문인데, 이에 Fenson과 Schell(1986)은 놀이와 탐색을 구분하기보다는 '탐색적 놀이'라는 용어를 사용해야 한다고 주장하였다(지혜련, 1992).

| 표 1-1 | 놀이와 탐색의 개념 비교

	놀이	탐색
시간	탐색 다음	놀이 전
맥락	익숙한 물체	새로운 물체
목적	자극생성	정보 획득
행동	다양화된 행동	징형화된 행동
기분	행복함	심각함
심장박동의 변화	많은 변화	적은 변화

출처: Hutt(1971); Hughes & Hutt(1979); Weisler & McCall(1976).

또한 놀이에 대한 개념은 일과 비교하여 설명되기도 한다. 놀이의 반대말을 찾으면 무엇일까? 이때 성인의 관점에서 놀이의 반대말로 일을 떠올릴 수 있다. 〈표 1-2〉를 살펴보면 Frost와 Klein(1979)은 놀이와 일은 연속성상에 있지만, 놀이는 달성해야 될 외적 목표 없이 능동적이고 자발적이며, 진지함이 있고 재미가 있으며, 목표가 없지만, 일은 놀이에 비해 수동적이고, 강요적이고, 단조롭고, 외부로부터 부관된 목표가 있다고 하였다. 또한 Sponseller와 Lowry(1974)는 '자유놀이-안내된 놀이-지시된 놀이-놀이로 가장된 일(학습) → 일(학습)'의 5단계가 연속선상에 있는 것으로 설명하였다. 여기서 '놀이로 가장된 일(학습)'은 교사가 유아의 흥미를 끌기 위해 과제를 놀이 형태로 제시하지만, 유아는 이것을 놀이보다는 학습으로 간주하는 형태이다(Bergen, 1999).

반면, Levy(1978)는 '일'이라는 용어 대신 '비놀이'라는 용어를 사용하여 놀이와 비놀이를 구분하고, 놀이는 행동 그 자체에서 만족을 얻는 '내적 동기', 놀이 중 상상적 자아로 변신할 수 있다는 '현실의 유보', 자기 스스로 행동과 결과를 통제할 수 있다고 지각하는 '내적 통제 신념'의 특성을 갖고 있는 것으로 보았다. 비놀이는 놀이와는 상반된 특성으로 '외적 동기', '현실', '외적 통제 신념'의 특성을 갖는다는 것이다.

| 표 1-2 | 놀이와 일의 비교

놀이	↔	일
능동적	↔	수동적
자발적	↔	강요적
재미있음	↔	단조롭고 고됨
목표 없음	↔	외적 목표에 구속
스스로 시작	↔	타인에 의해 착수됨
진지함	↔	무사 안일함

출처: Frost & Klein(1979).

놀이와 일을 반대 개념으로 생각하지 않는 학자들도 있다. Dewey는 '혼돈–놀이–일–고된 일'의 4단계가 연속선상에 있음을 제시하였고(Jonson, Christie, & Wardle, 2005), Elkind(2001)도 놀이와 일은 반대 개념이 아니며 유아의 일이 놀이에 선행하기도 하고(목공 놀잇감을 만들어 놀 때), 때로는 놀이가 일에 선행하기도 하며(유아가 어려운 정서적 상황을 극복하려고 놀이할 때), 경우에 따라 놀이와 일이 동시에 일어난다고(보드게임 같이 규칙 있는 게임) 하였다(Christie & Wardle, 2005).

이상과 같이 놀이의 본질을 한 마디로 정의하는 것은 쉬운 일이 아니다. 이에 학자들도 다양한 관점에 따라 놀이를 다양하게 정의하고 있다. 그러나 여기서 주목할 것은 유아들과 그들의 삶에 있어 놀이는 가장 중요하며 의미 있는 경험이라는 점이다.

2 놀이의 특성

놀이의 본질, 즉 어떤 경험을 놀이라고 할 수 있을까? 이때 여러 학자들에 의해 설명된 놀이의 핵심적 특성을 살펴보는 것은 놀이의 본질적인 이해에 도움이 된다. 여러 학자에 의해 설명된 놀이의 특성을 살펴보면 다음과 같다(Garvey, 1977; Jenvey & Jenvey, 2002; Rubin, Fein, & Vandengberg, 1983; Jonson, Christie, & Wardle, 2006).

■ 긍정적 정서(Positive affect)

놀이는 보통 즐겁고 유쾌하다. 유아에게 기쁨과 즐거움을 주기에 일반적으로 웃음과 미소가 동반되는 것이다. 가파른 미끄럼틀을 내려가려고 준비할 때처럼 어떤 놀이에서는 약간의 두려움이 동반되기도 하는데, 유아들이 그 놀이를 반복하는 것은 그 후에 주어지는 즐거움이 더 크기 때문이다. 이에 코메니우스는 놀이는 자유로이 즐기는 것이기 때문에 인간의 본성을 기쁘게 하고 놀이규칙이 있다 하더라도 자발적으로 이루어지고 또래들이 함께 함으로 그 즐거움이 더하게 된다(조영아, 2003)고 하였다.

■ 자유선택(Free choice)

놀이에 있어 자발성과 선택의 자유는 놀이와 비놀이를 구분 짓는 매우 중요한 요인이다. 유아들은 지기가 하고 싶어서 자유롭게 선택하여 놀이할 경우에는 그 놀이를 진짜놀이로 생각하지만 교사에 의해 주어졌을 때는 일이나 학습으로 생각하는 경우가 많다.

■ 비실제성(Nonliterality)

가상놀이, 거친 신체놀이, 쌓기놀이 등 유아들이 좋아하는 많은 놀이에서는 실제 상황(here and now)을 초월하여 상상하여 '~인 척하는(as-if elements)' 가작화 놀이, 즉 가상의 세계에서 놀이가 전개된다. 이 같은 비실제성은 놀이를 구분 짓는 가장 믿을 만한 지표로 간주될 정도로(Smith & Vollstedt, 1987) 놀이의 중요한 특성이다.

■ 내적 동기(Intrinsic motivation)

'놀고 싶다'라는 놀이의 동기는 유아의 내부로부터 시작된다. 놀이는 유아 자신을 위한 것이고 놀이 그 자체가 보상이다. 따라서 유아의 놀이는 내적 동기에 의해 시작되고 능동적으로 전개된다.

■ 과정 지향(Process over product)

유아들이 좋아하는 놀이에 몰입한다. 유아들은 놀이를 할 때 놀이로 얻어지는 어떤 목적이나 결과보다는 놀이과정 그 자체가 보상이기에 유아들은 놀이에 몰두하고 놀이과정에서 큰 즐거움을 경험한다. 이는 놀이에서는 성취해야 할 결과에 대한 부담감이 없기 때문이며, 유아들은 놀이를 하면서 자유롭게 그리고 즉흥적으로 다양한 변화를 도모하며 놀이를 즐긴다.

■ 내부에서 부여된 규칙(Freedom from externally imposed rules)

놀이는 외부에서 주어진 규칙에서 벗어나 유아들이 스스로 정한 규칙에 따라 자유롭게 전개될 수 있다. 이것은 놀이에서는 유아들이 주체가 되어 적극적이며 능동적인 참여하기에 가능한 것이다. 예를 들어, 규칙 있는 게임을 할 때 유아들은 놀이에 익숙해지고 차츰 지루어지면 정해진 규칙에서 벗어나 공동놀이자들과의 협의를 통해 새로운 규칙을 만들어 놀곤 한다.

이 같은 놀이 특성을 놀이가 아닌 특성과 비교하여 확장된 개념으로 살펴보면 놀이의 특성에 대한 이해를 더 높일 수 있다. 이에 놀이의 특성 및 놀이가 아닌 특성에 대한 확장된 개념을 제시하면 다음과 같다.

| 표 1-3 | 놀이의 특성에 대한 확장된 개념

놀이의 특성	놀이가 아닌 특성
즐거움, 집중, 진지함, 가벼움, 휴식, 개별적 흥미, 자유로운 선택, 반복성, 자유로운 자기 표현, 긴장 완화, 무계획성, 상징, 두려움 없음, 과정이 확실치 않음, 자유로운 변형, 비현실적, 비사실적, 규칙에 대한 구속이 적음, 과정 중심, 융통성, 호기심과 협력, 무목적성, 언어적 유희, 의인화, 각성수준, 신체적 도전, 모험, 행동유발, 타인조망, 계속적 시도, 흥미확장	지루함, 탐색, 답하기, 일, 대집단으로 하는 획일적 활동, 누군가 시킨 것, 체험, 공부, 경쟁, 부정적 정서, 실패에 대한 두려움, 타인 의식, 결과 중심, 현실적, 사실적, 외부규칙 준수, 반복보다 새로움 선택, 폐쇄적, 본래의 상태를 유지하려 애씀, 계획적, 목적성, 행동절제와 통제, 안전 추구, 자기중심성, 단편적 시도, 흥미단절

출처: 김명순(2019a).

3 놀이의 중요성과 교육적 가치

> 자기 스스로 선택하여 결정한 놀이를 몸이 피곤하여 놀 수 없을 때까지 힘닿는 대로 충분히 끈기 있게 논 아이들은 반드시 과묵하며 인내심 있게 타인의 행복과 자신의 행복을 위하여 헌신적으로 노력하는 인간이 될 것이다.
>
> –Froebel(2005: 54)

역사적으로 놀이의 중요성과 가치를 가장 강조한 교육사상가를 꼽는다면 Froebel을 들 수 있다. 그는 유아들이 스스로 선택하여 결정한 놀이에 큰 의미를 부여하였다. 유아들이 자기가 선택하고 결정한 자유놀이에 온 힘을 다해 충분히 끈기 있게 놀게 된다면 그 아이들은 종국에는 반드시 과묵하며 인내심 있게 타인의 행복과 자신의 행복을 위하여 헌신적으로 노력하는 인간으로 성장될 것이라고 하였다. 또한, Froebel(2005)은 유아기 교육방법으로 '발달 순응적 교육'을 강조하였는데, 발달 순응적 교육은 인간 본성의 자연적 법칙에 순응하여 너무 어린나이에 일찍 시작하지도 않고, 너무 서두르지도 않고, 너무 늦어지지도 않고, 유아의 본성의 요구에 따라가며 지속적으로 확대되어 전개되는 교육을 의미한다. Froebel(2005)은 놀이를 최고의 발달 순응적 교육으로 보았고, 이 같은 발달 순응적 교육을 통해 영유아는 타인의 행복과 자신의 행복을 위하여 헌신적으로 노력하는 인간으로 성장하게 될 것이라고 생각하였다.

여기서 Froebel이 주장한 '인내심 있게 타인의 행복과 자신의 행복을 위하여 헌신적으로 노력하는 인간'에 좀 더 관심을 갖고 살펴볼 필요가 있다. 인내심 있게 타인의 행복과 자신의 행복을 위하여 헌신적으로 노력하는 인간은 교육학적 관점에서 보면 '전인적 인간(holistic human)'이요, 우리나라의 전통교육사상의 관점에서 보면 우리나라의 교육의 이념인 '홍익인간'의 개념과 상통된다. 홍익인간은 원래 표현은 '弘益人間 理化世界'로 '자연의 이치와 순리대로 살아 세상에 존재하는 모든 생명들(개인, 공동체, 자연)에게 널리 이로움을 주는 사람'이라는 뜻을 갖고 있다(신지연 · 이신영 · 정민정, 2019). Froebel의 '인내심 있게 타인의 행복과 자신의 행복을 위하여 헌신적으로 노력하는 인간'을 달리 표현할 때 홍익인간의 '모든 생명들(개인, 공동체, 자연)에게 널리 이로움을 주는 사람'이라 할 수 있다. 결국 놀이는 프뢰벨 이론에 기초할 때, 영유아기 최고의 발달 순응적 교육, 그 자체라 할 수 있겠으며, 영유아기 놀이를 통해 우리 교육이 궁극적으로 추구하는 홍익인간을 길러낼 수 있을 것이다.

이를 위해 유의할 것은 영유아들이 몸이 피곤하여 놀 수 없을 때까지 힘닿는 대로 충분히 그리고 끈기 있게 놀 기회를 주어야 한다는 것이다. 요즘 영유아들은 조기 사교육으로 너무 바빠 놀 시간이 부족하고 놀이를 하더라도 실내에서 미디어 놀잇감이나 놀이 방법이 정해져 있는 상업적 놀잇감을 주로 사용하기 때문에 놀이의 교육적 가치가 충분히 발휘되지 못할 때가 있다. 영유아들에게 실내에서뿐만 아니라 실외에서 놀이방법이 정해져 있는 놀잇감뿐만 아니라 놀이방법이 정해져 있는 않은 다양한 놀잇감을 갖고 또래들과 충분히 그리고 마음껏 놀이할 시간이 주어질 때, [그림 1-1]에서와 같이 긍정적 자아개념과 자기조절능력 발달, 신체발달 및 건강증진, 상상력과 창의성 발달, 정서 및 사회성 발달, 언어 및 인지 발달 등이 이루어지며 우리나라 교육이 궁극적으로 추구하는 홍익인간으로 자라날 수 있는 기초를 형성하게 될 것이다.

또한, 놀이는 미래사회에서 그 중요성과 가치가 더욱 픽실해진다. 현대는 제4차 산업혁명 시대이다. 인공지능(AI), 빅데이터 기술, 사물인터넷(IoT), 사이버 물리시스템(CPS), 로봇공학(RT), 3D 프린팅 등을 기반으로 사람과 만물과 공간의 초연결, 초지능화가 이루어지는 제4차 산업혁명 시대는 이미 2015년부터 시작되어 현재 우리의 삶에 큰 영향을 미치고 있다. 미래의 삶에 제4차 산업혁명으로 인한 변화는 더 많아질 것인데 현재 예측되는 가장 큰 변화는 20년 안에 현 직업의 50%, 약 20억 개의 직업이 사라지게 될 것이라는 것이다. 그리고 이에 대처하기 위한 방안으로 미래학자들은 교육의 모든 분야에서 인공지능(AI)이 대체할 수 없는 '인간만의 고유 능력'을 발전시켜야 될 것이라고 강조하고 있다(신지연 외, 2019).

인공지능이 대체할 수 없는 인간의 고유능력이란 무엇일까? 이것을 유아교육의 관점에서 살펴보면, '호기심에서 나오는 질문', '감수성에서 나오는 공감력', '상상력에서 나오는 창의력' 등을 들 수 있다(곽노의, 2018). 그리고 중요한 것은 이 세 가지 능력을 영유아기 때부터 어떻게 발달시킬 수 있을지에 대한 답을 유아들의 놀이에서 찾을 수 있다는 것이다. 유아들의 자유놀이를 지속적으로 관찰해보면, '호기심에서 나오는 질문'은 탐색적 놀이에서 많이 나타나며, '감수성에서 나오는 공감력'은 사회극놀이에서, 또한 '상상력에서 나오는 창의력'은 구성놀이, 가장놀이, 사회극놀이 등에서 많이 발현됨을 볼 수 있다. 요즘 부모들은 영유아들의 미래 행복을 위해 많은 사교육을 시키며 많은 교육비 지출하고 있지만 과연 그 같은 사교육이 인간만의 고유 능력을 발달시킬 수 있을지 의문이다. 먼저 영유아들이 충분히 그리고 힘닿는 대로 지칠 때까지 놀이할 수 있도록 놀이여건을 구성해 주는 것이 영유아의 현재 및 미래 행복을 위한 더 현명한 투자가 아닐까?

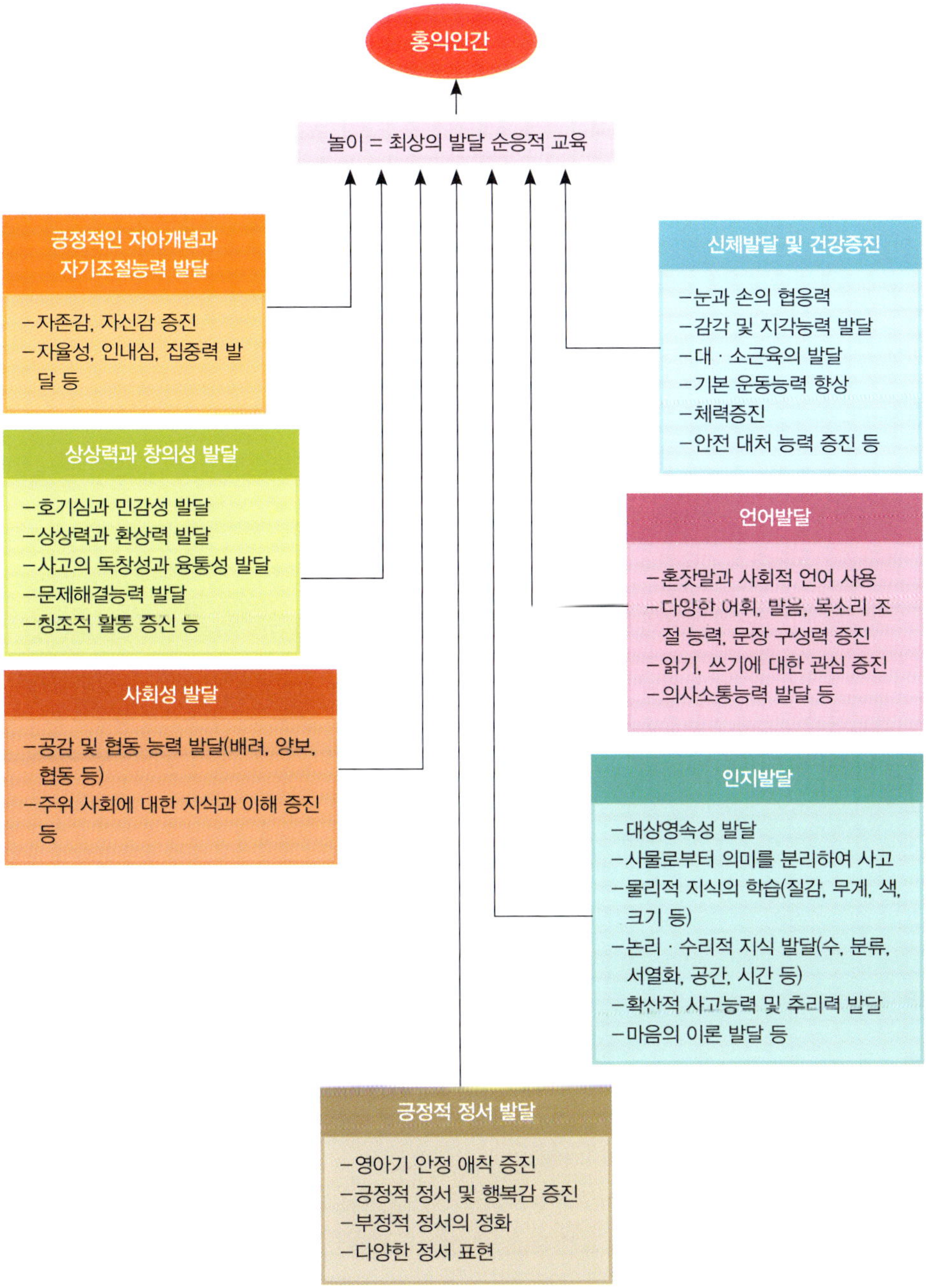

그림 1-1 놀이의 교육적 가치

생각해보기

- EBS 신년특집기획 놀이의 힘 1부 놀이는 본능이다.
  http://home.ebs.co.kr/sdocu/replay/3/list?courseId=BP0PAPC0000000028&stepId=02BP0PAPC0000000028 또는 https://youtu.be/B5ddcfO5HCc
- 동영상을 살펴보고 놀이의 중요성과 가치에 대해 이야기를 나누어보자.

CHAPTER 02

놀이이론

1. 고전 놀이이론
2. 현대 놀이이론

CHAPTER 02

놀이이론

놀이이론은 무엇이 놀이이고 놀이를 왜 하게 되는지, 그리고 놀이의 가치는 무엇인지 등을 이해하는 데 도움을 준다. 놀이이론은 고전 놀이이론과 현대 놀이이론으로 구분되는데, 고전 놀이이론은 19세기와 20세기 초에 걸쳐서 등장한 이론이고, 현대 놀이이론은 20세기 초 이후에 발전된 이론이다.

1 고전 놀이이론

고전 놀이이론은 모두 제1차 세계대전 전에 등장한 이론으로 놀이가 왜 존재하며 놀이가 제공하는 목적이 무엇인지를 설명한다(Jonson, Christie, & Wardle, 2005). 고전적 이론은 잉여에너지 이론, 휴식 이론, 반복 이론, 연습 이론 등인데, 이 이론들은 두 관점, 즉 놀이를 에너지 조절의 수단으로 본 잉여에너지 이론과 휴식이론, 놀이를 본능적 측면에서 설명한 반복이론과 연습이론으로 나눌 수 있다.

1) 잉여에너지이론과 휴식이론

잉여에너지이론은 놀이의 목적을 잉여에너지를 소비하기 위한 것으로 본 이론이다. 모든 살아있는 생명체는 생존하기 위한 욕구에 의해 에너지를 생산하는데, 자신의 생존 욕구를 충족시키고 남은 잉여에너지를 소모시키기 위해 놀이를 한다는 것이다. 이 이론은 18세기 독일의 시인인 Friedrich Schiller와 19세기 영국의 철학자 Herbert Spencer에 의해 주창되었다(Ellis, 1973). Friedrich Schiller는 인간이 기본 욕구를 충족시키기 위해 일을 하고 이 욕구가 충족된 후에는 남는 잉여에너지로는 놀이를 한다고 하였으며, Herbert Spencer는 놀이는 아동기의 욕구충족을 위한 활동이거나 잉여에너지 활동이라고 하였다(오연주 외, 2020). 현대 시점에 볼 때 이 이론은 놀이에 대해 잘 모르는 일반적인 성인들이 공감하는 이론이지만, 유아들이 에너지가 다 떨어지고 지쳤을 때에도 계속해서 놀이하는 것을 설명하지 못한다.

반면, 휴식이론은 잉여에너지이론과는 정반대로 일에서 놀이의 목적이 소비된 에너지의 재충전에 있다. 이 이론은 독일의 시인 Moritz Lazarus가 주장하였는데, 그는 놀이를 일과 반대되는 개념으로 보고 놀이를 일에서 소모된 에너지를 충전하는 좋은 방법이라고 하였다. 그러나 휴식이론에 의하면, 성인이 유아보다 훨씬

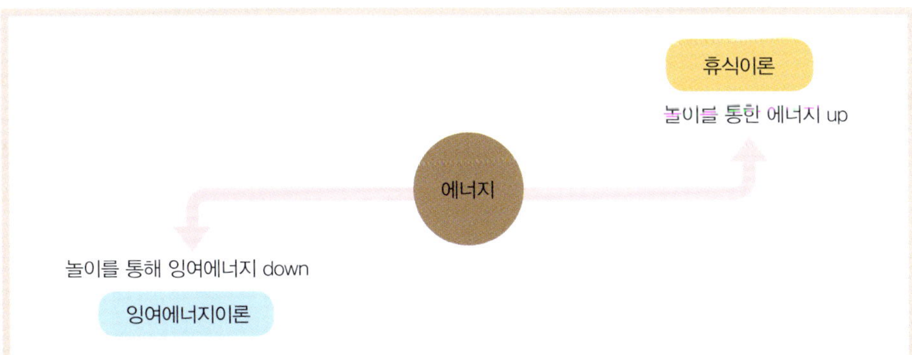

많은 일을 함으로 에너지 손실이 더 많을 것이고, 그렇다면 성인이 더 많은 놀이를 해야 하는데 현실은 그렇지 않다는 점에서 비판을 받고 있다.

2) 연습이론과 반복이론

반복이론은 미국의 심리학자 Stanley Hall이 인간 종의 진화과정을 밝혀낸 Darwin의 이론을 놀이이론에 적용한 이론이다(Ellis, 1973). 그는 인간의 개인적인 발달은 종의 발달을 반복함으로 아동의 행동발달도 본능적으로 인간의 진화 과정을 따라간다고 하였다. 놀이에서도 인간의 진화 발달이 재현되는데, 특히 현대 생활에 더 이상 필요하지 않는 원시 조상의 행동이 놀이로 반복되면서 유아가 갖고 있는 원시적 본능이 제거된다는 것이다. 결국, Stanley Hall에 의하면, 유아가 놀이하는 목적은 유아가 갖고 있는 원시적인 본능을 제거하기 위한 것인데, 예를 들면 야구와 같은 종류의 운동놀이를 통해 유아는 원시인들이 방망이를 사용하여 사냥을 했던 것과 같은 원시적 활동 본능을 제거한다는 것이다(Jonson, Christie, & Wardle, 2005). 그러나 이 이론은 현대 유아들이 자동차나 우주선 같은 놀잇감을 원시적인 활동보다 더 좋아하는 이유를 설명하기 어렵다는 점에서 모순성을 드러내고 있다.

반면, 연습이론은 철학자 Karl Gross가 주창한 이론인데(Ellis, 1973), 놀이를 통해 원시적 본능을 제거하기보다는 유아들이 본능적으로 미래 어른 생활에 필요한 활동과 기술을 미리 연습하는 것으로 보았다. 예를 들어, 유아들이 사회극놀이로 엄마 아빠 놀이를 하는 것은 이 이론에 따르면 나중에 성인이 되었을 때 필요한 부모 역할 기술을 연습하는 것이다. 다른 고전 이론에 비해 연습이론은 놀이와 학습을 연결했다는 점에서 현대의 발달이론과 일부 맥을 같이 하나 미래의 성인생활과 관련 없는 놀이는 설명하지 못한다는 한계를 갖고 있다.

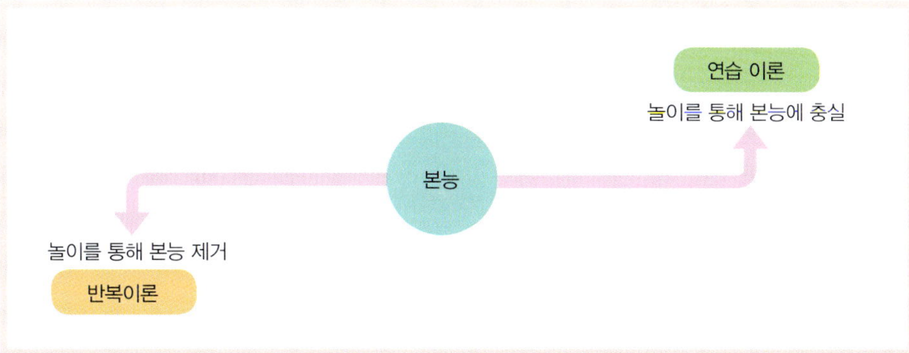

지금까지 살펴본 고전이론으로 놀이의 목적을 설명하기에는 제한점이 많고 시대에 뒤떨어진다는 비판을 받기도 하나 고전이론은 여전히 중요하게 인식되고 있다. 그 이유는 첫째, 고전이론은 놀이에 대한 현대 성인들의 태도에 역사적 관점을 제공해주기 때문이고, 둘째, 일부 이론(잉여에너지 이론, 연습이론)은 오늘날에도 여전히 깊은 공감대를 형성하고 있기 때문이다. 셋째, 고전이론은 현대 놀이이론의 기초가 되었기 때문이다.

2 현대 놀이이론

20세기에는 심리학, 사회학, 교육학 등의 학문적 배경과 관심사를 바탕으로 다양한 현대적 놀이 이론이 발전하였다. 현대적 놀이이론은 통해 놀이의 의미와 가치를 이해하는 데 도움이 되므로 정신분석이론, 인지이론, 각성조절이론, 상위의사소통이론, 마음이론, 몰입이론, 혼돈이론 등을 통해 놀이의 의미와 가치를 살펴보고자 한다.

1) 정신분석이론

(1) 프로이드

정신분석이론의 창시자 Freud(1961)는 놀이가 유아의 정서발달에 중요한 역할을 한다고 믿었다. 놀이는 마음에 상처가 되는 사건을 경험함으로써 갖게 되는 부정적인 감정이나 정신적 외상(trauma)을 정화(카타르시스)시키는 효과가 있다는 것이다. 상처가 되는 사건을 놀이를 통해 반복하여 재현함으로써 부정적인 감정을 정화하게 된다는 것인데 예를 들어, 부모에게 야단맞은 후 유아는 인형을 때리거나 친구를 야단치는 흉내를 냄으로써 부정적인 정서를 사물이나 사람에게 전이시키며 그 감정을 해소하게 된다는 것이다. 이 같은 놀이의 치료 효과로 인해 오늘날 정서에 문제가 있는 유아들에게 놀이치료가 많이 행해지고 있다.

(2) 에릭슨

Erikson(1950)은 놀이를 통해 유아의 자아 및 사회성이 발달한다고 주장한다. 유아는 놀이를 통해 자아가 강화되고 정체성이 발달하게 되며 주변세계에 대한 경험을 확장시켜 사회 속에서 자신의 역할과 그가 속한 문화를 이해하게 된다는 것이다(송승민 외, 2020). 이와 관련하여 Erikson(1950)은 유아의 놀이는 자기세계놀이, 미시영역놀이, 거시영역놀이의 순서로 발달한다고 설명한다.

| 표 2-1 | Erikson의 놀이발달 단계

구분	시기	특성
자기세계놀이	0~12개월	영아는 자기 신체를 만지며 노는 놀이를 반복하며 자신과 다른 사람이 다른 존재라는 것을 인지하게 된다.
미시영역놀이	만 1~2세 이후	사물을 갖고 놀면서 주변세계를 알아가고 자아가 형성된다.
거시영역놀이	만 3세 이후	다른 사람과 함께 놀이하면서 사회적 상호작용에 숙달되어 문화와 사회적 역할을 이해할 수 있게 된다.

2) 인지이론

(1) Piaget 이론

스위스 심리학자 Piaget(1962)는 놀이가 유아의 인지발달에 기여한다고 주장한다. Piaget에 의하면 유아의 인지발달은 동화, 조절, 평형화를 통해 이루어지는데, 이 때 놀이는 동화 작용으로서 인지발달에 기여하게 된다. 동화, 조절, 평형화를 통해 새롭게 습득한 지식과 기술도 연습하고 공고화하지 않으면 쉽게 잊어버릴 수 있는데 유아들은 극놀이나 사회극놀이를 통해 새롭게 습득한 지식이나 기술을 반복하여 연습하면서 그 지식과 기술을 공고히 하게 된다는 것이다. 예를 들어, 늘 소아과 병원만 다니다가 안과 병원에서 처음으로 진료를 받은 유아는 동화, 조절, 평형화를 통해 유아들은 안과의 진료과정에 대한 새로운 지식이나 지식을 형성하게 되는데 그 후 안과 병원놀이를 통해 안과에서 이루어지는 다양한 의료기술에 대해 연습하며 안과에 대한 지식을 공고히 하게 되는 것이다.

- **도식(Sheme)**: 사고 및 이해 체계
  - 예 소아과 병원: 아프면 가는 곳으로 의사가 청진기로 검진한 후 주사를 맞게 된다.
- **동화(Assimilation)**: 자기가 갖고 있는 기존의 도식에 맞추어 외부 세계를 이해하는 것
  - 예 안과 병원: 의사가 청진기로 아픈 눈을 검진하고 그 후 주사를 맞게 될 것이다.
- **조절 (Association)**: 새로운 지식을 받아들이기 위해 자신의 도식을 변형하는 것
  - 예 안과 병원: 의사가 청진기가 아닌 새로운 기계로 눈을 비추며 검사하고, 주사는 안 맞는다.
- **평형(Equilibration)**: 동화와 조절을 통해 외부 세계를 인지적 갈등 없이 이해하게 된 상태
- **상징놀이(Symbolic play)**: 학습된 기술의 연습 및 공고화

(2) Vygotsky 이론

러시아의 심리학자 Vygotsky(1978)는 피아제보다 놀이를 더욱 강조하여 놀이가 유아의 인지발달에 결정적인 역할을 한다고 주장한다. 여러 놀이 가운데서도 특히 가상놀이는 '돋보기의 초점'과 같아서 추상적 사고와 같은 고등정신기능 발달의 원동력이 된다고 하였다. 예를 들어, 유아들은 엄마의 볼펜을 갖고 긁적거리다가 얼마 후에는 볼펜으로 기차놀이이나 자동차놀이를 재미있게 한다. 이것은 가상놀이를 통해 대상에서 의미가 분리되고 대상(볼펜)에 새로운 의미(기차)를 부여한 것으로 구체적 사고에서 추상적 사고로의 놀라운 전환이라 할 수 있다. 또한 이것은 가상놀이가 근접발달영역(ZPD)에서 비계의 역할을 하여 발달을 촉진시킨 것으로 볼 수 있다.

이처럼 유아들은 놀이를 통해 근접발달영역에서 스스로 비계설정(scaffolding)을 하면서 주의집중, 언어, 기억력 등의 인지발달뿐만 아니라 자기조절, 탈중심화와

조망수용 능력, 타인과의 협동 등 정서 및 사회성 발달을 이루게 된다(Bodrova & Leong, 2010). 또한 부모나 교사가 유아에게 적절한 비계설정으로 도움을 주려면 먼저 유아의 근접발달영역을 파악할 필요가 있는데 유아의 근접발달영역을 이해하는 것은 쉽지가 않다. 이때 유아의 놀이를 관찰하면 유아의 근접발달영역인 유아의 실제적인 발달수준과 잠재적인 발달수준을 이해하는 데 큰 도움이 된다.

- **근접발달영역(Zone of Proximal Development)**: 유아의 실제적인 발달 수준과 잠재적인 발달 수준 사이의 간격
- **비계설정(scaffolding)**: 근접발달영역에서 실재적 발달수준을 잠재적 발달수준으로 끼지 끌어 올리는 인지적 전략으로 주로 성인이나 높은 연령의 아동이 유아들과 상호작용하며 학습을 촉진시키기 위해 사용한다.
- **가장놀이(pretend play)**: 인지발달의 원동력, 놀이는 유아발달에 비계설정의 역할을 하고, 교사나 부모는 놀이관찰을 통해 유아의 근접발달 영역을 발견할 수 있다.

(3) Bruner 이론

Bruner(1972)는 놀이의 과정 지향을 강조하여 놀이에서는 결과보다는 과정이 더 중요하다고 설명한다. 유아들은 놀이를 할 때에 목표나 결과의 달성에 대한 염려 없이 그 과정 자체에 몰입하여 즐기기 때문에 놀이에 융통성과 창의성이 발휘되고 이를 통해 새로운 도전과 다양한 실험도 하며 놀이에 집중하게 된다는 것이다. 그리고 그 결과, 유아들은 놀이를 통해 문제해결능력, 창의성과 융통성, 언어 등의 능력이 발달되고 이것은 미래 성인생활을 위한 유용한 준비가 된다는 것이다. 놀이가 성인생활을 준비한다는 점에서 Groos의 고전적 연습이론과 연계된다고 볼 수 있다.

(4) Sutton-Smith 이론

Sutton-Smith는(1967) 가상놀이에서 일어나는 상징적 변형(~인 것처럼)을 통해 정신적 융통성이 발달하게 되고 이를 통해 유아들은 자유롭고 새롭고 독특한 방법으로 사고하게 되면서 추후 창의적 사고를 발달하게 된다고 하였다. 또한 Sutton-Smith(1979)는 놀이를 4차원적 대화, 즉 공동놀이자, 감독자, 연출자, 청중의 대화에 참여하는 것으로 보았다. 일상적인 대화가 2차원적인 대화라면 놀이는 4차원적인 대화라는 것인데 유아들은 사회극놀이를 하면서 청중을 위해 가상의 세계를 만들고 감독자나 연출자가 되어서 자신의 생각을 표현한다는 것이다. 혼자놀이에서도 유아는 공동놀이자와 청중이 있다고 상상하며 놀이를 하기에, 놀이를 가상세계 속에서 이루어지는 일종의 공연(performance)으로 본다.

(5) 각본이론

Wolf와 Grollman(1982)은 유아의 극놀이를 각본(script)에 의해 이끌어지는 놀이로 보았다. 각본이란 기억에 의해 활성화되는 지식의 구조로서 한 가지 주제 활동과 그것에 포함된 하위활동이나 장면의 지식 연결망을 의미한다. 예를 들어 병원에 치료받으러 간다고 하면, 접수, 대기, 진료 및 치료, 병원비 수납, 약국에 처방전 제출하고 약 구입 등의 하위활동이나 장면, 그리고 관련된 소품 등이 연결되어 떠오르는데 이것이 각본이라는 것이다.

Wolf와 Grollman는 극놀이에 나타나는 각본 분석을 통해 유아의 언어 및 인지 발달의 지표를 제시하였다. 그들은 유아의 극놀이 중에 표현되는 이야기 조직 수준을 분석하여 그 수준을 3단계, 즉 쉐마 수준(scheme level), 사건각본 수준(event script level), 에피소드 수준(episode level)으로 구분하였고, 그 수준을 통해 유아의 언어 및 인지적 성숙도를 추정할 수 있다고 보았다(이숙재, 2004).

- 쉐마 수준(scheme level): 한 가지 작은 사건과 관련되는 1~2가지의 단순한 행동을 한다.
  예 인형에게 우유를 먹인다.
- 사건 각본 수준(event script level): 한 가지 목적을 이루기 위해 2개 이상의 쉐마를 행동한다.
  예 인형에게 우유를 먹인 후, 침대에 눕혀서 재운다.
- 에피소드 수준(episode level): 한 가지 목적을 위해 2가지 이상의 사건 각본을 행동한다.
  예 맛있는 음식을 만들고, 친구들을 초대하여 대접한다.

3) 기타 이론

(1) 각성조절이론

각성조절이론은 각성 수준을 적정하게 유지시키려는 중추신경계의 욕구를 만족시키기 위해 유아들이 놀이를 한다는 것을 의미한다. 이 이론은 Berlyn(1960)이 제안하고 Ellis(1973)이 수정 · 보완한 것으로, 유아들이 새로운 사물을 접하면 크게 각성되지만 차츰 사물에 익숙해지면서 각성 수준이 낮아지고 지루해질 때 유아들은 스스로 최적의 각성 수준으로 끌어올리기 위한 노력으로 '놀이'라는 새로운 자극을 추구한다는 것이다. 실제로 유아들을 관찰해 보면, 유아들이 놀잇감을 갖고 놀다가 싫증이 나면 스스로 새로운 아이디어나 새로운 규칙을 제안하여 놀이의 흥미를 높이고 즐거움을 극대화하려는 모습을 쉽게 볼 수 있는데, 이 같은 놀이 상황은 각성조절이론을 설명하는 좋은 사례라 할 수 있다.

(2) 상위의사소통이론

유아의 사회극놀이를 관찰해 보면, 두 가지 유형의 의사소통이 있다. 하나는 '가작화 의사소통(pretend communication)'이고 또 하나는 '상위의사소통(meta communication)'이다. 이는 Bateson의 이론에 근거하여 Garvey(1977)가 밝혀낸 것으로 가작화 의사소통은 사회극놀이에서 맡은 가상역할에 따라 대화를 하는 것을 의미한다. 반면 상위의사소통은 놀이 시작을 위해 놀이 상대자를 초대하고 놀이계획을 세우는 대화, 가상적 놀이상황과 역할을 설정하거나 재설정하는 데 사용하는 대화, 놀이를 유지를 위해 역할행동을 수정하거나 놀이 갈등을 해결하는 대화, 끝으로 놀이를 종료하는 데 사용하는 대화 등을 의미한다.

실제로 유아의 사회극놀이를 관찰해 보면, 놀이의 시작과 끝에 상위의사소통을 사용하는 것과 놀이 중간 중간에 가상의 놀이세계를 깨고 현실로 돌아와 상위의사소통을 사용하여 여러 놀이 문제나 갈등을 해결하고 다시 가상의 놀이세계로 들어가 놀이를 전개하는 것을 쉽게 볼 수 있다. Howes와 Faver(1985)의 연구에 의하면, 5세의 동일 연령보다는 혼합연령에서 상위의사소통능력을 더 많이 사용하는 것으로 나타났다.

- 가작화 의사소통

(아빠역할) 여보, 빨리 준비해요. 늦으면 차 막혀요.
(엄마역할) 알았어요 곧 나가요.

- 상위의사소통

(놀이시작) 우리 엄마 아빠 놀이하자.
(가상 역할 설정) 나는 엄마할래 / 그럼 나는 아빠 / 난 아기 할게 / 난 형아

(가상 놀이상황 설정) 오늘 우리 가족 소풍을 간다고 하자.
(놀이 중간에 놀이 문제해결) 야 이것은 아빠가 하는 거야. 이것을 아기가 하면 어떻게?
(놀이 상황 재설정) 이제는 부릉부릉 자동차를 타고 소풍을 간다고 하자.
(놀이 종결) 오늘은 그만 놀고 다음에 놀자.

(3) 마음의 이론

마음의 이론은 다른 사람의 마음에서는 자기와 다른 마음(바람, 믿음, 의도, 감정)이 있다는 이해하는 것을 의미한다. 마음의 이론은 '틀린 믿음 과제'를 통해 연구되었는데, 이 연구에서는 '실제 사실'과 '믿음(사람들이 사실이라고 믿는 것)'은 다를 수 있는데 사람들의 행동은 사실보다는 믿음에 의해 이루어진다는 것을 이해할 때 마음의 이론이 형성되었다고 본다(유소라 · 박찬옥, 2019).

유아의 마음의 이론 발달은 4세가 되어야 발달되어야 가능한데, 마음의 이론의 발달은 '사회적 참조'와 '놀이'에 의해 영향을 받는다 18개월 정도의 영아는 다른 사람이 실패한 행동을 본 후에는 그것을 모방하지 않는 사회적 참조 행동을 보이게 되는데 사회적 참조 행동은 이후 마음의 이론을 발달시키는 중요한 기초가 된다(송승민 외, 2020). 또한 영아가 어릴 때부터 가상놀이, 역할놀이, 환상극 놀이 등을 통해 사회적 상호작용을 많이 경험하게 되면 마음의 이론이 좀 더 일찍 발달될 수 있다(김숙이, 2010; Dockett, 1994; Jenkins & Astington, 2000; Youngblable & Dunn, 1995).

틀린 믿음 과제

수민에게 빼빼로 과자상자를 보여주고 이 속에 무엇이 있을 것이라고 생각하는지 질문한다. 이때 수민이는 빼빼로 과자가 들어있을 거라고 대답한다. 하지만 상자를 열어보니 색연필이 들어있었다. 다시 수민에게 친구 철수에게 "이 속에 들어있는 것이 무엇일까?" 라고 질문한다면 철수는 어떻게 대답할지 이야기해 보게 한다.

- 수민이 대답 A형 : 색연필이요 → 마음의 이론이 발달하지 못함
- 수민이 대답 B형 : 빼빼로요 → 마음의 이론이 발달함

(4) 몰입이론

몰입이란 놀이, 활동, 학습 시 개인이 자신의 행위에 몰두하여 그 외의 다른 것은 느끼지 못하는 최적의 경험이다(Csiksentmihalyi, 2003). Csiksentmihalyi(2004)에 의하면 몰입의 조건은 놀이, 활동, 학습에서의 '도전수준'과 개인의 '능력수준'이며 이 두 수준이 균형을 이룰 때 몰입이 이루어지게 된다.

유아의 몰입은 특히 놀이에서 많이 나타나는데 놀이에서 도전수준과 유아의 능력 수준이 조화를 이룰 때 유아들이 놀이에 더욱 몰두하며 놀이를 즐기게 되고 행복감을 경험하게 된다. 유아들은 놀이 몰입 시 느끼는 즐거움, 만족감, 행복감 등으로 인해 놀이를 통한 배움이 증진되고 긍정적인 정서, 자존감, 타인과 세계에 대한 이해, 창의성이 함양되는 등 유아의 발달이 증진된다(송승민 외, 2020).

유아의 놀이몰입에 영향을 주는 요인을 살펴보면, 유아들은 자신이 관심이 있거나 사전지식이 있는 놀이와 내적 동기에 의해 선택한 놀이에 더 흥미를 느끼고 몰입하며, 자신의 능력에 적합한 놀이와 목적 자체가 되는 놀이에 몰입하고 친밀한 또래와의 상호작용을 통해 전개되는 놀이에 더 몰입하는 경향을 보인다(나은숙,

2008; 오정희 · 최남정, 2010). 또한 유아들은 제한되거나 분리된 공간에서 벗어나 능동적이고 자유롭게 움직일 수 있는 공간에서 놀이할 때, 그리고 충분한 놀이시간이 제공되었을 때 더 몰입하였으며, 몰입과정에서 자연스럽게 느끼는 즐거움, 성취감 등의 긍정적 정서는 몰입을 지속시키는 원동력이 되었다. 교사가 유아들의 몰입경험을 민감하게 관찰한 후, 적절한 교육환경을 지원해 줄 때 유아들은 더 놀이에 몰입하는 경향을 보이므로(임부연 외, 2018) 유아들이 놀이에 몰입할 수 있도록 교사가 지원해 줄 필요가 있다.

(5) 혼돈이론

오늘날 세계는 복잡하고, 급변하고, 비직선적이고, 상호의존적이고, 예측불가능하며 혼돈스럽다. 앞으로 미래 세계는 더욱 이러한 경향을 보일 것이다(Goemer, 1994). 이와 관련하여 Vander Ven(1998)는 놀이가 이 혼돈스러운 세계에서 유아가 생존하도록 준비시킬 수 있다고 주장한다. 그는 놀이의 특징은 '혼돈스러운 능력'에 있다고 하며, 그 능력을 ① 혼돈스러운 내용과 개념을 표상하고 경험하게 하는 상징성, ② 자신의 다양한 경험에서 의미 창출, ③ 지속적인 변화를 포함하는 역동성, ④ 놀이자가 주제, 상황, 사람 간에 연결을 도모하는 연결성, ⑤ 확산적 사고의 발달과 창의성의 발휘로 설명한다. 그리고 이 같은 놀이의 특성이 혼돈스럽고 예측 불가능한 미래사회에서 유아들이 적응을 하는 데 도움을 줄 것이라고 주장한다.

제4차 혁명시대에는 특정 사실과 구체적인 내용을 학습하는 것은 큰 의미가 없는 것으로 많은 학자들이 주장하고 있다. 혼돈이론의 관점에서 본다면 놀이야말로 미래사회에 적응을 돕는 유용한 경험이라 할 수 있다.

생각해보기

- EBS 다큐프라임, 퍼펙트 베이비 3부 – 공감, 인간관계의 뿌리
  https://www.youtube.com/watch?v=NvVdCr8o3xg
- 동영상을 살펴보고 놀이의 역할에 대해 의견을 나누어보자

CHAPTER

03

놀이와 발달

1. 연령별 놀이발달
2. 놀이유형과 발달
3. 놀이에 영향을 미치는 요인

CHAPTER 03

놀이와 발달

1 연령별 놀이발달

영유아가 성장하면서 놀이는 양적으로뿐만 아니라 질적으로 놀랍게 발달한다. 비록 영유아의 연령별 놀이발달 특성이 학자 및 연구결과에 따라 차이가 있고 동일 연령이라 할지라도 기질, 성숙 정도, 경험 등에 따라 개인차가 나타나지만 발달은 일정한 패턴이나 순서로 전개되기에 영유아의 놀이 발달도 일정한 순서를 나타낸다. 이에 교사들이 영유아의 놀이 발달을 이해하고 연령에 맞는 적절한 놀이지원과 놀이지도를 실행할 수 있도록 0~5세의 연령별 놀이 발달(이숙재, 2004)을 간단히 정리하여 살펴보고자 한다.

1) 0세의 놀이 발달

0세의 놀이는 신체 감각을 중심으로 한 탐색놀이와 감각운동놀이, 그리고 부모와 함께 하는 신체 및 애착 중심의 사회적 놀이가 주를 이룬다.

| 표 3-1 | 0세 놀이유형과 특징

놀이 종류	놀이 특징
탐색놀이	누워서 발가락을 입으로 빨며 탐색한다. 손에 닿는 사물을 입으로 가져가 탐색하는 놀이를 즐겨한다.
감각 운동 놀이	흔들기, 잡아당기기, 두드리기, 음악이나 노래에 따라 몸 조금씩 움직이기, 물 휘젓기, 공굴리기, 문지르기 등을 반복하며 즐거워한다.
사회적 놀이	부모나 가족이 이끄는 짝짜꿍, 도리도리, 까꿍놀이, 잼잼 등에 즐겁게 참여한다.
언어 놀이	부모나 가족의 말이나 기타 소리에 옹알이로 반응하며 모방하는 시늉을 한다.

■ 0~1세 영아의 사회적 놀이

부모가 함께하는 놀이 : 단동치기십계훈

단동치기십계훈(檀童治期十戒訓)은 고조선 단군왕검 때부터 구두로 전해져 내려온 부모가 영아와 함께하는 10가지 사회적 놀이로서 '단동십훈(檀童十訓)'이라고도 한다. 각각의 놀이마다 교육적 의미(훈시)가 담겨있는데 요약하면, 영아를 하나님으로 모신 존재, 즉 자발적으로 성장하는 내적인 힘을 가진 존재로 보는 유아관과 자기이해, 타인과의 조화, 도덕적인 삶이라는 교육내용이 담겨있다. 특히 단동십훈이 놀라운 것은 교육적 의미(훈시)의 교육방법으로 아이 발달에 적합한 신체 및 애착 발달을 촉진하는 놀이를 활용하였다는 것이다. 이것은 교육적 의미(훈시)를 신체 및 애착 놀이로 상징화한 것으로(김주현 · 박찬옥, 2011), 오늘날까지 영아들이 부모와 함께하는 놀이로 계승되고 있기에 교육적으로 시사하는 바가 크다. 단동십훈의 내용(김광호 · 조미진, 2012)을 살펴보면 〈표 3-2〉와 같다.

| 표 3-2 | 단동치기십계훈의 놀이방법과 교육적 의미

순서	놀이유형	놀이방법	교육적 의미
제1훈	불아불아(弗亞弗亞)	어머니가 아이의 겨드랑이에 양손을 넣거나 허리를 잡고 아이를 세운 뒤 몸을 좌우로 흔들어줌으로써 다리의 힘을 길러주고 혼자 설수 있도록 도움을 주는 동작이다.	불아(弗亞)는 세상에서 가장 소중한 존재라는 뜻으로 이 놀이는 아기의 생명을 존중하는 의미를 담고 있다.
제2훈	시상시상(侍想侍想)	아이를 앉혀놓고 두팔이나 허리를 잡고 앞뒤로 끄덕이는 것을 반복하는 동작이다.	아이의 한 몸이 작은 우주이니 하늘의 뜻과 우주의 섭리에 순응해야 하고 아이의 몸을 귀이 여겨 함부로 하지 말라는 의미를 담고있다.
제3훈	도리도리(道理道理)	아이의 머리를 좌우로 반복하며 흔드는 동작이다.	아이가 하늘의 도리로 생겼으니 머리를 한쪽으로만 두지말고 좌우로 돌려가며 살펴보며 다른 사람의 마음과 입장을 살펴 사리에 맞게 살아가라는 뜻이다.
제4훈	지암지암(持闇持闇)(잼잼)	아이가 두 손을 오므렸다 폈다하는 것을 반복하는 동작이다.	만물의 근원인 오행을 모아 쥐어 바른 행동을 하고 바른 사람이 되라는 뜻이다.
제5훈	곤지곤지(坤地坤地)	아이와 마주 앉아서 왼손바닥은 펴고 오른손 검지로 왼손 바닥을 찌르는 것을 반복하는 동작이다.	오른손 검지는 '음'이 되고 왼손바닥은 '양'으로 음이 양을 관통하는 모습을 흉내 낸 것이다. 땅의 음양의 이치와 조화를 본받아 덕을 쌓으라는 의미를 담고 있다.
제6훈	섬마섬마(西摩西摩)(따로따로)	어머니의 한 손바닥에 아이의 두 발을 올린 후 아이의 몸을 똑세우고 다른 한 손으로는 아이의 엉덩이나 허리를 받쳐 주는 동작이다. 아이가 다리의 힘을 이용해 서게 하도록 돕는다.	몸을 연마하여 옳은 일을 행하며 독립적으로 살라는 의미이다.
제7훈	업비업비(業非業非)(에비에비)	하지 말라는 시늉을 하듯 양팔을 뻗어 손바닥을 흔드는 동작이다. '에비에비'라고 겁을 주는 행동의 근원이다.	이치에 맞지 않는 행동은 삼가라는 뜻이다.

제8훈	아함아함 (亞含亞含)	손바닥으로 입을 막으며 내는 소리를 내는 동작이다.	두손으로 아(亞)자를 이루어 아이가 작은 우주임을 알리는 의미이고 또한 입조심을 하라는 의미도 있다.
제9훈	작작궁작작궁 (作作弓作作弓)	두 손바닥을 마주치며 소리를 내라는 동작이다.	손바닥을 마주쳐 음양의 결합과 천지의 조화를 꾀하고 하늘의 이치를 알아 착한 마음을 가지라는 뜻이다.
제10훈	질라아비훨훨의 (疾羅腓活活議)	아이가 앉은 채로 두팔을 날개처럼 양옆으로 벌리고 춤추듯이 흔드는 동작이다.	어떤 질병도 오지 말고 훨훨 날아가 버리라는 뜻과 이제 천지우주의 이치를 깨달았으니 힘자게 날면서 자라라는 뜻이 담겨있다.

2) 1세의 놀이 발달

1세 때도 여전히 감각운동놀이가 주를 이루며 부모가 이끄는 놀이나 혼자놀이를 즐겨한다. 그리고 매우 단순한 조작 · 쌓기 놀이를 하거나 성인이 행동을 모방하며 놀기 시작한다.

| 표 3-3 | 1세 놀이유형 및 특성

놀이 종류	특성
감각운동놀이	기어 올라가는 것을 좋아하고 혼자 걸으면서 끌고 다니는 손수레나 놀잇감, 큰 공을 이용한 대근육 운동 놀이를 한다. 만지고, 휘젓고, 소리 듣고 두드리는 등의 감각 탐색놀이를 좋아한다.
조작놀이	운전대 돌리기, 큰 상자에 작은 상자 넣기 등을 한다.
쌓기놀이	스펀지블록, 종이벽돌블록 등을 늘어놓거나 쌓아보기 시작한다.
역할놀이	성인의 행동을 단순 모방하는 놀이를 한다(머리 빗기, 컵으로 물 먹는 흉내내기 등)
사회적 놀이	부모가 이끄는 놀이를 하거나 아니면 혼자놀이를 한다.
언어놀이	그림책 보는 것을 좋아한다.

3) 2세의 놀이 발달

1세에 비해 2세에는 대소근육 운동 능력이 증진되어 이동하며 다양한 감각운동 놀이를 하게 된다. 또한 일상 경험의 내용을 단순히 모방한 단순 역할놀이를 좋아한다. 또래에게 관심을 보이기 시작하나 상호작용하지는 않고 여전히 혼자놀이를 많이 한다.

| 표 3-4 | 2세 놀이유형 및 특성

놀이 종류	특성
감각 운동놀이	대소근육의 증진으로 깡총뛰기, 달리기, 낮은 층계 오르고 내리기, 놀잇감 끌고 돌아다니기 등의 놀이를 즐겨한다. 찰흙이나 밀가루 반죽, 물, 모래 등을 갖고 감각적으로 탐색하는 놀이를 한다.
조작놀이	눈과 손의 협응력이 발달하여 물건을 다른 물건 위에 포개 쌓기, 구멍에 모양 맞추어 넣는 놀이를 즐겨한다. 크레파스로 긁적거리는 놀이를 시도한다.
쌓기놀이	크고 가벼운 블록 옮기거나 한 줄로 늘어 놓거나 위로 높게 쌓는 놀이를 한다.
역할놀이	일상생활의 경험을 모방한 단순 역할놀이를 한다. 이때 실물과 같은 놀잇감으로 놀이하나 실물과 유사한 사물을 상징적으로 사용하여 놀이하기 시작한다(인형돌보기놀이, 운전놀이, 청소하기, 작은 과자 상자를 휴대폰 삼아 전화놀이 등).
사회적 놀이	또래에게 관심을 보이지만 상호작용은 원활하지 않고 주로 성인과 놀거나 혼자서 노는 경우가 많다.

4) 3세의 놀이 발달

2세에 비해 3세에는 신체운동능력이 더욱 발달하여 기초적인 운동놀이를 즐겨한다. 소근육의 발달되기 시작하면서 조작 · 쌓기 · 미술 놀이 등에서 많은 향상이 있다. 우스운 소리나 수수께기 등의 말놀이를 좋아하기 시작하며 엄마 아빠 놀이 같은 가정과 관련된 놀이를 많이 한다. 또래의 놀이에게 관심을 보이며 또래 곁에서 병행놀이를 한다.

| 표 3-5 | 3세 놀이유형 및 특성

놀이 종류	특성
운동놀이	신체운동능력이 발달하여 기초적 운동놀이(달리기, 공던지기 등)를 즐겨하며 세발자전거를 탈 수 있다.
조작놀이	구슬꿰기, 가위질하기가 가능해지며 퍼즐맞추기(5~10조각), 찍찍이붙이기, 지퍼올리기 등의 놀이도 가능하다.
쌓기놀이	블록으로 폐쇄된 공간을 만들기, 다리 만들기를 하며 만든 구조물에 이름을 붙인다.
역할놀이	엄마 아빠놀이 같은 가정생활과 관련된 놀이를 많이 하며 사전 계획을 세우고 역할분담을 하기도 한다. 놀잇감은 대부분 제한된 용도로 사용한다.
사회적 놀이	또래에게 관심을 보이고 병행놀이를 한다. 혼자놀이도 계속 즐긴다.
언어놀이	수수께끼나 우스운 소리나 말놀이를 좋아한다. 실제 사물과 동물이 그려져 있는 그림책, 간단한 줄거리의 동화책에 관심을 갖는다.
미술놀이	그림 그리기, 찰흙으로 만들기 등의 놀이를 즐긴다.

5) 4세의 놀이 발달

4세가 되면 신체운동 기술이 발달되어 실외의 다양한 모험적인 놀이기구에 도전한다. 소근육 및 눈과 손의 협응력 발달로 조작놀이와 쌓기놀이를 더욱 즐겨하게 되고 쌓기놀이에서 만든 구조물을 극놀이에 활용하기도 한다. 지적 자극에 민감하게 반응하여 분류놀이, 수놀이, 문자놀이, 말놀이 등에 흥미가 많아지며 다양한 자료를 자유롭게 탐색하고 창의적으로 표현하는 놀이를 좋아한다. 역할놀이의 주제도 다양해지나 아직은 연합놀이 수준에서 놀이가 전개될 때가 많다.

| 표 3-6 | 4세 놀이유형 및 특성

놀이 종류	특성
운동놀이	한발로 서서 균형잡기, 기어오름대 오르고 내리기, 정글짐 등의 모험놀이를 좋아한다.
수조작놀이	퍼즐맞추기(10~20조각), 분류놀이와 순서짓기 등의 수놀이, 일상생활용품 조작하기 등을 잘한다.
쌓기놀이	블록으로 폐쇄된 공간과 다리를 혼합한 구조물을 만든 후 극놀이에 활용한다.
역할놀이	병원놀이, 가게놀이 등 놀이 주제가 확대되고 사전계획과 역할분담이 활발해지는 등 놀이가 질적으로 발달한다. 놀잇감을 다양한 용도로 활용하기 시작한다.
사회적 놀이	연합놀이(또래와 같이 놀이하나 역할 분담, 놀이내용 등은 조직적으로 전개되지 않는다.)
언어놀이	문자놀이, 그림동화책 보기, 수수께끼나 우스운 소리나 말놀이를 좋아한다.
미술놀이	크레파스, 물감, 매직펜, 색연필, 풀 등을 사용해서 그리거나 만든다.
과학놀이	과학적인 탐색을 하거나 과학활동과 연계된 놀이를 좋아한다. (물에 뜨는 것과 뜨지 않는 것 구별하기, 터널이나 수로 만들기 등)

6) 5세의 놀이 발달

5세가 되면 소근육 및 신체운동 기술이 더욱 발전되어 운동기술을 다양하게 시험해보는 놀이와 수조작놀이, 쌓기놀이, 미술놀이에 더 많은 흥미를 보인다. 인지능력의 발달로 규칙 있는 게임을 좋아하며, 사전에 또래와 함께 놀이계획을 세우고 역할분담을 조직적으로 전개하는 협동놀이에 즐겁게 참여한다.

| 표 3-7 | 5세 놀이유형 및 특성

놀이 종류	특성
운동놀이	한발로 뛰거나 스키핑하기, 점프하기, 계단에서 뛰어내리기, 엎드려서 미끄럼타기, 나무에 기어오르기 등을 좋아한다.
수조작놀이	퍼즐맞추기(15~30조각), 간단한 바느질놀이, 두 가지 속성의 분류 및 서열화 등의 수놀이를 좋아한다.
쌓기놀이	사전에 계획하여 균형과 패턴을 고려해서 복잡한 구조물 만들고 이를 활용하여 다양한 사회극놀이를 즐긴다.
역할놀이	사전에 계획을 세우고 역할을 분담하여 다양한 주제의 사회극놀이를 하며 필요한 놀잇감을 만들어 놀거나 비구조화된 놀잇감을 사용하여 놀이한다.
사회적 놀이	협동놀이(사전에 또래와 함께 놀이계획을 세우고 역할분담을 하는 등 조직적으로 놀이를 전개한다.)
언어놀이	동화책 보기, 그림을 보고 이야기 꾸미기, 동시나 동요 짓기, 끝말잇기, 수수께끼 등의 말놀이를 한다.
미술놀이	모양에 따라 가위질하기, 찰흙 빚기, 색종이 접기 등 소근육 기술을 활용한 놀이를 즐겨한다.
게임	주사위 게임, 바둑판 게임, 운동 게임(닭싸움 등)을 한다.

2 놀이유형과 발달

영유아 발달 수준에 따른 놀이의 특성을 이해하기 위해 많은 학자들이 놀이이론과 관련하여 놀이의 유형을 다양하게 분류하였다. 그러나 그 같은 놀이유형은 크게 사회적 놀이와 인지적 놀이로 크게 분류할 수 있다.

1) 사회적 놀이유형

영아기 사회적 놀이는 어머니나 주 양육자와의 상호작용으로 시작된다. 영아는 출생 후 양육을 통해 이루어지는 어머니나 양육자와의 긴밀한 신체적 · 언어적 상호작용을 통해 사회적 놀이를 할 수 있는 기본능력을 발달하게 된다(이숙재, 2004). 영아기 때는 또래와의 놀이보다는 혼자놀이를 즐겨하지만 유아로 성장하면서 또래의 놀이에 관심을 갖게 되고, 점점 또래와 어울려 노는 사회적 놀이를 좋아하게 된다.

따라서 사회적 놀이유형는 영유아가 성장하면서 다른 영유아들과 어떻게 그리고 어느 정도로 상호작용하며 놀이하는지, 즉 놀이의 사회적 참여도에 따라 놀이를 분류하고 놀이의 발달단계를 나타낸 것이다. 〈표 3-8〉과 같이 여러 학자들이 사회적 놀이유형을 제시했지만 사회적 놀이유형의 대표적인 학자로 인식되고 있는 Parten(1932)의 놀이유형 및 놀이 단계를 설명하고자 한다.

Parten은 유아원의 자유놀이시간에 이루어지는 또래와의 상호작용을 관찰하여 사회적 놀이유형을 비참여행동, 방관자적 행동, 단독놀이, 병행놀이, 연합놀이, 협동놀이의 6단계로 구분하였다.

| 표 3-8 | 사회적 놀이유형

Parten(1932)	Iwanaga(1973)	Howes(1980)	Winter(1985)
비참여행동 방관자적 행동 단독놀이 병행놀이 연합놀이 협동놀이	독립적 구조 병행적 구조 보충적 구조 통합적 구조	병행놀이 호의적 병행놀이 단순 사회적 놀이 보충적 놀이 상호 호혜적 놀이	독자적 놀이 근접놀이 연관놀이 상호 작용 놀이

(1) 비참여 행동

비참여 행동(unoccupied behavior)은 놀이라고 보기는 어려운 행동으로 놀이에 참여하지 못하고 순간적인 흥미나 관심에 따라 잠시 어떤 것을 바라보는 행동이다. 흥미가 사라지면 좌우를 두리번거리거나 자신의 몸이나 사물을 만지작거리는데 보통 0~1.5세에 나타난다.

(2) 방관자적 행동

방관자적 행동(onlooker behavior)은 또래에게 관심이 생기면서 놀이에 참여하지는 않으나 또래의 놀이를 가만히 지켜보는 것이다. 그리고 이따금씩 놀이하는 또래에게 한두 마디 말을 거는 등 소극적으로 간섭하기도 한다. 이 같은 방관자적 행동은 또래의 놀이를 지켜보다가 조금씩 소극적으로 개입한다는 측면에서 비참여행동과 구별이 되며, 비참여행동에 비해 사회적 측면에서는 발달된 모습이다. 보통 1.5~2세경에 나타난다.

(3) 단독놀이

단독놀이(solitary play)는 실제적으로 놀이가 이루어지는 첫 단계의 놀이로서 혼자서 놀이를 하는 것이다. 방관자적 행동과 거의 동일한 시기에 시작하여 2.5세까지 많이 나타나는 놀이이며 주위의 또래들이 어떤 놀이를 하든 상관하지 않고 혼자서 자기만의 놀이에 몰두하여 놀이를 즐기는 것이다.

어린 영아들은 또래와 상호작용하는 사회적 기술이 부족하여 성인이 개입하여 또래들과 어울리도록 도와주기 전까지 혼자서 놀이를 많이 하지만 점차 유아로 성장해가면서도 스스로 원하여 단독놀이를 하는 것을 볼 수 있다. 이에 유아들의 경우 단독놀이를 사회적인 미성숙의 결과로만 생각하는 것은 무리가 있다. 유아들이 놀잇감을 깊이 탐색하거나 조용히 몰두하여 놀잇감의 문제를 해결하고자 할 때는 혼자서 많이 놀기 때문이다(이경화 외, 2018). 다만, 유아들이 지속적으로 또래와 상호작용하지 않고 혼자서만 놀이한다면, 인지적, 심리적, 사회적 측면에서 그 원인을 살펴보아야 할 것이다.

(4) 병행놀이

병행놀이(parallel play)는 친구와 같은 장소에서 동일한 놀잇감으로 놀이를 하면서 친구와 상호작용하지 않고 독립적으로 놀이를 하는 것이다. 친구와 같은 장소에서 같은 놀잇감으로 놀면서도 놀이주제나 놀잇감에 대해 의견을 교환하거나 간섭 없이 각자 자신의 관심에 따라 자기가 하고 싶은 놀이를 하기에 언뜻 보기에는 친구와 함께 노는 것 같으나 상세히 보면 친구 곁에서 자기만의 놀이를 즐기는 것이다. 따라서 친구가 같이 놀자고 할 때 같은 놀잇감을 갖고 친구 곁에서 자기만의 놀이에 몰두하여 놀이하는데, 그래도 주위를 친구를 의식하여 친구가 놀이를 그만두면 같이 그만두는 모습을 보인다. 보통 2.5~3.5세경에 나타나는 놀이유형이다.

(5) 연합놀이

연합놀이(associative play)는 친구와 같은 장소에서 동일한 놀잇감을 갖고 놀지만 각자 자기가 원하는 놀이를 하면서 때때로 놀잇감을 빌려주거나 공유하기 위해, 또한 자기의 놀이 주제나 놀이방법을 알려주기 위해 친구와 많은 이야기를 나누고 친구의 놀이도 따라하는 형태의 놀이이다. 즉, 친구와 함께 놀지만 친구와 공동의 놀이주제로 공동의 목표를 세우고, 역할을 분담하고, 규칙을 함께 만드는 등 조직적인 놀이 실행은 이루어지지 않고 각자의 방식대로 놀이를 하는 것이다.

연합놀이는 보통 3.5~4.5세경에 많이 나타난다.

(6) 협동놀이

협동놀이(cooperative play)는 여러 유아가 함께 놀이를 하면서 공동의 놀이주제로 공동의 목표를 세우고 역할을 분담하고 규칙을 함께 만드는 등 조직적으로 놀이가 전개되는 것을 의미한다. 일반적으로 놀이리더가 역할을 분담하고 놀이리더의 지휘 하에 모두가 협력하여 맡은 역할을 감당하면서 놀잇감을 만들고 함께 사회극놀이나 게임을 등을 하게 된다. 이를 통해 공감하고 소통하고 협력하는 기술을 비롯한 다양한 사회적 기술, 책임감, 소속감, 공동체 의식 등을 함양하게 된다. 이 놀이는 보통 4.5세 이후에 주로 나타난다.

2) 인지적 놀이유형

영유아의 인지가 발달함에 따라 놀이의 유형도 복잡해지고 다양화된다. Piaget(1962)는 영유아의 놀이는 연습놀이, 상징놀이, 규칙있는 게임의 3단계로 발달된다고 하였고, Smilansky(1968)는 Piaget의 3단계에 구성놀이를 추가하여 인지적으로 놀이는 기능놀이, 구성놀이, 극놀이, 규칙있는 게임의 4단계로 발달해 간다고 하였다. 또한 Frost와 Klein(1979)은 Smilansky의 극놀이 대신 상징놀이와 사회극놀이를 넣어 인지적 놀이는 기능놀이, 구성놀이, 상징놀이, 사회극놀이, 규칙있는 게임의 5단계로 발달된다고 하였다. Frost와 Klein(1979)의 분류에 따라 인지적 놀이유형을 살펴보고자 한다.

| 표 3-9 | 인지적 놀이유형

Piaget 인지발달단계	Piaget(1962)	Smilansky(1968)	Frost & Klein(1979)
감각운동기 (0~2세)	연습놀이 (기능놀이)	기능놀이	기능놀이
전조작기 (2~7세)	상징놀이	구성놀이 극놀이	구성놀이 상징놀이 사회극놀이
구체적 조작기 (7~11세)	규칙있는 게임	규칙 있는 게임	규칙있는 게임

(1) 기능놀이

기능놀이(functional play)는 가장 어린 영아기 때 나타나는 놀이의 유형으로 감각운동기의 영아가 자기의 신체의 움직임이 제공하는 기능적인 즐거움을 즐기기 위해 그 기능을 반복적으로 되풀이하는 단순한 놀이행동을 의미한다. 예를 들어 영아가 우연히 자기 발을 움직였을 때 모빌이 움직이는 것을 보고 발을 계속하여 움직인다던가, 딸랑이를 건드렸을 때 나는 소리를 듣고 딸랑이를 반복하여 흔드는 것이다. 이 외에 물 튀기기, 공굴리기 등의 동작을 반복하는 것 모두 기능놀이에 해당된다.

기능놀이는 우연히 감각 및 운동적인 경험을 통해 즐거움을 경험한 후 그것을 반복하여 즐기는 것으로 특별한 놀이기술이나 상징이 포함되지 않는다. 영아들은 기능놀이를 통해 신체적 기능을 연습하게 되고, 환경을 탐색하면서 경험하게 되고, 신체적 움직임과 물체의 반응에서 인과관계를 파악하게 될 뿐만 아니라 신체적 움직임에 오는 즐거움과 새로운 행동의 숙달에 의한 만족감을 경험하게 된다. 이 같은 기능놀이는 2세경이 되면 감소하나 사라지는 것이 아니라 유아로 성장하면서 극놀이나 구성놀이를 통해 더 복잡한 수준으로 나타나게 된다(Frost, 1992).

(2) 구성놀이

구성놀이(constructive play)는 놀잇감이나 놀이 자료를 다양하게 활용하여 새로운 것을 만들거나 구성해 보는 창조적 활동으로 유아들이 매우 좋아하는 놀이이다. Smilansky(1968)는 구성놀이를 사물을 단순히 조작하는 기능적 활동으로부터 사물을 구성하는 창조적 활동으로의 전환이 이루어지는 매우 의미 있는 놀이로 보았다.

구성놀이는 2세경부터 시작되어 4~5세경에 더욱 발전되는데, 다양한 블록, 목공놀이 도구, 조형놀이 자료(점토, 색종이), 모래 등을 이용하여 집, 자동차, 터널 등 다양한 구조물을 만들며 즐거워하고 창조된 구조물을 이용하여 극놀이나 사회극놀이를 전개하기도 한다. 이를 통해 유아들은 창조의 기쁨과 성취감, 주의집중력, 자존감, 대 · 소근육의 발달, 수학적 · 과학적 지식과 개념 및 사회성이 증진되며, 연령이 높아짐에 따라 놀이주제를 미리 선정하고 놀이내용을 조직화하는 것이 가능해진다. 그러나 Piaget(1962)는 구성놀이를 놀이로 인정하지 않았고 오히려 놀이와 지적 활동의 중간에 있는, 놀이행동이 지적 적응 활동으로 전환되도록 돕는 경계선상의 활동으로 보았다.

교육현장에서 유아의 구성놀이의 질적 수준을 판단하는 준거(이종휘, 1995)는 다음과 같다.

- 시간의 지속성 : 하나의 놀이주제가 오랫동안 지속되는가?
- 내용의 풍부성: 다양한 행동이 하나의 주제로 연결되어 나타나는가?
- 자료의 다양성: 다양한 놀이 자료가 하나의 주제로 연결되어 사용되는가?
- 결속성: 한 주제 안에 나타나는 행동들이 연계성 있게 조직화되었는가?

구성놀이의 발달과정에 대한 이해를 위해 Johnson(1973)이 제시한 유아의 쌓기놀이 발달과정 7단계를 제시하면 〈표 3-10〉와 같다.

| 표 3-10 | 쌓기놀이의 발달단계

단계		특징	활동사례
1	블록 나르기 (carrying)	• 블록을 탐색하거나 이리 저리 옮기며 놀이한다. • 블록을 쌓거나 블록으로 구조물을 만드는 놀이는 하지 않는다.	
2	블록 쌓기 (building)	블록을 탑처럼 수직으로 쌓거나 수평으로 길게 나열하며 놀이한다.	
3	다리 만들기 (bridging)	블록과 블록 사이에 다른 블록을 올려놓아 다리 형태로 만들며 놀이한다.	
4	울타리 만들기 (enclose)	• 블록을 쌓아 울타리 같은 폐쇄공간을 만든다. • 울타리 속에 들어가 극놀이를 하기도 한다.	
5	패턴과 대칭 (patten and symmetry)	여러 가지 블록을 사용하여 좌우, 상하 대칭이나 균형을 이루는 구조물이나 특정한 장식적인 패턴이 나타나는 구조물을 만든다.	

6	초기 표상 (early representation)	• 블록으로 구조물을 만든 후 그 구조물에 이름을 붙인다. • 그 구조물을 극놀이에 활용한다.	
7	후기 표상 (later representation)	• 사전에 블록으로 어떤 구조물을 만들지 미리 정하고 구조물을 만든다. • 그 구조물을 활용하여 사회극놀이를 한다.	

(3) 상징놀이

상징놀이(symbolic play)는 상상놀이, 가상놀이, 가장놀이, 극놀이, 역할놀이로도 부르는 놀이로서, 영유아기 눈에 보이지 않는 대상을 표상하거나 상상을 통해 실제와 다르게 사물이나 상황을 변형시켜 표상하는 놀이이다. 상징놀이는 2세말경 부터 발달하기 시작하여 5~6세에 최고조에 달하게 된다. 예를 들면, 바나나로 전화를 거는 흉내를 내던가, 베개를 아기 삼아 업어주는 등의 놀이를 들 수 있다.

상징놀이에는 '~인 것처럼(as if~)' 하는 가작화가 나타나는데 다른 사람의 역할을 동일시하여 그 사람처럼 행동하는 역할의 가작화와 한 사물의 개념에서 벗어나 그 사물을 다른 사물인 것처럼 사용하는 사물의 가작화가 대표적이다. 이외에 행위대상이 자신에게서 벗어나 다른 대상으로 변화하는 행위대상의 변화도 나타난다(예 인형이 말하는 것처럼 소리내기).

Piaget(1962)는 상징놀이의 3가지 요소로 탈중심화, 탈맥락화, 통합을 제시하며 이 세가지 요소가 발달함에 따라 단순한 상징놀이에서 복잡한 상징놀이로 발전한게 된다고 하였다.

- 탈중심화: 자신의 활동에 대한 상징에서 벗어나 타인이나 다른 대상으로 상징의 대상이 변화되는 것으로 자기중심성으로부터의 탈피를 의미한다.
  예 소꿉놀이 시 동물인형에게 밥을 먹도록 밥상을 차려준다.
- 탈맥락화: 하나의 실물을 다른 사물로 대체하여 놀이하는 것, 즉 사물대체를 의미한다. 초기에는 실물과 유사 사물로 대체하나 점점 유사성이 없는 것도 활용한다.
  예 나뭇가지를 기차삼아 여행놀이하기
- 통합: 단편적인 상징행동들을 연결하여 줄거리 있게 순서화하거나 조직하는 것이다.
  예 아기 인형을 씻기고, 우유를 먹이고, 안고 토닥거리고, 자장가를 불러주거나 동화를 들려주며 재운다.

연령에 따라 발달하는 상징놀이의 발달과정을 위해 Gowen(1995)이 제시한 유아의 상징놀이 발달단계를 제시하면 〈표 3-11〉과 같다.

| 표 3-11 | 상징놀이의 발달단계

단계		특징	행동의 예
1	전상징기	가상행동에 참여하는 것 같지만 뚜렷한 증거가 없다.	전화기를 잠시 귀에 댄다.
2	자기 상징기	가상행동에 참여하는 것이 분명해지며, 주로 자신의 신체나 일상행동을 가상한다.	빈 컵을 들고 마시는 흉내를 낸다.
3	타인 상징기	가상행동을 다른 대상에게 적용하거나 다른 사람의 행동을 모방하여 가상한다.	인형을 안고 젖먹이는 흉내를 낸다.
4	대체기	사물을 실제와는 다른 방식으로 가상행동에 사용한다.	점토를 빚어 햄버거라고 한다.

5	가상적 대행기	어떤 사물이나 사람, 동물이 실제로 존재하는 것처럼 가상한다.	오토바이를 탄 것처럼 부릉 소리를 내며 방을 돌아다닌다.
6	적극적 대행기	장난감이 적극적인 주체가 된다.	인형이 직접 말하는 것처럼 한다.
7	복합적 상징기	상징행동을 여러 대상에게 적용하거나, 한 대상에게 여러 상징행동을 적용한다.	인형에게 뽀뽀하고 침대에 눕힌후 재운다.
8	계획적 상징기	사전에 잘 계획된다. 진보된 가상놀이를 한다.	보물섬 놀이를 하자며 지도와 보물을 만들고 역할을 분담한다.

출처: Gowen(1995); 박찬옥 · 정남미 · 곽현주(2015)에서 재인용.

(4) 사회극놀이

사회극놀이(sociodramatic play)는 두 명 이상의 유아들이 실생활이나 상상세계와 관련된 놀이주제 및 역할을 정한 뒤 실생활이나 상상세계에서의 삶을 재현해 가는 놀이로서 상징놀이의 가장 발달된 형태라 할 수 있다. 사회극놀이에는 유아 자신이 현실세계에서 직접 경험한 상황이나 사람의 역할을 모방하는 현실적 요소와 자신이 관찰한 내용이 부족할 시 상상하여 가작화 요소를 활용하는 비현실적 요소가 모두 포함된다. 그리고 사회극놀이에 비현실적인 가작화 요소가 많이 작용될수록 놀이는 창의적이고 다양화되며 유아들의 만족감이 높다. 또한 유아들은 사회극놀이를 통해 문제해결능력, 창의력, 추상적 사고, 탈중심화 등의 인지적 발달과 의사소통능력 및 상위의사소통능력, 공감하고 협동하는 사회적 기술과 사회적 지식의 함양, 부정적인 정서의 해소와 긍정적인 자아개념을 함양하게 된다.

Smilansky(1968)가 제시한 사회극놀이의 수준을 높이는 6가지 준거를 제시하면 다음과 같다. 이 중 4가지, 즉 '역할 가작화', '사물 가작화', '지속성', '행동과 상황의 가작화'는 상징놀이에도 나타나나 '언어적 상호작용'과 '상호작용'의 두가지 준거는 사회극놀이에서만 나타난다.

- **역할의 가작화**: 가상적인 역할을 언어나 행동으로 표현한다.
  예 나는 의사고 너는 간호사야.
- **사물의 가작화**: 사물의 용도를 실제와 다르게 상상해서 언어나 행동으로 표현한다.
  예 작은 나뭇가지를 들고 색연필이라고 하면서 땅에 그림을 그린다.
- **행동과 상황의 가작화**: 행동이나 상황을 언어로 가작화하여 표현한다.
  예 여기는 우주선이라고 하자. 지금 우주선이 출발한다.
- **지속성**: 한 가지 놀이주제로 10분 이상 지속된다.
- **언어적 의사소통**: 놀이주제에 대해 놀이자 간에 언어를 사용하여 의사소통이 이루어진다.
- **상호작용**: 동일한 놀이주제를 가지고 두 명 이상의 놀이자가 상호작용한다.

(5) 규칙 있는 게임

규칙 있는 게임은 즐거운 활동이 포함되면서도 규칙을 수용하고 순응하는 복잡한 인지작용이 요구되는 놀이이다(Piaget, 1962). 보통 2명 이상의 또래들이 경쟁하면서 승부를 겨루게 되는데, 이를 통해 정해진 규칙에 따라 자신의 감정을 조절하는 법과 다른 사람의 의견을 수용하고 자기의 주장을 내세우는 법, 놀이에서 이기기 위해 자발적으로 협력하는 법, 다양한 인지적 전략을 모색하는 법 등을 익히게 된다. 또한 상대방의 행동을 예견하면서 탈중심화, 확산적 사고력, 문제해결능력 등을 함양하며 게임의 재미와 성취를 통해 긍정적인 자아개념도 발달하게 된다.

집단으로 하는 규칙 있는 게임은 Piaget에 의하면, 목적물 맞추기 게임(예 고리던지기), 경주 게임(예 콩나르기), 알아맞히기 게임(예 숫자 알아맞히기 게임), 쫓기 게임(예 손수건 달리기), 숨기기 게임(예 보물찾기), 지시 게임(예 가라사대 게임), 카드 게임(예 도미노게임, 숫자덧셈게임), 판 게임(예 뒤집어 같은 것 짝짓기) 등이 있다(Kamii & DeVries, 1980). 또한 대형에 따라 원게임, 자유대형게임, 편게임 등으로 분류할 수 있다(정진 · 성원경, 1994).

3 놀이에 영향을 미치는 요인

영유아의 놀이는 영유아의 개인적 요인뿐만 아니라 영유아를 둘러싼 많은 요인에 의해 영향을 받는다. 놀이에 영향을 주는 요인을 개인적 요인(연령, 성별, 지적 능력, 성격), 환경적 요인(부모, 교사, 또래, 놀잇감, 놀이공간), 사회적 요인(미디어, 조기 사교육)으로 나누어 살펴보고자 한다.

1) 개인적 요인

(1) 연령

영유아는 연령이 높아질수록 양적으로 다양한 놀이에 참여할 뿐만 아니라 질적으로 놀이수준도 높아지게 된다. 사회적인 측면에서 연령이 높아질수록 단독놀이보다는 놀이친구와 함께하는 사회적 놀이의 빈도가 증가된다. 인지적인 측면에서는 연령이 높아질수록 단순한 기능놀이보다는 정교하고 발전된 형태의 구성놀이나 사회극놀이, 규칙 있는 게임 등에 참여하는 빈도가 증가된다.

영유아의 연령은 놀잇감의 사용과도 관련되어 연령이 어릴수록 놀잇감을 있는 그대로의 용도로 사용하나 연령이 높아질수록 가작화를 통해 다양한 용도로 놀잇감을 사용한다. 또한 연령이 높아질수록 실물 그대로인 구조화 수준이 높은 놀잇감보다는 보자기, 끈, 박스, 자연물 등의 비구조화 놀잇감을 많이 활용하며 놀이한다.

영유아의 연령은 놀이시간에도 영향을 주어 연령이 높아질수록 구성놀이나 사회극놀이에 참여하는 시간이 길어지고 놀이 자료를 다양하게 활용하며 놀이의 내용과 질이 높아진다. 또한 높은 연령의 유아들은 규칙있는 게임에 참여하여 놀이를 규칙을 다 익히고 나면 놀이의 즐거움을 극대화하기 위해 놀이규칙의 난이도를 높인 새로운 규칙을 생성하여 놀이한다.

(2) 성별

영유아의 성별에 따른 차이는 어린 영아 때부터 놀이장소, 놀이형태, 상호작용, 선호하는 놀잇감 등에서 나타난다. 여러 학자들의 연구를 기초로 영유아 성별에 따른 놀이의 차이를 정리한 것(방은영, 2016; Steinberg, Vandell, & Boenstein, 2012)을 살펴보면 〈표 3-12〉와 같다.

| 표 3-12 | 영유아 성별에 따른 놀이의 차이

놀이특성	남아	여아
놀이장소	실외를 선호함	실내를 선호함
놀이형태	독립적, 탐색적, 단독놀이	의존적, 동성들과의 놀이 선호
놀이의 종류	전쟁놀이, 쌓기놀이, 거친 신체놀이	소꿉놀이, 인형놀이, 엄마아빠 역할놀이, 미용실 놀이
놀이에서의 역할	능동적 역할(리더, 가해자, 공격자, 구원자)	수동적 역할(피해자, 구조 받는자, 보살펴 주는 자)

놀이에서의 상호작용	부정적인 놀이행동 말수가 적고 움직임이 많음	긍정적인 행동 움직임이 적고 앉아서 독서를 즐기며 그리기와 같은 정적 놀이를 좋아함
선호하는 놀잇감	블록, 남성적 유형의 놀잇감(블록, 자동차, 우주선, 공룡, 총 등)	소꿉놀이, 여성적 유형의 놀잇감(인형, 작은 동물, 화장품, 구두, 액세서리 등)
상상놀이의 유형	군인, 경찰, 선장, 해적, 우주비행사, 공사장 인부, 정비공, 인디언, 카우보이 등	소꿉놀이, 공주놀이, 화장대놀이, 아가돌보는 놀이 등
집단역동성	경쟁적	협동적
신체적 공격성	높음	낮음
성인과의 근접성	멀음	가까움

이와 같이 놀이에서 성차가 나타나는 것은 3가지 측면에서 그 원인을 생각해 볼 수 있다(Lewis, 1972). 첫째, 생물학적 요인으로, 동물을 비롯한 모든 종류의 수컷은 암컷보다 탐색적인 행동을 많이 하는 생득적인 특성을 지니고 있기에 남아가 여아보다 더 탐색적이고, 공격적이고 특성을 보인다는 것이다. 둘째, 부모의 요인으로, 부모들이 자녀에게 보상과 처벌을 통해 지속적으로 성역할을 가르친다는 것이다. 셋째, 사회문화적 요인으로, 영유아 스스로 성역할 행동을 보이도록 유도하는 사회 전반적인 관습이 영유아의 주변에 넘쳐나기에 영유아가 그 영향을 받는다는 것이다.

(3) 지적능력

유아의 지적능력이나 인지양식은 놀이의 유형이나 수준, 상호작용의 방법 등에 영향을 준다. 먼저 지적 능력이 높은 유아일수록 높은 수준의 상상놀이에 참여하여 언어능력, 모험심, 독창성을 발휘하면서 놀이를 즐기는 성향을 보인다(방은영,

2016; 이숙재, 2004; Jeffree & McConkey, 1976; Tizard, Philps, & Plewis, 1976). 또한 지적 능력이 높은 유아는 타인에 대한 호기심을 갖고 민감하게 반응하며 사회적 기술을 잘 습득하고 단독놀이보다는 병행 · 연합 · 협동놀이를 즐겨한다. 그러나 지적 능력이 낮은 유아의 경우 다양한 자극에 반응이 느리고 움직이기를 싫어하며 창의성이 적게 발휘되고 놀이리더 보다는 추종아로 놀이에 참여한다(방은영, 2016).

또한 인지양식에서 사물을 지각할 때 사물을 둘러싼 환경의 영향을 잘 받지 않는 '장(field)-독립적인 유아'는 환경에 영향을 많이 받는 '장(field)-의존적인 유아'보다 놀이에 더 많이 참여하는 경향이 있다. 또한 장-독립적인 유아는 분석적 성향이 강하고 사물 지향적이어서 단독놀이를 좋아한다. 반면, 장-의존적인 유아는 사람 지향적이어서 타인에게 호기심이 많고 민감하게 반응하는 사회적 기술이 좋아 단독놀이보다는 사회적 놀이(병행, 연합, 협동놀이)를 더 좋아한다(Saraho, 1995; Steel, 1981).

이와 같은 연구결과와는 다르게 유아의 지적능력 및 인지양식이 놀이에 영향을 미치지 않는 것으로 나타난 연구도 일부 있고, 지적능력 및 인지양식은 개인의 발달양상에 따라 개인차가 나타날 수 있으므로 앞으로 지적능력이 놀이에 미치는 영향은 지속적으로 더 연구될 필요가 있다.

(4) 성격

놀이에 영향을 미치는 영유아의 성격 특성으로는 놀이성(playfulness), 상상성향(imaging propensity), 기질(disposition) 등이 있다. 놀이성은 신체적 자발성, 사회적 자발성, 인지적 자발성, 즐거움의 표현, 유머감각의 5가지 요인으로 구성된 개인의 성격 특성을 의미한다(Lieberman, 1977). 이 5가지 요인 중 사회적 자발성,

인지적 자발성, 즐거움의 표현, 유머감각이 놀이와 매우 밀접한 상관이 있다. 영유아들은 놀이성이 높을수록 상상놀이 수준이 높고(유애열, 1994) 놀이기술이 풍부하여 사회적 구성놀이를 잘한다. 또한 또래관계도 좋아 집단놀이에 즐겨 참여하고 창의성도 발달한다(남진경, 2013; 이재은, 2006).

| 표 3-13 | 놀이성의 하위요인과 의미(Lieberman, 1977)

놀이성의 하위요인	의미
신체적 자발성	몸 전체나 각 신체 부위를 통한 풍부하고 조화로운 움직임
인지적 자발성	상상력, 창의력, 사고의 유연성
사회적 자발성	다른 사람들과 함께 할 수 있는 능력과 다른 집단에 들어가거나 나올 수 있는 능력
즐거움의 표현	웃음, 행복감과 즐거움의 표현
유머 감각	우스운 사건의 이해, 재미있는 상황의 인식, 호의적인 농담

상상성향은 외현적 상상놀이나 내면적 판타지로 표현되는 장난기를 의미한다(이숙재, 2004). 상상성향이 높은 유아는 놀이 중에 상호작용, 협동, 집중, 긍정적인 정서표현을 더 잘하고, 더 높은 수준의 상상놀이나 사회극놀이에 열중하여 참여한다(Singer, 1973; Pulaski, 1973).

영유아의 기질도 놀이에 영향을 주어 기질에 따라 놀이행동에 차이가 나타난다. 영아의 기질은 순한 기질, 까다로운 기질, 반응이 느린 기질로 구분할 수 있는데(Thomas & Chess, 1977), 순한 기질의 영아는 놀이 환경에 잘 적응하고 긍정적인 정서를 보이며 혼자서도 잘 놀이한다(권혜진 외, 2016). 순한 기질의 영아는 유아로 성장한 후에도 까다로운 기질의 유아에 비해 사회극놀이에 많이 참여한다(조선미, 2000). 반면, 까다로운 기질의 영아는 순한 기질의 영아에 비해 놀이환경의 적응에 시간이 걸리고 자기 뜻대로 안될 경우 부정적인 정서를 많이 표현하거나 방관자적 행동을 한다. 반응이 느린 기질의 영아는 놀이환경의 적응이 더 느리고 놀이 및 탐색에 수동적인 경향이 있다(권혜진 외, 2016; 조선미, 2000).

2) 환경 요인

(1) 부모

놀이에서 부모의 역할은 매우 중요하다. 영아가 출생 후 부모와 맺는 긴밀한 상호작용은 추후 놀이의 기초가 된다(Lewis & Boucher, 1988). 이는 애착과 놀이의 관계 연구(Matas, Arend, & Sroufe, 1978)로 입증되는데, 부모와 18개월까지 안정애착을 형성한 영아는 24개월이 되었을 때 안정애착을 형상하지 않은 영아에 비해 상상놀이를 많이 하는 것으로 나타났다.

영아기 때 부모는 자녀의 첫 놀이친구이자 가장 중요한 놀이친구이다. 충분한 부모와의 놀이경험은 영아의 정서 및 사회성 발달의 기초가 되기에 매우 중요하다. 따라서 부모는 놀이친구이자 놀이지원자로서 풍부한 놀이환경을 제공해주고 함께 놀이하면서 격려와 지시 등의 적절한 상호작용을 충분히 해주이야 한다.

영유아들은 혼자 놀 때보다 어머니와 함께 놀 때 상상놀이의 다양성이 증진되고 더 오래 놀이하는 등 더 높은 수준의 상상놀이를 전개하였다(O'Connell & Bretherton, 1984). 그리고 어머니가 놀이의 초기 발달에 대해 더 많이 알고 놀이지지 신념이 높을수록 적절한 놀이지원과 상호작용을 많이 하였으며, 이때 유아들은 또래와 긍정적인 상호작용을 하며 더 높은 수준의 협동놀이를 하는 것으로 나타났다(Damast et al., 1996; Fogle & Mendez, 2006). 반면, 부모가 놀이 시 지나치게 간섭하거나 수용적일 때 자녀의 놀이성은 저하되고 인지적 놀이에 대한 호기심도 감소되었다(방은영, 2016).

부모가 자녀의 놀이에 참여하는 방식을 보면 어머니와 아버지의 방식이 차이가 났다. 어머니가 언어적이고 인지적인 측면에서의 놀이, 즉 사회극놀이에 많이 참여한다면, 아버지는 신체적이고 활동적이며 예측불허하는 놀이에 많이 참여하는 경향이 있다. 결국, 영유아의 놀이발달을 위해서는 어머니와 아버지 모두의 적절한 지지와 격려가 절대적으로 필요하다.

(2) 교사

교사가 갖고 있는 놀이 신념과 가치인식, 놀이성 등은 영유아의 놀이발달에 큰 영향을 미친다. 특히 실외놀이의 경우 교사가 갖고 있는 실외놀이에 대한 신념과 가치 인식이 어떠하냐에 따라 놀이의 양상과 질적 수준이 상당히 다르게 나타난다(방은영, 2016). 또한 교사가 갖고 있는 놀이성은 영유아의 놀이에 큰 영향을 미치는데, 놀이성이 높은 교사는 놀이의 가치나 중요성에 대해 보다 긍정적인 신념을 형성하였으며, 영유아와의 놀이활동에서 즐거움과 재미를 경험하였고 영유아의 놀이활동에 적절하게 개입하고 참여할 수 있다는 자신감이 높았다(권혜진, 2012).

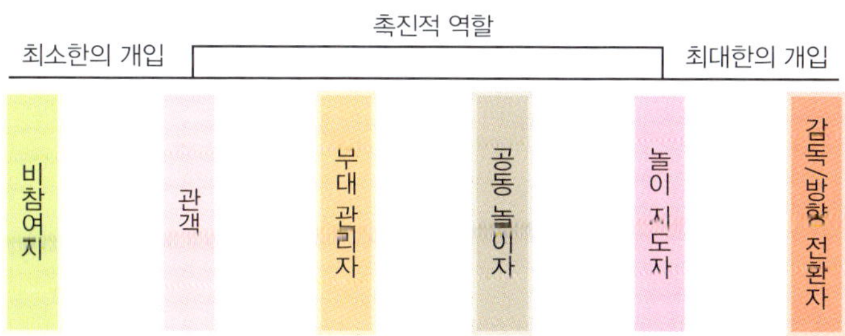

그림 3-1 놀이 시 교사 역할의 연속선

출처: Johnson, Christie, & Wardle(2006).

교사는 놀이신념에 따라 유아와 상호작용할 때 비참여자, 관객, 무대관리자, 공동놀이자, 감독/방향 전환자 등 다양한 역할을 할 수 있다. [그림 3-1]에서와 같이 교사가 관객, 무대관리자, 공동놀이자, 놀이지도자의 역할을 적절히 활용할 때 유아 놀이의 질적 수준을 높이고 놀이 관련 문해 활동을 촉진시킬 수 있다. 그러나 교사가 놀이에 완전히 비참여적이거나 너무 많이 개입하여 놀이의 방향을 전환할 때는 부정적인 결과가 초래될 수 있다. 또한 교사가 비참여자의 역할을 할 때는 기능운동놀이나 거친 신체놀이가 많이 이루어지면서 놀이에서 갈등이 발생할 가능성이 높아지고 놀이가 중지될 수도 있다. 특히 감독 및 방향 전환자의 역할은 놀이가 학습적 수업의 매개로 부적절하게 사용될 때 이루어지므로 유아 놀이의 목적을 훼손시키는 치명적인 역할을 할 수도 있다. 교사가 놀이의 비참여자 역할과 감독 및 방향 전환자로의 역할을 함으로써 유아의 놀이를 무시하고 있음이 여러 연구에서 입증되었다(Enz & Christie, 1997).

교사가 유아 중심의 놀이가 원활하게 진행되도록 도우려면 기본적으로 관객 및 무대 관리자로서의 역할을 할 필요가 있다. 교사는 유아에게 도전적인 놀이환경 및 놀잇감을 제공하고 유아가 놀이에 몰입할 수 있는 충분한 시간과 놀이가 지속될 수 있는 분위기를 조성해 주어야 한다. 또한 유아에게 많은 선택의 기회를 주고 긍정적으로 상호작용하도록 격려할 필요가 있다. 그리고 유아들이 놀이 에피소드가 더 이상 확장되지 않고 계속해서 같은 수준에 머물 때는 공동놀이자로 참여하여 놀이파트너가 되어주거나 놀이지도자로서 적절한 놀이지원을 해주어야 한다. 그렇게 될 때 영유아의 놀이는 순조롭게 진행되며 놀이 질적 수준이 함양되고 영유아들은 행복한 전인으로 성장하게 될 것이다.

(3) 또래

단독놀이를 제외한 사회적 놀이에서 놀이 친구인 또래의 영향력은 매우 크다. 유아들은 친분이 있는 또래 및 친구들과 놀이를 할 때 사회적 놀이에 더 적극적으로 참여하게 되고 높은 수준의 인지적 놀이(사회극놀이나 규칙있는 게임 등)를 하게 된다(Doyle, Connelly, & Rivest, 1980). 또한 유아는 또래 및 친구와 놀이할 때에 놀이친구의 놀이수준에 영향을 받는다. 극놀이 수준이 낮은 유아가 극놀이 수준이 높은 유아와 함께 놀이할 때에 가작화 능력이 향상되었으며, 협상 능력도 증진되었다(허진경, 2001).

유아들은 또래 및 친구와 놀이할 때에 놀잇감의 영향도 많이 받는다. 특히 연령이 어릴수록 또래와의 상호작용은 대부분 놀잇감을 중심으로 이루어진다(Fontaine, 1996; 이숙재, 2004 재인용). 놀잇감의 크기도 또래와의 놀이에 영향을 주는데 크기가 작은 놀잇감일 경우 단독놀이를 주로 이루어지고, 크기가 큰 놀잇감일 때는 혼자보다는 또래와 함께하는 사회적 놀이가 많이 이루어진다(Muller & Brenner, 1977).

(4) 놀잇감

영유아의 놀이는 놀잇감의 유형에 따라 달라진다. 공, 딸랑이, 팽이, 모래, 물, 진흙 등의 놀잇감을 갖고 놀 때는 주로 감각 · 운동놀이가 전개되며 이를 통해 감각 · 운동능력이 발달된다. 표상적 놀잇감인 동물, 교통기관(자동차, 기차, 비행기 등), 주방기구, 가구, 병원 도구 등의 미니어처와 인형을 갖고 놀 때는 가장놀이나 사회극놀이가 전개되며, 그 과정에서 상상력, 창의성, 사회성, 공감능력 및 자기조절능력, 의사소통능력 등이 함양된다. 단위 블록, 나무블록, 레고블록, 플라스틱블록 등의 구성놀잇감을 갖고 놀 때는 구성놀이 및 만든 구조물을 활용한 다양한 가장놀이나 사회극놀이가 전개되고 이를 통해 상상력, 수학적 개념, 창의성, 눈과 손의 협응력 등이 발달된다. 세발자전거, 그네 및 운동장의 실외 놀이기구는 대근육의 힘과 협응을 발달시키는 데 기여한다(Van Hoorn et al., 2018). 퍼즐, 미니어쳐와 책 같은 놀잇감은 타인과의 상호작용 없이 혼자서도 상상의 나래를 펴며 놀이 하도록 격려하고, 특히 인형은 정서적으로 부담스러운 경험을 표상할 때 활용되며 이를 통해 영유아들은 부정적 정서와 경험을 정화시키게 된다. 또한 주방기구, 병원도구, 미술재료 같은 놀잇감은 혼자놀이보다는 집단놀이를 하도록 돕는다(Van Hoorn et al., 2018).

놀잇감의 종류는 다양하지만 일반적으로 좋은 놀잇감은 영유아의 상상력을 자극하고 놀이에 몰두하게 한다. 놀이에서 다양한 방식으로 사용되는 구조화가 낮은 놀잇감 또는 개방적인 놀잇감이 이같은 역할을 한다(Jonson, Christie, & Wardle, 2005). 특히 놀잇감의 구조화는 영유아의 표상능력 발달과 밀접한 관련이 있기 때문에 영유아의 연령에 따라 제공되는 놀잇감의 구조화 수준도 달라져야 한다. 2~3세 영아들은 사물 자체의 특성에 기초하여 표상하는 단계에 있으므로 높은 수준으로 구조화된 놀잇감, 즉 실제 사물과 거의 유사한 사실적인 놀잇감을 갖고 놀 때 놀이가 더 활발하게 전개된다. 예를 들면 구조화 수준이 높은 놀잇감인 교통기관, 소꿉놀잇감 등의 미니어처나 복제품 등을 갖고 놀 때 놀잇감과 관련된 교통놀이나 소꿉놀이가 활발하게 이루어진다. 그러나 4~5세의 유아들은 다른 양상을 보여, 블록, 구슬, 막대기, 천 등과 같은 비구조화된 놀잇감을 많이 사용하여 가장놀이나 사회극놀이, 신체운동놀이나 게임 등에 즐겁게 참여한다. 이는 4~5세 유아들은 사물 자체의 특성에 기초하여 표상하기보다는 자신의 고유한 상상에 존재하는 의미 수준으로 표상하기 때문이다(Jonson, Christie, & Wardle, 2005). 예를 들어, 막대기 하나를 기차, 비행기, 빗자루, 요술피리 등으로 다양하게 표상하기에 구조화가 낮은 놀잇감을 갖고 다양한 가장놀이나 사회극놀이에 몰두하며 즐겁게 놀이를 전개할 수 있다.

놀잇감 표면의 부드러움과 딱딱함도 영유아에게 영향을 준다. 딱딱한 표면은 영유아로 하여금 피로하게 하고 스트레스를 줄 수 있다. 또한 딱딱한 놀이재료는 영유아가 항상 거기에 맞추어 적응하거나 일정한 방식으로 그 재료를 사용할 수밖에 없다(Prescott, 1994). 따라서 영유아에게 솜을 넣은 다양한 인형, 부드러운 스폰지블록이나 우레탄블록, 물, 흙 등의 부드러운 놀잇감도 반드시 제공해 주어야 한다.

놀잇감의 수와 크기도 영유아의 놀이에 영향을 미치는데 영아일 경우 놀잇감의 수는 적고, 크기가 클 때 놀이가 활발히 전개되고, 연령이 높아질수록 놀잇감의 수는 점점 많아지고 크기가 큰 놀잇감보다는 작은 놀잇감을 갖고 놀이한다. 예를 들면, 퍼즐의 수는 연령에 따라 증가하며, 블록의 경우 어린 영아일 경우 크기가 큰 스폰지블록 1~2개를 갖고 놀이하나 5세 유아일 경우 크기가 작은 단위블록을 많이 사용하여 놀이한다.

(5) 놀이공간

적절한 놀이공간은 놀이가 이루어지기 위한 필수 요인으로 그 영향력은 매우 크다. 놀이공간이 실내, 실외, 숲 · 자연일 경우 각각 놀이의 양상이 다르게 나타나는데, 먼저 실내공간의 경우 공간밀도, 공간배치 등이 놀이에 기본적으로 영향을 준다. 한 영유아당 이용할 수 있는 공간이 2.32m^2보다 좁으면 놀이에 부정적인 영향을 주어 대근육놀이가 감소하거나 공격성이 증가되고 집단놀이가 감소될 수 있다(Jonson, Christie, & Yawkey, 2001). 따라서 너무 밀집된 공간구성은 피하는 것은 좋다. 실내 공간의 배치도 놀이유형에 영향을 주어 개방된 공간을 여러 흥미영역으로 잘 정비하여 분할할 경우, 대근육놀이나 거친 신체놀이를 감소시키는 경향이 있으며 사회적 상호작용과 협동을 격려할 수 있는 친밀한 분위기가 형성될 수 있다(Moore, 1986). 그러나 영역의 적절한 통합도 필요하다. 역할놀이와 쌓기놀이 영역의 경우는 두 영역을 통합할 때 놀이가 활성화되어 남아 및 여아의 놀이가 증가하는 것으로 나타났다(Kinsman & Berk, 1979).

최근 영유아의 실내놀이가 크게 증가하면서 실외놀이의 중요성이 더 강조되고 있다. 실외 환경은 실내에 비해 신체발달에 필요한 대근육놀이에 참여할 기회를 많이 제공함으로써 영유아의 신체 발달 및 건강 증진에 매우 긍정적인 영향을 주기 때문이다. 특히 실외 공간이 숲과 자연일 경우 실내에 비해 놀이방법이 정해져 있지 않은 구조화가 매우 낮은 놀잇감(돌, 흙, 열매, 나뭇가지 등의 자연물)을 다양하게 그리고 많이 접할 수 있다는 장점이 있다. 영유아들은 숲에서 자연물의 초대에 부응하여 호기심을 갖고 몰입하여 탐색 놀이를 할 수 있고, 상상력을 발휘하여 또래와 어울려 자유롭게 놀면서 상상력과 창의성뿐만 아니라 서로 배려하고 공감하고 협동하는 능력 등을 크게 발달시킬 수 있다. 생명을 소중히 하고 존중하는 것도 자연스럽게 스스로 배우게 된다(곽노의 · 이신영, 2014). 특히 숲과 자연에서 이루어지는 놀이는 실내에 비해 도전과 모험이 수반되는 경우가 많기에 놀이 후 성취감이 더욱 크고 자존감과 인내심 등 바른 인성이 함양될 수 있다.

3) 사회적 요인

(1) 미디어

영유아와 관련된 미디어 매체는 TV, 스마트기기(스마트폰, 태블릿), 비디오게임, 컴퓨터 인터넷 등이 있다. 이 중 영유아들이 가장 많이 이용하는 미디어 매체는 TV이고 그 다음으로 많이 이용하는 것이 스마트기기이다(김보라, 2018).

영유아의 TV 이용은 2018년 아주대병원 소아정신건강의학과의 연구보고에 의하면, 만 2~5세 유아의 부모 390명을 조사했을 때 전체 39.3% 부모의 자녀들, 즉 10명 중에 4명이 TV를 매일 시청하는 것으로 나타났고, 1주일에 사흘 이상 TV를 보는 경우는 전체의 71.8%로 나타났다. TV를 시청하는 시간은 평일에는 '평균 1시간 이상'이 48%로 가장 많았고 주말에 1시간 이상 TV를 보는 경우는 63.1%나 되었다(서울경제신문, 2018. 5. 30).

스마트기기 이용은 오주현과 박용완(2019)의 연구보고에 따르면, 만 1세~ 만 6세 이하의 영유이 자녀를 둔 부보 6백여 명을 조사했을 때 전체 59.3%의 부모들이 자녀가 스마트 미디어를 이용하고 있다고 응답하였다. 스마트기기의 최초 사용 시기는 놀랍게도 만 1세(12~24개월 미만)가 가장 많았고 45.1%나 되었다. 1일 평균 30분 이상 이용하는 비율이 57.2%나 되었으며, 주중 평균 3.94시간, 주말평균 4.43시간으로 주말에 더 많이 사용하는 것으로 나타났다. 그리고 만 1~3세 영아와 만 4~6세의 유아를 구분하여 비교했을 때 , 만 4~6세의 유아에서는 잠재적 위험군이 8.3%, 고위험군이 1.7%로 나타났으며, 만 1~3세의 영아에서는 잠재적 위험군이 11.3%, 고위험군이 3.7%로 나타나 유아보다 영아의 스마트 미디어 과의존 위험군 비율이 높았다.

이처럼 영유아의 미디어 매체 이용이 증가하고, 그 이용 시기가 점점 더 어려진다는 것은 영유아 발달에 큰 문제가 될 수 있다. 영유아는 미디어의 흡수력이 높기 때문에 적절히 이용한다면 어휘력 이해와 습득, 과학적 태도 및 탐구능력의 발달 등에 도움이 되지만, 지나치게 이용한다면 비디오증후군의 증세를 보이며 신체활동의 부족과 비만, 주의집중력의 저하, 의사소통능력 발달의 지연, 불안이나 우울 같은 정서적 문제, 도덕적 판단수준의 저하 등 많은 문제가 발생될 수 있기 때문이다(김보라, 2018; 오주현 · 박용완, 2020). 이에 2019년 세계보건기구(WHO)는 만 1세까지는 TV, 비디오, 컴퓨터 게임 등 미디어타임을 권하지 않았으며, 2세부터는 최대 1시간을 넘어서는 안 된다고 경고하였다.

영유아의 미디어 이용 시간은 줄이고, 그 시간은 부모나 가족과의 놀이로 대체되어야 한다. 부모들이 영유아 자녀에게 스마트 미디어를 많이 허용하는 이유를 살펴보면 '아이에게 방해받지 않고 다른 일을 하기 위해(31.1%)'가 가장 많았으며, 그 다음으로 '아이를 달래기 위해(27.7%)', '아이가 좋아해서(26.6%)'의 순이었다. 또한 영유아들이 미디어 매체로 이용한 내용은 장난감 소개 및 놀이 동영상(43.3%), 애니메이션과 만화(31.7%), 노래, 율동 동영상(23.6%) 등이었다(오주현 · 박용완, 2020). 이처럼 영유아가 부모나 가족과 놀이하며 행복해야 할 시간이 과도하게 미디어 이용으로 대체되고 있는 것을 볼 때, 앞으로 부모들이 놀이의 중요성과 미디어 매체의 이용에 대한 바른 인식을 갖도록 다각적인 측면에서 부모교육이 이루어져야겠다.

(2) 조기 사교육

2016년 육아정책연구소 연구에 의하면, 우리나라 영유아가 사교육을 받는 비율은 만 5세 83.6%, 만 2세 35.5%이었다. 만 5세는 주 5.2회 1회당 50.1분이었고, 만 2세도 주 2.6회 1회당 47.6분이나 되었다(김은영 외, 2016). 이와 같은 긴 학습 시간은 자연히 놀이 시간의 부족으로 이어진다. 국립환경과학원의 연구보고(2016)에 따르면 우리나라 만 3~9세 아이들의 하루 평균 실외활동 시간은 1일 34분으로 미국(1일 119분)과 캐나다(1일 100분) 아이들의 1/3에 불과했고 연령별로는 만 0~2세는 27분, 만 3~6세는 32분으로 국가고시교육과정의 기준치에 훨씬 못 미쳤다.

영아기는 감각 운동을 통해 인지적으로 발달하고, 만 3~6세의 유아기는 특히 종합적 사고, 인성 및 도덕성 기능을 담당하는 전두엽이 크게 발달하는 시기이다. 이 시기에는 인성 및 도덕성, 주의집중력, 동기 부여 등을 중심으로 교육해야 하는데, 이 시기에 만 6~12세에 발달하는 측두엽의 기능인 문자 교육, 수학 교육 등에 과도하게 치우치면 스트레스가 크게 증가하고 오히려 정서, 사회, 인지적으로 다양한 문제행동이 증가할 수 있다(권정윤, 2007; 박영양 외, 2004; 홍은자, 2001).

영유아 시기의 과도한 사교육과 놀이시간의 부족은 영유아의 건강한 성장과 발달을 저해할 수 있으며, UN 아동권리협약이 명시하는 아동의 놀 권리, 발달권, 참여권, 생존권 등을 침해하는 것이므로 영유아가 놀 권리를 충분히 누릴 수 있도록 부모의 인식변화, 교육시스템의 개선 등이 이루어져야 할 것이다.

생각해보기

- 육아방송, 소리 없는 뇌중독 아동 스마트미디어증후군
  https://www.youtube.com/watch?v=nXhtjzxlDvU
- EBS 뉴스, 2015. 11.05 영유아 스마트폰 중독'에서 벗어나려면
  https://www.youtube.com/watch?v=5YPmN6Vu6GQ
- 동영상을 살펴보고 영유아의 스마트폰 사용에 대해 의견을 나누어보자.

CHAPTER

04

놀이와 교육

1. 놀이하며 배우는 유능한 유아
2. 놀이를 통한 배움과 앎
3. 놀이와 교육과정

CHAPTER 04

놀이와 교육

1 놀이하며 배우는 유능한 유아

'유아들은 놀기 위해 세상에 왔다'라는 말이 있을 정도로 놀이는 유아의 삶 그 자체이다. 유아들은 놀이를 하며 배운다. 놀이중심 교육과정은 '놀이하며 배우는 유능한 유아'에 대한 이해와 믿음으로부터 시작된다. 개정 누리과정에서는 유아중심과 놀이중심을 보다 명료하게 이해할 수 있도록 '놀이하며 배우는 유능한 유아'의 특징을 기술하고 있다. 다음은 개정 누리과정에서 소개하는 '놀이하며 배우는 유능한 유아'에 대한 설명이다(교육부 · 보건복지부, 2019b).

① 유아는 몸을 움직인다.

- 놀이에서 유아는 감각을 사용한다.
- 놀이에서 유아는 마음껏 움직인다.
- 놀이에서 유아는 안전하게 몸을 움직이며 보호한다.

② 유아는 하고 싶은 것을 스스로 선택한다.

- 놀이에서 유아는 적극적으로 탐색한다.
- 놀이에서 유아는 다양하게 시도한다.
- 놀이에서 유아는 자긍심을 가진다.

③ 유아는 상상한다.

- 놀이에서 유아는 호기심이 많다.
- 놀이에서 유아는 창의적으로 탐구한다.
- 놀이에서 유아는 세상에 대해 다양한 방식으로 표현한다.

④ 유아는 재미와 기쁨을 느낀다.

- 놀이에서 유아는 감정을 표현한다.
- 놀이에서 유아는 감정을 해소한다.
- 놀이에서 유아는 아름다움을 느낀다.

⑤ 유아는 주변과 관계를 맺는다.

- 놀이에서 유아는 도움을 주고받는다.
- 놀이에서 유아는 사람과 소통한다.
- 놀이에서 유아는 세상을 살피고 돌본다.

놀이하며 배우는 유능한 유아	→	개정 누리과정이 추구하는 인간상
몸을 움직인다		건강한 사람
하고 싶은 것을 스스로 선택한다		자주적인 사람
상상한다		창의적인 사람
재미와 기쁨을 느낀다		감성이 풍부한 사람
주변과 관계를 맺는다		더불어 사는 사람

2 놀이를 통한 배움과 앎

놀이는 유아를 위한 최적의 발달과 배움에 있어 본질적인 것이다(Van Hoorn, Nourot, Scales, & Alward, 2015; 2018). Aristoteles는 무엇이든 그 자체로 즐기는 태도는 인간의 가장 탁월한 능력이라고 하였다. 인간은 놀이를 통해 생각하고 느끼고, 반성하고 창조하는 것을 배울 수 있고, 이렇게 무엇인가를 진심으로 좋아하고 즐기는 활동은 곧 놀이이자 학습이라 할 수 있다(한경애, 2007; 임부연, 2008 재인용).

특별히 인간의 전 생애 가운데 유아기는 '놀이가 삶의 전부'인 시기이다. 유아의 삶을 들여다보면 유아는 끊임없이 놀이하는 과정 속에서 배우며 성장한다. 무엇보다 유아는 자발적인 동기와 즐거움을 가지고 자기 주도적인 놀이를 할 때 효과적으로 지식을 구성할 수 있다. 내 마음대로 놀이하는 과정에서 유아는 자신의 있는 그대로의 '나다움'을 발견하게 되며, 친구들과 함께 하는 놀이 속에서는 나와는 구별된 '다른 사람'의 존재를 인식하고 더불어 살아가는 방법을 배워간다. 그렇기에 유아의 놀이와 배움은 분리하여 생각할 수가 없다. 놀이는 유아를 가르치고 배우는 학습자로 이해하기 위해서 가장 중요한 핵심적인 용어이며, 초 · 중등 교육 등 여타 교육과 유아교육을 구분 짓는 가장 큰 특징이다(임부연 외, 2008).

2019 개정 누리과정은 놀이가 유아의 삶이자 배움의 방식임을 강조하고 있다. 놀이는 유아가 흥미와 관심을 가지고 자발적으로 즐겁게 참여하며 배우는 과정이다. 유아에게 놀이는 세상을 살아가면서 만나는 수많은 문제를 해결하고 배워가는 앎과 삶의 방식이다. 특히 개정 누리과정에서는 놀이의 주요특성을 자유로움, 주도성, 즐거움으로 명시하고 있다. 이것은 '가짜놀이'가 아닌 '진짜놀이'의 특징이며, 유아는 자유롭고, 주도적이며, 즐거운 놀이를 통해 세상을 더욱 잘 알고 배워갈 수 있다. 그렇다면 유아들은 놀이를 통해 어떻게 그리고 무엇을 배우는지 살펴보도록 하자.

1) 유아들은 놀이를 통해 어떻게 배울까?

놀이가 유아의 배움에 가장 효과적인 교수방법일 수 있는 이유는 무엇인지 살펴보자.

■ 첫째, 놀이는 자유롭다.

놀이에서의 자유는 계획된 목적으로부터의 자유, 미리 결정된 규칙으로부터의 자유, 사실로부터의 자유, 시간과 공간의 제약으로부터의 자유를 포함한다. 유아가 스스로 선택하여 참여하는 놀이는 유아의 학습경험을 풍부하고 의미 있게 해주는데(교육과학기술부 · 보건복지부, 2013), 이는 자유놀이 시간에 가장 활발하게 이루어진다(김태영 · 엄정애, 2019). 그러므로 교사는 교육목표를 세우고 일방적으로 지식을 강요하는 것이 아니라, 유아의 자발적인 놀이를 존중하고 놀이의 흐름을 따라가며 지원해 주어야 한다. 또한 충분한 놀이시간 안에서 실내와 실외, 숲과 자연을 넘나들며 놀 수 있는 자유를 지원할 때 유아들은 더욱 몰입하고, 상상하며, 변형과 창조를 통해 창의적인 놀이를 이어갈 수 있다.

■ 둘째, 놀이는 주도적이다.

놀이에서의 주도성은 유아의 자발성, 능동성, 내재적 동기, 즉흥적 전개와 같은 특성과 관련된다. 가르침과 배움이 이루어지는 학교에서 자율성, 능동성, 내재적인 동기와 같은 주도성은 의미 있는 학습을 가능하게 하는 핵심기제이다. 유아들이 스스로 선택하여 자발적으로 이루어가는 놀이는 즐거운 앎과 배움으로 이어지며, 그 과정에서 스스로 통제하고 주의를 기울이고 끈기있게 집중하는 모습을 보인다. 유아들은 아무리 재미있는 놀이라도 다른 사람이 시켜서 놀이할 때는 더 이상 내적 동기를 갖지 못하며, 놀이가 아닌 일로서 받아들이게 되며, 더 이상 놀이가 지속되지 않는다. 그러므로 놀이의 주도적 특성은 유아에게 앎에 대한 흥미와 지식에 대한 욕구를 자극하여, 배움이란 재미없고 지루한 '일'이 아니라 즐겁고 또 하고 싶은 행위라는 인식을 갖게 하는 유일한 교수방법인 것이다(임부연 외, 2008).

■ 셋째, 놀이는 즐겁다.

놀이에서는 재미와 기쁨, 몰입, 실험, 마주침, 감정의 해소, 심미성, 유머 등의 정신적, 정서적 상태를 수반하는 즐거움이 있다. 목표와 결과가 있는 '일'과는 달리 순수한 놀이는 과정중심이며, 그 자체가 즐겁고 재미있다. 재미있기 때문에 더 놀고 싶고, 계속해서 즐겁게 무엇인가를 더 하고 싶다는 것은 자기 동기부여가 충분히 되어 있다는 증거이다. 효과적인 학습에서 강력한 자기 동기부여만큼 좋은 것은 없다. 이런 의미에서 놀이는 즐거움과 자기 동기화라는 강력한 학습수단을 수반하고 있어 유아의 배움과 앎에 큰 영향을 준다.

2) 유아들은 놀이를 통해 무엇을 배우나?

유아는 경험을 통해 배운다. 경험이란 유아가 생활하며 직접 겪는 모든 일을 말한다(교육부 · 보건복지부, 2019b). 놀이를 통해 유아는 넓고 풍부한 경험을 가지게 되며, 이것은 곧 유아에게 의미 있는 배움이 된다. 그렇다면 유아는 놀이를 통해 과연 무엇을 배울까? 놀이하는 유아는 몸과 마음이 건강하고, 자주적이고, 창의적이고, 감성이 풍부하며, 더불어 사는 데 필요한 지식, 기술, 태도와 가치를 배운다. 즉, 유아는 놀이 속에서 협력, 탐구, 창의성, 공감, 조절 등의 능력을 배운다. 개정 누리과정에서는 놀이하는 유아의 현재의 모습은 개정 누리과정이 추구하는 인간상, 즉 건강한 사람, 자주적인 사람, 창의적인 사람, 감성이 풍부한 사람, 더불어 사는 사람의 모습 그 자체이며, 결국 놀이를 통해서 유아들은 이러한 전인적인 인간으로 성장해 간다고 설명하고 있다.

> 놀이에서 유아는 몸을 조절하고, 다양한 움직임을 하며, 감정을 해소하고, 즐거움을 느끼는 '몸과 마음이 건강한 아이'로, 놀이를 주도하고, 도전하고, 실패를 두려워하지 않는 '자주적인 아이'로, 다양한 방식으로 문제를 해결하고, 탐구하고 변화를 만드는 '창의적인 아이'로, 아름다움을 느끼고, 그 아름다움을 다양하게 표현하는 '감성이 풍부한 아이'로, 협력하고, 조절하고, 배려하는 '더불어 사는 아이'로 성장하고 있다(교육부·보건복지부, 2019b).

그러므로 놀이를 통한 유아의 배움은 개정 누리과정 5개 영역의 내용이 모두 포함되며, 오히려 5개 영역 내용 그 이상의 배움이 일어날 수 있다. 다음 그림은 개정 누리과정에서의 일과인 놀이, 일상생활, 활동에서 유아들이 신체운동 · 건강,

의사소통, 사회관계, 예술경험, 자연탐구의 교육내용을 경험하면서 그 목적과 목표, 추구하는 인간상을 모두 이루어가는 과정을 보여주고 있다.

추구하는 인간상	• 건강한 사람, 자주적인 사람, 창의적인 사람, 감성이 풍부한 사람, 더불어 사는 사람
목적	• 유아가 놀이를 통해 심신의 건강과 조화로운 발달을 이루고 바른 인성과 민주 시민의 기초를 형성하는 데에 있다.
목표	• 자신의 소중함을 알고, 건강하고 안전한 생활 습관을 기른다. • 자신의 일을 스스로 해결하는 기초능력을 기른다. • 호기심과 탐구심을 가지고 상상력과 창의력을 기른다. • 일상에서 아름다움을 느끼고 문화적 감수성을 기른다. • 사람과 자연을 존중하고 배려하며 소통하는 태도를 기른다.

누리과정 영역	신체운동 건강	의사소통	사회관계	예술경험	자연탐구
영역별 목표	실내외에서 신체활동을 즐기고, 건강하고 안전한 생활을 한다.	일상생활에 필요한 의사소통 능력과 상상력을 기른다.	자신을 존중하고 더불어 생활하는 태도를 가진다.	아름다움과 예술에 관심을 가지고 창의적 표현을 즐긴다.	탐구하는 과정을 즐기고, 자연과 더불어 살아가는 태도를 가진다.

| 그림 4-1 | 가정 누리과정의 구성

출처: 교육부 · 보건복지부(2019c). p. 13.

3 놀이와 교육과정

유아교육에서 놀이는 항상 교육과정의 중심에 있었다. 놀이를 통해 성장하는 유아에게 즐거움과 에너지가 가득한 놀이는 배움의 내용, 방식, 과정이다. 유아에게 앉아서 한글 학습지나 수학 학습지를 시키면 아마 5분도 못가서 몸부림을 칠 것이다. 반면, 적극적인 놀이를 통해 유아들은 가장 효과적인 방법으로 세상을 배우며 진인직 발달을 이룰 수 있다.

놀이 중심 교육과정의 개념은 루소, 페스탈로찌, 프뢰벨의 철학으로부터 시작되어 형식적인 유치원 교육기관의 창시에 큰 영향을 미쳤다(Johnson, Christie, & Wardle, 2006). 이후 다양한 유아교육 프로그램들 예컨대 레지오 에밀리아, 발도르프, 프로젝트 접근법, 몬테소리, 생태유아교육, 숲유치원 등에서는 각각의 철학에 맞는 놀이환경, 놀잇감 등을 가지고 유아들에게 다양한 놀이중심 교육을 실행하고 있다.

이처럼 유아를 위한 교육과정은 놀이를 중심으로 통합되어 왔으나, 유아의 순수하고 자발적인 놀이가 교육의 내용이자 목적이어야 한다는 입장부터 놀이를 '교육적 수단'으로 사용하여 교사가 의도한 학습목적과 목표를 달성하도록 도와야 한다는 입장까지 놀이의 적용에 대한 견해 차이가 꾸준히 존재해 왔다. 개정 누리과정 시행 전의 3~5세 연령별 누리과정에서는 "놀이를 중심으로 교수 · 학습활동이 이루어지도록 한다"(교육과학기술부 · 보건복지부, 2012)고 진술하고 있다. 즉, 놀이를 강조하고는 있으나, 놀이가 교육 및 교수방법으로 활용되어야 한다는 입장에 가깝게 설명하고 있는 것이다. 한편, 2019 개정 누리과정은 유아의 놀이를 통한 배움을 교육과정 실행의 중심에 두고 있다. 무엇보다 놀이는 유아의 삶 자체이자 배움의 내용, 방식, 과정임을 강조한다(교육부 · 보건복지부, 2019b). 즉, 유아의 놀이자체가 교육내용이고 목적이어야 한다는 입장이라고 볼 수 있다. 또한 개정 누리과정에서는 '유아와 교사가 함께 주도하는 교육과정'을 강조하면서 교사주도와 유아주도의 균형, 놀이와 교육의 균형을 시사하고 있다. 즉 유아의 발현적인 놀이를 중심으로 다양한 방법으로 놀이를 지원하며 '교사와 유아가 함께 만들어가는 교육과정'을 강조하고 있는 것이다.

놀이와 교육과정에 대한 균형 잡힌 이해를 돕기 위해, 첫째, 놀이와 교육과정간의 관계의 방향을 살펴보고, 둘째, 놀이의 재개념화로 놀이의 연속적 과정을 이해하며, 셋째, 2019 개정 누리과정에서 지향하는 유아 · 놀이중심 교육과정에 대한 이해를 돕고자 한다.

1) 놀이와 교육과정의 관계

유아교육과정에서 놀이의 활용 방법을 Van Hoorn, Nourot, Scales 및 Alward (2018)는 '놀이로부터 형성된 교육과정(play-generated curriculum)'과 '교육과정으로부터 형성된 놀이(curriculum-generated play)'로 설명하였다.

■ 놀이로부터 형성된 교육과정

'놀이로부터 형성된 교육과정'은 유아의 자발적인 놀이로부터 출발해 교육과정이 만들어지는 것을 의미한다. 교사는 유아의 실내 · 외 자유놀이에서 교육적 의미를 포착하고 교육과정으로 만들어 갈 수 있다. 즉, 유아의 주도적인 놀이를 따라가며 교사는 유아가 필요로 하는 자료나 도움을 제공해 주거나, 놀이에 참여하여 모델링이나 놀이친구 때로는 놀이리더가 되어 새로운 놀이방법을 소개하는 등 적절하고 적극적인 교사의 역할을 수행할 수 있다.

교육과정으로부터 형성된 놀이

'교육과정으로부터 형성된 놀이'는 교사가 계획한 교육과정을 중심으로 유아의 배움을 위한 놀이환경과 놀이경험을 제공하는 것이다. 많은 유아교육현장에서는 생활주제에 따른 대소집단 활동(예 이야기 나누기, 동화 · 동시감상, 미술활동, 게임 등)과 자유선택활동을 중심으로 교사주도의 계획된 교육과정이 이루어져왔다. 이러한 주제중심 교육과정에서 아무리 유아의 관심과 흥미가 반영되어 주제가 선택되었다 하더라도, 교사가 주도하는 활동중심으로 교육과정이 운영된다면 유아의 자발적인 놀이의 특성이 희미해질 수밖에 없다. 따라서 교육과정으로부터 형성된 교육과정이 '놀이와 교육'의 균형을 이루기 위해서는 교사가 주도하는 활동 속에 놀이적 요인, 즉 즐거움, 선택, 주도성, 몰입, 과정지향성 등이 포함되어 이루어질 필요가 있다(경기도 교육청, 2017).

유아가 말하는 놀이의 요인(경기도 교육청, 2017)

- **즐거움**: 유아에게 놀이의 기준은 즐거움이다. 유아들은 놀이를 통해서 즐거움을 느끼고 즐거운 경험 속에서 부정적인 감정을 해소한다.
- **선택**: 유아는 스스로 선택한 활동을 놀이로 인식한다. 유아는 흥미와 요구에 따라 놀이를 선택할 때 활동에 더욱 몰입하게 되고 유아 스스로 능력을 존중받았다고 느낀다.
- **주도성**: 유아는 자신의 의지대로 주도적으로 활동할 때 즐거움을 느끼고 놀이라고 느낀다.
- **몰입**: 유아는 흥미와 호기심에 따라 놀이를 선택하고 주도적으로 놀이할 때 즐거움을 느끼고 활동에 쉽게 몰입하게 된다. 이러한 몰입의 과정은 새로운 창조의 경험과 노력의 시간으로 유아들에게 성취감을 갖게 한다.
- **과정지향성**: 유아의 과정지향적인 태도는 유아들이 좌절하지 않고 결과에 대한 부담 없이 새롭고 다양한 시도를 통한 배움을 가능하게 한다.

놀이중심 교육과정은 '교사와 유아가 주체가 되어 함께 만들어가는 교육과정'이다. 교사 주도적 활동에서는 놀이적 요인이 최대한 반영될 수 있도록 노력해야 하고, 유아 주도적 활동에서는 놀이적 요인이 훼손되지 않도록 하면서도 유아들의 놀이가 교육적 의미를 갖도록 해야 한다(경기도 교육청, 2017; 이정희 외, 2018 재인용).

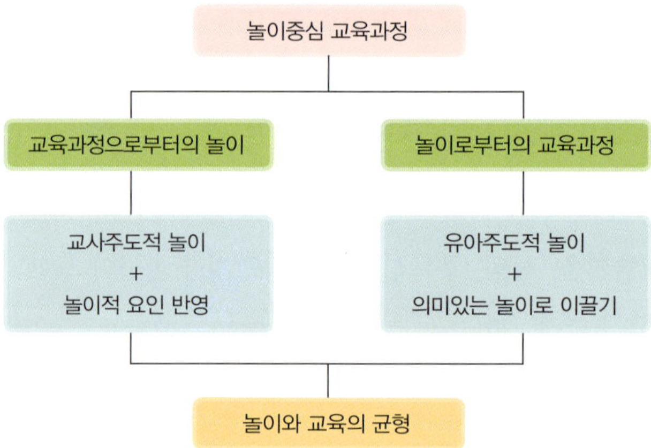

그림 4-2 놀이중심 교육과정 전개 방안

출처: 이정희 · 권혜진 · 백선희(2018).

2) 놀이의 연속적 과정 이해하기

놀이중심 교육과정을 시작하기에 앞서 놀이의 개념을 정립하는 것은 매우 중요하다. 왜냐하면 교사의 놀이 개념이나 신념에 따라 교사와 유아와의 상호작용과 교사의 놀이지원이 달라지기 때문이다. Van Hoorn, Nourot, Scales, & Alward(2018)는 놀이의 개념을 자발적 놀이, 안내된 놀이, 교사 지시적 놀이로 기술하면서, 이 세 가지 유형의 놀이의 연속성과 균형감을 강조하였다.

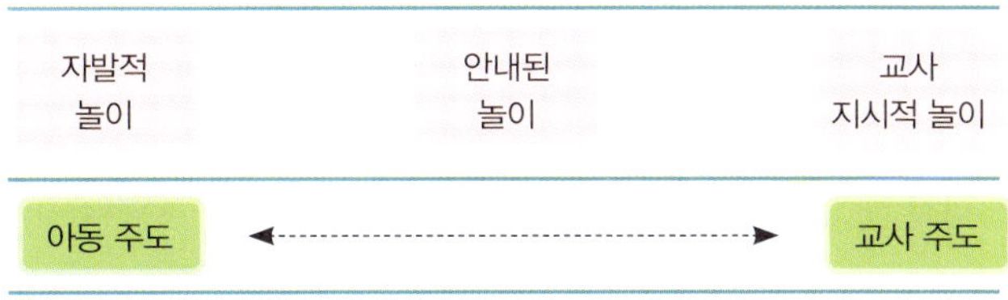

그림 4-3 놀이의 연속적 과정

출처: Van Hoorn과 동료들(2018).

자발적 놀이(spontaneous play)

자발적 놀이는 유아의 자기주도적인 자유로운 놀이를 의미한다. 즉, 놀이의 특성들이 모두 포함된 놀이로서 내적 동기부여, 능동적 참여, 목적보다 과정이 더 중요한 특징을 보여준다. 유아의 자발적인 놀이를 통해 자신의 고유한 흥미와 욕구를 표현한다.

안내된 놀이(guided play)

놀이에 대한 관심과 참여는 유아가 선택하지만, 교사는 의도를 가지고 유아의 놀이를 안내하는 것이다. 즉, 교사는 유아의 놀이 속에 유아의 흥미와 놀이 욕구를 파악하여 이에 적합한 놀이재료나 환경을 제공하고 다양한 제안을 할 수 있다.

교사 지시적 놀이(teacher-directed play)

교사 지시적 놀이는 성인이 지시하거나 통제하고 구성하는 유아의 놀이를 의미한다. 교사는 분명한 의도를 가지고 구체적으로 유아의 놀이를 안내하고 지시한다. 그러나 놀이의 선택권은 여전히 유아에게 있으며, 유아가 스스로 놀이를 선택했다면 즐겁고 주도적으로 놀이에 참여할 수 있다. 예를 들어 여름 간식에 대해 관심을 가지게 된 유아들에게 교사는 "수박 수영장" 그림책을 읽어줄 수 있으며 연계활동으로 요리활동이나 미술활동 등을 계획하여 운영하는 것이다.

유아가 주도하는 놀이, 안내된 놀이, 교사 지시적 놀이는 하나의 연속적 과정에서 발생하며 서로가 서로에게 역동적으로 영향을 준다. 즉, 유아의 놀이가 교사 계획 활동을 만들어 내기도 하고, 또 역으로 교사 계획 활동을 통해 유아의 주도적인 놀이가 풍부하게 이어질 수 있다.

놀이중심 교육과정을 운영할 때 이 세 유형의 놀이의 개념과 역동성을 이해하는 것이 필요하다. 유아의 주도적인 놀이가 가장 중요순위에 있으나, 교사는 놀이를 안내하거나 계획한 활동을 제공하고 지원하며 '놀이와 교육'의 균형을 이루어 갈 수 있다. 놀이중심 교육과정은 어떤 것이든 허용되는 놀이의 방임을 의미하지 않는다. 놀이중심 교육과정에서 놀이의 주체는 유아와 교사 모두이며, 유아의 놀이에서 교육적 의미를 잘 포착하고 놀이를 지원하며 함께 교육과정을 만들어가는 역량있는 교사의 역할이 더욱 요구되고 있다.

3) 2019 개정 누리과정: 유아중심 · 놀이중심 교육과정

(1) 기존 누리과정과 개정 누리과정 비교

2019 개정누리과정은 기존의 주제중심의 계획된 수업에서 탈피하여 개별 유아의 다양한 특성을 반영할 수 있는 자유놀이 방식으로 교육과정을 개편하고, 기존 지침서 위주의 교수방식이 아닌 유아의 다양한 놀이를 유도할 수 있는 교육방법을 명시하였다. 기존의 3~5세 연령별 누리과정과 개정 누리과정을 활동주체, 놀이 공간, 놀이시간, 놀이 환경, 주제 등으로 분류하여 간단히 비교해 보면 다음과 같다.

| 표 4-1 | 기존 누리과정과 개정 누리과정의 비교

구분	기존 누리과정	2019 개정 누리과정
활동 주체	교사	유아
활동 공간	정해진 공간	자유로운 공간
놀이 시간	자유놀이 1시간~ 바깥놀이 1시간~	바깥놀이를 포함하여 유아의 놀이가 충분히 이루어지도록 편성 · 운영
교실 환경	흥미영역으로 구역을 나눔	통합적인 놀이공간
주제	생활주제	유아의 흥미
주된 활동	대소집단 및 자유선택활동	놀이
교육 내용구성	발달에 따른 연령별 내용(369개)	유아가 경험해야 할 내용(59개)
평가	계량화된 평가	유아의 특성과 변화 정도를 이해하는 평가
경영록	교육계획안 중심의 평가	유아의 놀이 관찰과 기록

(2) 개정 누리과정 구성의 이해

2019 개정 누리과정은 유아 · 놀이중심 교육과정으로 '유아와 놀이'를 최우선으로 존중하는 교육과정이다. 기존의 「3~5세 누리과정」도 놀이를 강조했지만, 일부 현장에서 교사의 계획중심 운영으로 획일화되고 경직된 수업과 활동으로 운영해 왔다는 비판을 받기도 했다. 이에 개정 누리과정에서는 '교사중심' 교육과정에서 '유아 · 놀이중심' 교육과정으로 중심추를 옮겨 '유아의 놀이와 배움의 의미'를 재해석하고 있다. 개정 누리과정에서 추구하는 놀이중심 교육과정의 이해를 위해 추구하는 인간상, 목적, 목표, 구성의 중점, 편성 · 운영, 교수 · 학습 및 평가 등의 구성을 살펴보면 다음과 같다.

구분	내용
추구하는 인간상	가. 건강한 사람 나. 자주적인 사람 다. 창의적인 사람 라. 감성이 풍부한 사람 마. 더불어 사는 사람
목적	누리과정의 목적은 유아가 놀이를 통해 심신의 건강과 조화로운 발달을 이루고 바른 인성과 민주시민의 기초를 형성하는 데에 있다.
목표	가. 자신의 소중함을 알고, 건강하고 안전한 생활습관을 기른다. 나. 자신의 일을 스스로 해결하는 기초능력을 기른다. 다. 호기심과 탐구심을 가지고 상상력과 창의력을 기른다. 라. 일상에서 아름다움을 느끼고 문화적 감수성을 기른다. 마. 사람과 자연을 존중하고 배려하며 소통하는 태도를 기른다.
구성의 중점	가. 3~5세 모든 유아에게 적용할 수 있도록 구성한다. 나. 추구하는 인간상 구현을 위한 지식, 기능, 태도 및 가치를 반영하여 구성한다. 다. 신체운동건강, 의사소통, 사회관계, 예술경험, 자연탐구의 5개 영역을 중심으로 구성한다. 라. 3~5세 유아가 경험해야 할 내용으로 구성한다. 마. 0~2세 보육과정 및 초등학교 교육과정과의 연계성을 고려하여 구성한다.
편성 · 운영	가. 1일 4~5시간을 기준으로 편성한다. 나. 일과 운영에 따라 확장하여 편성할 수 있다. 다. 누리과정을 바탕으로 각 기관의 실정에 적합한 계획을 수립하여 운영한다. 라. 하루 일과에서 바깥 놀이를 포함하여 유아의 놀이가 충분히 이루어지도록 편성하여 운영한다. 마. 성, 신체적 특성, 장애, 종교, 가족 및 문화적 배경 등으로 인한 차별이 없도록 편성하여 운영한다. 바. 유아의 발달과 장애 정도에 따라 조정하여 운영한다. 사. 가정과 지역사회와의 협력과 참여에 기반하여 운영한다. 아. 교사 연수를 통해 누리과정의 운영이 개선되도록 한다.
교수 · 학습	가. 유아가 흥미와 관심에 따라 놀이에 자유롭게 참여하고 즐기도록 한다. 나. 유아가 놀이를 통해 배우도록 한다. 다. 유아가 다양한 놀이와 활동을 경험할 수 있도록 실내외 환경을 구성한다. 라. 유아와 유아, 유아와 교사, 유아와 환경 간에 능동적인 상호작용이 이루어지도록 한다. 마. 5개 영역의 내용이 통합적으로 유아의 경험과 연계되도록 한다. 바. 개별 유아의 요구에 따라 휴식과 일상생활이 원활히 이루어지도록 한다. 사. 유아의 연령, 발달, 장애, 배경 등을 고려하여 개별 특성에 적합한 방식으로 배우도록 한다.

평가	가. 누리과정 운영의 질을 진단하고 개선하기 위해 평가를 계획하고 실시한다. 나. 유아의 특성 및 변화정도와 누리과정의 운영을 평가한다. 다. 평가의 목적에 따라 적합한 방법을 사용하여 평가한다. 라. 평가의 결과는 유아에 대한 이해와 누리과정 운영 개선을 위한 자료로 활용할 수 있다.

생각해보기

- 놀이와 교육과정의 관계를 설명하는 두 가지 모델, 즉 '놀이로부터 형성된 교육과정'과 '교육과정으로부터 형성된 놀이'의 개념과 고려사항들을 토의해 보자.
- 놀이의 연속적 과정에서 자발적 놀이, 안내된 놀이, 교사 지시적 놀이를 정의해 보고 이 세 가지의 놀이가 어떻게 역동적으로 상호작용하는지 예를 들어본다.

CHAPTER

05

놀이 지원

1. 놀이 지원의 의미
2. 놀이 지원을 위한 교사의 역할
3. 놀이상황에서 교사의 놀이개입

CHAPTER 05

놀이 지원

영유아는 환경과 사물에 대하여 이해하고 싶은 욕구가 있고 이는 탐색에 대한 반응과 풍부한 경험을 통해 이루어질 수 있다. 놀이는 영유아에게 탐색과 경험을 모두 가져다 줄 수 있는 기반이 된다. 뿐만 아니라 놀이는 영유아에게 수학적 개념, 문해, 사회정서적 유능감 등에 대한 전반적 기반을 구성해 준다.

교사의 영유아 놀이에 대한 믿음은 놀이지도를 성공적으로 이끄는 키워드이다. 교사는 영유아가 놀이 경험을 통해 자신의 경험을 표현하고 반영할 것임을 믿고 영유아의 놀이 경험을 적절히 지원하고 안내해야 한다(Johnson, Christie, & Yawkey, 1999).

1 놀이 지원의 의미

교사의 놀이지원이란 영유아가 선택한 놀이를 존중하고 영유아의 놀이 경험이 배움으로 연결될 수 있도록 시간, 공간, 자료를 제공하며 역동적 역할을 통해 영유아의 놀이가 시작–강화–확장–전환되는 데 공헌하는 것을 의미한다(서울특별시

교육청 유아교육진흥원, 2019). 이 내용을 정리하면 [그림 5-1]과 같다.

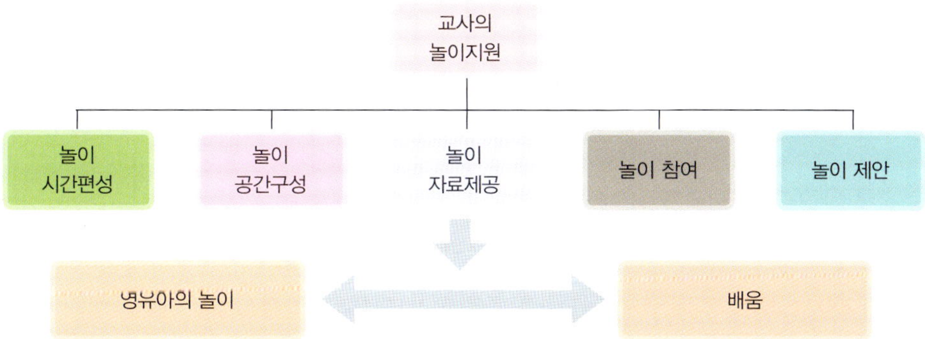

| 그림 5-1 | 교사의 놀이 지원

놀이 지원을 위해 교사는 영유아가 마음껏 놀이할 수 있도록 일과 구성 시 실내 · 외 놀이시간을 가장 우선적으로 충분히 편성하며(중앙육아종합지원센터, 2020), 영유아의 놀이에 따라 놀이 공간을 재구성하고 놀잇감, 자연물, 폐품, 일상생활용품 등 다양한 놀이 자료를 제공하는 것이 필요하다. 또한 교사는 영유아의 시각에서 놀이를 관찰하며 영유아의 놀이유형, 선호도, 놀이 자료에 대한 반응 등의 정보를 수집하고 이를 토대로 영유아의 놀이에 함께 참여하고 놀이를 제안하는 과정에 참여할 수 있다(서울특별시교육청 유아교육진흥원, 2019).

2 놀이 지원을 위한 교사의 역할

영유아의 놀이를 적절히 지원하기 위하여 우선 영유아가 놀이할 수 있는 충분한 시간을 편성하고 놀이에 적절한 공간을 구성하며 놀이에 필요한 다양한 놀이 자료를 제공하여야 한다. 또한 영유아의 시각으로 놀이를 관찰하고 의미 있는 장면을 기록하며 영유아의 놀이와 배움을 연결시키기 위한 해석이 필요하다. 교사는 영유아가 놀이를 실행할 때 함께 놀이하고 필요에 따라서 놀이를 제안하기도 한다. 교사가 혼자만의 관점으로 영유아의 놀이를 해석하기 어렵거나 잘못된 분석이 이루어질 수 있으므로 동료교사와 지원 협의를 해야 하는 것도 필요하다.

1) 놀이 시간 제공자로서의 교사

영유아의 놀이를 지원하기 위한 교사의 역할 중 하나는 영유아가 놀이에 몰입하면서 자신이 아는 것을 표현하고 배움을 연결시켜 나갈 수 있는 충분한 시간을 제공하는 것이다. 그러기 위해서는 영유아가 자신들의 놀이가 방해받지 않고 놀이 흐름에 따라 충분히 놀았다고 느낄 수 있도록 놀이 시간을 편성하는 것이 필요하다.

영유아가 느낄 때 충분한 놀이 시간이라는 것은 두 가지 관점으로 살펴볼 수 있다. 하나는 놀이 시간의 총량이고 나머지 하나는 한 번 놀이할 때의 시간을 의미한다. 첫 번째의 놀이 시간의 총량은 영유아교육 · 보육 기관에서의 하루 일과 중 놀이할 수 있는 시간의 전체 시간을 말하는데 하루 일과 중 여러 번의 놀이 시간이 배치되었을 때 이를 모두 합한 시간의 양을 의미한다. 영유아 교육 · 보육 기관에서는 하루 일과 중 대부분의 시간이 놀이 시간으로 편성되어 그 시간의 양이 충분히 확보되어야 한다. 두 번째 한 번 놀이할 때의 시간은 여러 번의 놀이 시간 중 1회당 놀이 시간을 의미한다. 하루일과 중 놀이 시간의 총량이 많다하더라도 1회당 놀이 시간이 짧게 여러 번으로 나뉘어져 있다면 영유아는 충분히 놀이하지 못했다고 느낀다. 즉, 이 두 가지 관점은 교사가 놀이 시간을 제공할 때 하루 일과 중 대부분의 시간이 영유아의 놀이 시간으로 편성되어야 함을 의미함과 동시에 1회당 놀이 시간이 영유아의 놀이 흐름을 끊어지게 하지 않도록 충분한 양으로 계획되어야 한다는 것을 의미한다. 이에 개정 누리과정(교육부 · 보건복지부)에서는 놀이 시간을 일과 중 가장 우선으로 편성하고 바깥놀이를 포함한 놀이 시간이 분절되지 않고 지속적으로 운영되도록 제안(2019개정누리과정 놀이실행자료)하고 있으며 어린이집 평가제에서는 어린이집에서의 실내자유놀이 시간이 하루일과 중 적어도 2시간 이상 배정되어야 하며, 매일 오전 1시간 이상 연속적으로 운영해야 한다고 규정한다. 또한 바깥놀이 시간도 영아는 매일 30분 이상(0세반은 주 3회 30분 이상), 유아반은 매일 1시간 이상 운영되도록 지표 내용이 구성되어 있다(한국보육진흥원, 2020).

◆ 분절되지 않는 충분한 놀이 시간이란 의미를 만 5세 학급 소방관 놀이를 예를 들어 살펴보자.

만 5세 유아들이 소방관 놀이를 한다고 예를 들어 보자. 유아는 소방관 놀이를 하기 전에 함께 놀이 할 또래를 모아야 하고 소방관 놀이에 필요한 역할을 생각해서 역할을 나누는 협상을 시작해야 한다. 유아 간의 합의에 따라 소방관 놀이 시놉시스를 만들어 상황을 가작하며 놀이에 필요한 자료를 가져오거나 만들어야 한다. 바깥놀이 시간도 분절되지 않고 놀이 시간에 포함되어 운영된다면 바깥놀이터로 소방관 출동 활동을 연계할 수도 있다. 놀이 중 유아 간에 갈등이 발생하고 이를 해결해야 하는 일도 발생한다.

구분	내용
놀이 시작	• 소방관 놀이를 함께 할 또래 모으기 • 필요한 역할 생각해 보기 • 또래 간 역할 나누기 협상 시작하기(예: 지휘대원, 소방대원, 구급대원, 구조가 필요한 사람 등) • 놀이에 필요한 가작 상황 협의하기(예: 집에 불이 나서 출동하는 상황 등) • 놀이에 필요한 자료를 가져오거나 만들기 (예: 소방차 – 할로우 블록, 벽돌 블록, 박스 등으로 구성 소방복 – 이미 있는 옷에 은박지 등을 붙여 만들기 등)
놀이 중	• 각자의 역할과 가작 상황에 따라 놀이하기 • 놀이 각본에 따라 필요한 자료 보충하기(예: 구조자를 치료해야 하는 상황이 가작되는 경우 구급상자를 만들어 넣기) • 놀이 중 나타나는 또래 간 갈등 조정하기

이와 같이 놀이에 필요한 역할 배분, 놀이 자료 배치 및 대체 등의 준비 시간과 놀이 중 놀이 전개, 갈등 상황 조정 등의 시간이 필요하기 때문에 놀이 시간이 자꾸 분절되어 제공되면 준비만 하다가 놀이를 정리하거나 놀이를 조금 시작하다가 정리하는 상황이 발생한다.

놀이 시간이 충분치 못해 놀이를 진행하지 못하고 정리해야 되는 일이 빈번하게 발생한다면 영유아는 시간이 많이 필요한 놀이, 몰입이 필요한 놀이를 기피하게 되고 단순하고 빨리 끝나며 언제든지 정리가 가능한 놀이를 선호하게 된다. 단순한 놀이는 영유아가 놀이에서 배움을 얻을 기회를 상실하게 만든다(송혜린 · 신혜영 · 신혜원 · 조혜진, 2007). 그러므로 충분한 놀이 시간의 제공은 중요한 놀이 지원의 요소이다.

2) 놀이 공간 구성 및 놀이 자료 제공자로서의 교사

교사는 놀이가 활발히 이루어질 수 있는 환경을 구성해야한다. 놀이 환경의 구성은 놀이를 할 수 있는 공간 마련과 놀이에 필요한 자료를 제공하는 것이다. 놀이 공간이 위치한 장소 및 크기, 놀이 공간 내 영역 배치 방법, 배치된 놀이 자료의 특성은 영유아의 놀이에 많은 영향을 미친다. 영유아가 놀이할 수 있는 공간은 실내뿐만 아니라 실외 더 나아가 지역사회의 자연공간까지 확장될 수 있다(교육부 · 보건복지부, 2020).

교사는 영유아의 발달, 움직임, 놀이 특징을 고려하여 놀이하는 데 충분한 크기의 실내 · 외 놀이 공간을 확보하고 놀이 영역으로 놀이 공간을 배치한다. 놀이 영역은 연령별 발달 및 놀이 특성을 고려하여 역할, 쌓기, 언어, 신체, 감각 · 탐색, 조직, 음률, 미술 등의 다양한 영역으로 구성한다. 각 놀이 영역은 영유아의 놀이를 지속적으로 관찰하여 놀이 흐름과 특정 공간에서 놀이하고자 하는 영유아의 수를 파악하고 이를 반영하여 확장, 축소, 추가 등을 하면서 적절한 공간으로 재구성한다(교육부 · 보건복지부, 2020). 놀이 영역 재구성의 예는 다음과 같다.

■ **놀이 영역 재구성의 예 1 – 영역 확장**

유아의 놀이 상황	교사의 영역 재구성
만 4세 유아가 쌓기 영역에서 우리 동네를 구성하고 있다. 유아들은 자신이 소속된 유아교육기관을 중심으로 마트, 병원, 은행 등을 다양한 블록과 종이상자, 휴지속심을 이용해 구성하고 검은 도화지에 노랑색 크레파스로 선을 그어 길이라고 한 후 구성물품을 배열한다. 우리 동네 모습이 점차 그럴 듯하게 만들어지자 놀이에 참여하지 않았던 유아들도 관심을 보이며 쌓기 영역으로 온다.	교사는 참여하는 유아들의 수가 늘어나자 옆에 있던 음률 영역을 줄이고 쌓기 영역을 넓힌다.

놀이에 몰입하던 유아들은 "선생님, 이거 정리 안하고 싶어요. 내일도 그 다음날도 계속 다른 기관들을 만들어서 우리 동네를 꾸미고 싶어요."라고 요청한다.	교사는 유아들이 구성한 것을 계속 놓아두고 구성물품을 추가할 수 있도록 유아들과의 합의를 통해 음률 영역을 없애고 쌓기 영역을 확장한다.

▣ 놀이 영역 재구성의 예 2 – 영역 추가

유아의 놀이 상황	교사의 영역 재구성
만 3세 학급 미술 영역에 구슬을 놓아 두자 유아들이 구슬을 꺼내 책상과 바닥에 굴리기 시작한다. 어떻게 하면 더 멀리가나 게임도 진행한다. 점점 더 많은 유아들이 구슬 놀이를 즐긴다.	교사는 구슬 놀이 영역을 추가로 구성한다.

또한 영유아의 놀이가 특정 영역과 영역이 빈번히 연계되어 나타난다면 해당하는 영역들이 서로 인접하게 구성하는 것도 고려할 점이다. 그 예는 다음과 같다.

▣ 놀이 영역 인접 구성의 예

놀이 상황	놀이 영역 인접 구성의 예
• 만 2세 영아가 역할 영역에서 생일축하 놀이를 한다. 모형 생일케익에 초를 꽂고 불기 놀이를 하던 영아는 생일축하 노래를 부르자면서 음률 영역의 악기를 가지고 온다. • 생일 놀이에 참여하던 다른 영아들도 음률 영역에서 악기를 가지고 오거나 리듬 막대 등 신체표현 도구를 가지고 와 노래를 부르며 움직인다. 지속적으로 생일축하 놀이에 악기, 신체표현 도구가 사용된다.	음률 영역을 역할 영역과 인접하게 배치한다.

• 만 5세 유아가 소방관 놀이를 하면서 쌓기 영역의 블록, 상자 등을 이용하여 소방차를 구성한다. 역할 영역에서 소방관처럼 놀이하다가 불이 났다고 출동할 때는 쌓기 영역의 소방차를 이용한다. • 소방차 놀이에 점차 많은 유아가 참여하면서 활성화된다.	역할 영역과 쌓기 영역을 인접하게 배치한다.

놀이 공간에 배치된 놀이 자료도 또 다른 환경 요소가 된다. 놀이 자료는 놀잇감으로 제품화된 것 이외에 박스, 끈 등 영유아가 일상생활에서 만나는 다양한 모든 사물 그리고 나뭇잎, 돌, 흙 등 자연물이 모두 포함된다. 예를 들어 만 1세 영아가 바깥놀이에 나가서 바닥에 떨어진 나뭇잎을 만지고 냄새 맡으며 탐색하면 나뭇잎이란 자연물이 영아에게 좋은 감각 · 탐색 놀이 자료가 된다. 또한 이 나뭇잎을 실내로 가지고 들어와 아세테이트지에 붙여 나뭇잎 길을 만들면 영아가 그 길을 걷고 뛰는 신체놀이 자료가 된다.

교사는 놀이 공간의 배치와 마찬가지로 영유아의 발달을 고려하고 영유아의 놀이를 관찰하여 영유아의 놀이에 필요한 자료, 영유아가 요구하는 자료를 배치하여야 한다. 영유아의 소근육 조작 능력의 발달에 따라 미술 영역에서 영유아가 쉽게 다룰 수 있는 자료를 배치하고 감각 · 탐색 및 조작 영역의 퍼즐 등의 크기, 조각 수를 고려하는 것을 예로 들 수 있다.

또한 역할 영역에서는 사실성이 높은 놀잇감과 낮은 놀잇감, 구조화가 높은 놀잇감과 낮은 놀잇감을 어떤 비율로 배치할 것인가 고민이 필요하다. 연령이 낮을수록 영유아의 표상 능력에 제한이 있으므로 사실성과 구조화가 높은 자료가 역할놀이 참여를 유도한다.

3) 놀이 관찰 · 기록자로서의 교사

교사가 영유아의 놀이에 적절한 지원을 하기 위해서는 영유아의 놀이를 세심히 관찰해야 한다. 즉, 영유아의 놀이를 자세히 들여다보아야 한다는 것이다. 영유아의 놀이를 들여다 본다는 것은 교사의 시선이 아닌 영유아의 시선으로 놀이를 깊이 있게 바라봐야 한다는 것을 의미한다. 교사가 계획한 활동이 놀이 영역별로 진행되고 있는지, 하나의 영역에 많은 영유아가 몰려 있지 않고 모든 영역에서 골고루 놀고 있는지, 놀잇감을 영역 간 이동시키고 있지는 않은지 등을 관찰하는 것은 영유아의 시선으로 놀이를 보는 것이 아닌 교사의 시선으로 놀이를 들여다보는 것이다. 교사의 시선으로 놀이를 들여다보는 것은 결국 영유아의 놀이를 온전히 바라보지 못하고, 교사의 가치 기준에서 영유아의 놀이를 판단하는 것이다. 교사가 영유아의 놀이에 대해 호기심을 가지고 놀이에 참여한다는 관점에서 놀이를 관찰하여야만 영유아의 시선으로 놀이를 관찰할 수 있다. 영유아의 시선으로 놀이를 관찰하면 놀이 속에서 표현되는 많은 의미를 파악할 수 있다(경기도교육청, 2019).

교사가 놀이 들여다보기를 적절히 수행하기 위해서는 다음의 태도를 가져야 한다.

놀이 관찰을 위한 교사의 태도

- 영유아의 놀이에 대한 수용적인 태도

교사가 계획한 활동을 강조하기보다 영유아가 관심을 나타내는 놀이를 허용하고 이를 관찰하려는 태도, 놀이 실행을 위해 영유아가 실내·외 공간을 변형하고자 하는 것을 허용하는 태도, 다양한 놀이 자료를 활용하고자 하는 영유아의 생각을 충분히 수용하는 태도는 영유아의 시각으로 놀이를 관찰하려는 출발점이다.

- **영유아 놀이에 대한 호기심과 흥미**

  교사는 영유아 놀이에 호기심과 흥미를 가져야 한다. 영유아가 진행하는 놀이 그 자체에 관심을 가지고 들여다볼 때 영유아의 놀이 흐름을 이해할 수 있고 놀이의 의미를 찾는 데 중요한 지점을 발견하게 된다.

- **세심히 관찰하고자 하는 의지**

  영유아의 놀이를 온전히 관찰하고 이해하려는 교사의 의지가 필요하다. 교사의 의지는 영유아의 놀이를 세심히 관찰하는 힘을 부여한다.

출처: 경기도교육청(2019).

교사가 영유아의 시각으로 놀이를 관찰할 때 놀이 속에서 들여다보아야 할 내용은 무엇일까? 교사는 영유아가 어디에서, 누구와, 무엇을, 어떻게 놀이하는지를 관찰해야만 놀이를 온전히 이해할 수 있다. 교사가 영유아의 놀이 속에서 관찰해야 할 내용을 자세히 살펴보면 다음과 같다.

교사가 영유아의 놀이 속에서 관찰해야 할 내용

- 영유아가 어디에서 놀이하고 있는가?(놀이 공간과 관련된 관찰)
- 영유아가 누구와 놀이하고 있는가?(또래 관계와 관련된 관찰)
- 영유아가 무엇을 하며 놀이하고 있는가?(놀이 내용과 관련된 관찰)
- 영유아가 무엇을 가지고 놀이하고 있는가?(놀이 자료와 관련된 관찰)
- 놀이 속에서 어떤 상황이 벌어지고 있는가?(놀이 상황과 관련된 관찰)
- 영유아가 어떤 의사소통을 하고 있는가?(영유아 상호작용과 관련된 관찰)
- 영유아가 어떤 표정과 몸짓을 하고 있는가?(영유아의 비언어적 표현과 관련된 관찰)
- 놀이가 어떻게 이어져 가는가?(놀이 흐름과 관련된 관찰)

출처: 경기도교육청(2019).

교사는 관찰한 내용을 반드시 기록해야 한다. 관찰 기록은 교사가 영유아의 놀이를 다시 한번 돌아보고 놀이가 어떤 의미가 있는지 해석하기 위해 필요한 과정이다. 기록은 반드시 놀이의 시작과 끝을 전부 기록해야 하는 것이 아니라 교사의 판단에 따라 놀이 전체를 기록할 수도 있고 교사가 의미있다고 판단하는 놀이의 일부분을 기록할 수도 있다. 놀이 기록은 메모, 사진, 동영상, 녹음, 작품수집 등 다양한 방법을 활용할 수 있다(경기도교육청, 2019). 관찰 기록의 내용과 방법에 대해 자세히 살펴보면 다음과 같다.

놀이 기록의 내용

- 기록할 놀이 내용은 놀이 전체가 보이도록 기록할 수도 있고 놀이에 의미가 있다고 생각하는 일부만을 기록할 수 있다.
  반드시 놀이의 시작부터 끝까지 모두 기록해야 하는 것은 아니다. 즉, 놀이의 전체 흐름이 보이도록 기록할 수도 있고 영유아의 의미 있는 경험이 나타나는 놀이의 순간, 놀이 속에서 나타난 문제를 해결하는 순간, 놀이 속에서 갈등이 나타나고 해결하는 순간을 기록할 수도 있다.

놀이 기록의 방법

- 놀이 기록은 다양한 방법을 사용할 수 있다.
  놀이 기록은 반드시 저널 기록 등의 관찰방법의 형태가 아니더라도 간단한 메모, 사진, 동영상, 녹음, 작품 수집 등 여러 가지 방법을 활용할 수 있다. 간단한 메모지에 영유아의 놀이를 약기로 기록하는 것, 놀이 순간을 사진으로 남기거나 동영상을 촬영하는 것, 영유아의 끼적임과 그림 등을 수집하는 것 모두가 관찰방법으로 사용된다.

저널 형식으로 놀이 기록을 나타낸 예	간단한 메모로 놀이 기록을 나타낸 예	사진으로 놀이 기록을 나타낸 예
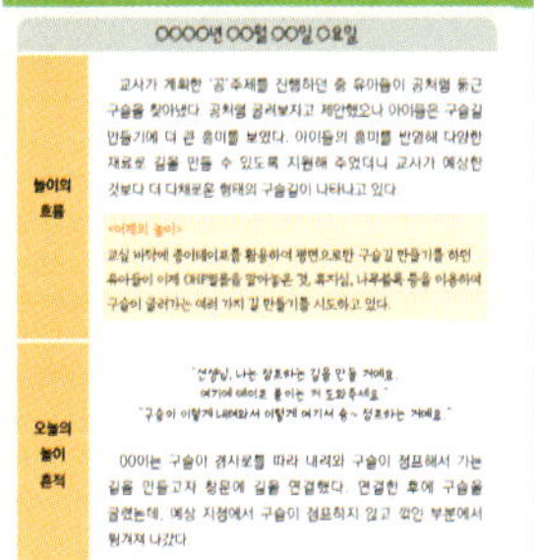	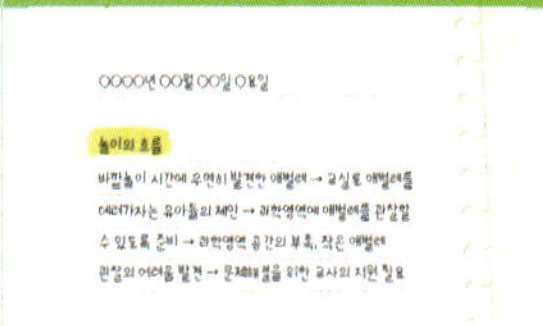	

출처: 경기도교육청(2019).

4) 놀이 이해 및 해석자로서의 교사

교사가 영유아의 시각에서 놀이를 관찰하고 이를 다양한 방법으로 기록한 후, 놀이의 의미를 읽어 내고 해석하는 것은 놀이 과정 중 영유아의 앎과 배움을 이해하는 데 중요한 과정이다. 교사는 놀이 이해 및 해석 과정을 통해 영유아 놀이 속에서의 의미를 발견해 내고 의미를 확장시키기 위한 적절한 지원을 통해 놀이와 영유아의 배움을 연결시키는 역할을 할 수 있다. 교사는 영유아가 놀이 속에서 탐색 · 탐구하고 창의적으로 협동하면서 문제를 해결하며 자신의 생각 · 경험 · 느낌을 예술로 표현하는 등의 감성을 촉진하고 자기 조절력과 공감, 배려 등의 사회 · 정서적 측면을 성장시켜 가도록 지원해야 한다.

교사가 영유아의 놀이를 이해하고 해석하기 위해서는 첫째, 영유아의 행동, 언어, 놀이 변화를 분석해야 한다. 영유아가 놀이 속에서 나타내는 행동, 이야기, 놀이 흐름, 영유아의 경험, 이들이 영유아에 미치는 놀이의 의미를 고민해야 적절한 놀이 이해 및 해석이 이루어질 수 있다. 둘째, 영유아가 나타내는 반복적인 놀이의 의미를 분석해야 한다. 영유아가 지속적으로 나타내는 반복 놀이가 어떤 의미를 갖는지 분석해야 이후 놀이 흐름을 예측하고 적절한 공간, 시간, 자료 등을 지원할 수 있다. 셋째, 영유아의 발달적 특성, 놀이의 특성을 토대로 분석해야 한다. 영유아가 왜 이 놀이를 진행하는지를 분석하기 위해서는 영유아의 발달적 특성과 이에 따른 인지적 · 사회적 놀이 특성을 이해해야 한다. 예를 들어, 만 1세가 까꿍 놀이를 즐기는 것을 이해하기 위해서는 만 1세의 인지적 발달 특성 중 하나인 대상영속성 개념의 발달을 이해해야 하며 만 4~5세가 협동놀이를 즐기는 것은 이들의 사회적 놀이 수준이 혼자놀이, 병행놀이, 협동놀이가 모두 가능한 연령이고 또래 집단을 만들어 놀이하는 특성이 있음을 이해하여야 한다.

다음은 영유아의 놀이를 관찰하여 해석한 예이다.

■ **놀이 해석의 예**

상황	교사의 해석
만 1세 영아가 교실에 놓여있는 사각티슈 상자를 다리 사이에 놓고 앉아 휴지를 뽑고 있다. 하나 둘씩 뽑더니 한 상자의 휴지를 모두 뽑는다.	교사는 "왜 많은 놀잇감이 있는데 휴지를 뽑고 있지? 어떻게 할까?"라고 고민을 하기 시작한다. 영아의 놀이 모습을 보니 영아는 발달상에 반복놀이와 신체 놀이를 선호한다는 것을 생각해내었다. "아, 영아가 반복해서 손의 소근육 활동놀이를 하고 싶은거구나~ 휴지의 소모를 줄이고 놀이할 수 있는 방법은 없을까?" 교사는 휴지 뽑기 놀이를 허용한 후, 다음날은 휴지 상자에 이어 수건을 여러 장 넣어 뽑기 활동을 하도록 지원한다.

5) 놀이 참여자로서의 교사

교사는 영유아의 놀이에 영유아와 동등한 권한을 갖는 놀이 참여자로서 놀이를 지원할 수 있다. 이때 교사는 놀이에 적극적으로 참여하지만 놀이의 주도권을 영유아가 갖도록 하는 것이 필요하다. 교사는 영유아가 주도적으로 놀이를 진행해 나가는 가운데 놀이 친구로서 참여한다. 놀이 속에서 진행되는 내용을 영유아와 함께 논의하고 협상하며 결정해 나간다. 교사는 지시적인 태도를 내려놓고 영유아의 놀이 흐름을 존중하며 참여해야 한다. 교사는 스스로 놀이 참여자로서 영유아를 존중하면서 놀이한다고 이야기하지만 영유아는 교사가 권위를 가진 존재로 여기고 교사가 놀이 속에서 보이는 행동을 놀이를 지시하는 행위로 느끼기 쉽다(Jeon, 2016). 그러므로 놀이 참여자로서의 역할을 수행하고자 할 때 교사는 영유아의 놀이에 대한 관점을 세심히 배려하여야 하며 가장 중요한 것은 영유아의 놀이에서 함께 놀이하는 즐거움을 진정으로 느끼는 것이 필요하다.

교사가 놀이 참여자가 되어야 하는 이유는 첫째, 교사가 놀이에 참여할 때 영유아는 교사가 자신의 놀이를 중요하다고 생각한다고 느낀다. 둘째, 교사가 놀이에 참여할 때가 참여하지 않을 때보다 영유아의 놀이 지속 시간이 길어진다. 교사가 공동 놀이자로 참여할 때 영유아는 한 가지 놀이를 보다 다양한 방법으로 지속하는 것이다. 셋째, 영유아의 놀이 몰입도가 높아진다. 교사가 참여할 때 영유아는 자신의 놀이에 대한 가치를 인정받는다고 생각하며 몰입도를 높여 놀이할 수 있다. 넷째, 교사와의 놀이를 통해 교사와 긍정적인 관계를 형성할 수 있다(송혜린 외, 2007).

교사는 놀이에 참여하면서 영유아의 놀이를 격려하고 공감하며 영유아를 정서적으로 지원하여야 한다. 또한 영유아의 관심과 흥미를 알아내기 위한 질문이 아닌 영유아의 생각이 자연스럽고 융통성 있게 흐르도록 돕기 위해서 질문하는 것이 바람직하다(교육부 · 보건복지부, 2019).

교사가 놀이 참여자로서 간과해서는 안 되는 부분은 영유아가 함께 놀이하자고 요청할 때는 반드시 놀이 참여자로서의 역할을 해야 한다는 것이다. 영유아가 병원놀이를 할 때 환자로서 교사의 참여를 요청할 수도 있고 식당놀이를 할 때 손님으로서 초대할 수도 있다. 이때 교사의 참여는 영유아의 교사에 대한 신뢰, 애착을 높일 수 있다. 교사가 다른 놀이의 개입으로 영유아의 요청을 수용하기 어려운 경우 영유아에게 상황을 설명하고 양해를 구하는 것이 필요하다.

교사는 영유아의 놀이에 참여했다가 적절한 시기를 판단하여 빠져나와야 한다. 교사가 놀이에서 빠져나오는 적절한 시기는 교사가 놀이 참여를 하지 않아도 진행되던 놀이 흐름에 방해되지 않고 놀이가 급속히 와해되지 않을 때이다(송혜린 외, 2007). 그 예는 다음과 같다.

▣ 놀이에서 참여해야 하는 시기와 빠져 나오는 시기

상황	교사가 참여해야 하는 시기	교사가 빠져나와야 하는 시기
만 3세 과일가게놀이를 하고 있다. 유아들은 "여기 맛있는 사과, 수박이 있어요. 선생님 사러 오세요~."라고 이야기한다.	유아가 요청하므로 교사는 손님이 되어서 참여한다. "와~ 맛있는 수박 좀 사볼까요? 얼마예요?"	수박을 산 후 자연스럽게 빠져나온다. "이제 수박을 샀으니 집에 가서 수박을 먹어야겠다."
만 5세 유아가 여러 사물에 자석을 가져다 대고 있다.	유아가 자석에 붙는 것과 붙지 않는 사물을 인식해 나가도록 "어떤 물건이 자석에 붙니?"라고 질문한다.	유아가 반복해서 실험에 몰입하며 붙는 것과 붙지 않는 것을 구별하고 이를 언어로 표현한다. 그때 미술 영역에서 도움을 요청하는 유아가 있다. 교사가 미술 영역에 가더라도 유아는 몰입해서 실험을 할 것이라고 판단되는 상황이다. "미술 영역에서 친구가 도와달라고 하네. 선생님이 도와주러 갈게. 혹시 ㅇㅇ이도 도움이 필요하면 선생님에게 이야기하세요."라며 놀이에서 빠져나와 미술 영역으로 이동한다.

6) 놀이 제안자로서의 교사

교사의 놀이 지원에는 영유아의 주도권을 인정하고 영유아의 자발적 놀이를 존중하는 방법만이 있는 것은 아니다. 교사도 놀이 주도권을 가지고 놀이 제안자로서 참여할 수 있다.

새로운 놀이 자료를 배치하고 이 자료를 영유아가 보다 더 잘 활용할 수 있도록 모델링을 보여주고 싶을 때, 영유아의 놀이를 깊게 들여다보고 영유아의 놀이가 계속 비슷한 수준과 내용으로 반복될 때, 영유아의 놀이 속에서 학습에 결정적인 순간이 나타날 때, 영유아가 스스로 갈등 상황을 조정하기 어려울 때, 또래 집단에서 함께 놀이를 원하나 그 방법을 모르는 영유아가 있을 때, 일부 영유아의 놀이를 다수의 영유아가 놀이하도록 지원하고 싶을 때 교사는 놀이를 제안할 수 있다(권혜진 외, 2019).

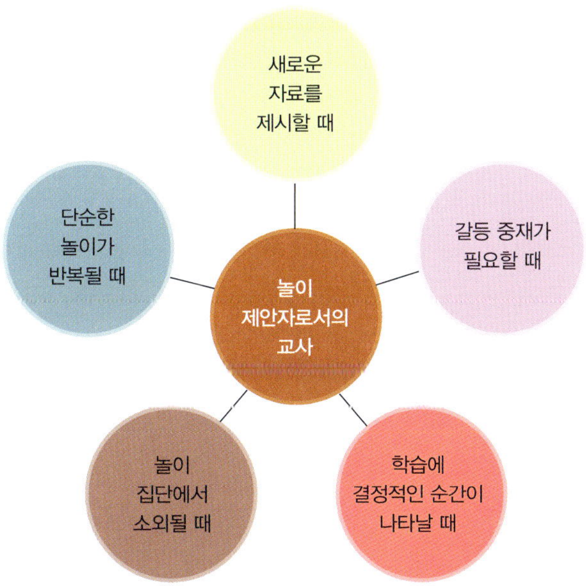

이를 예를 들어 자세히 살펴보면 다음과 같다.

놀이 상황	놀이 제안의 예
새로운 놀이 자료를 제시할 때	• 교사는 구슬과 끈을 새롭게 놀이 자료로 제시한다. "이것으로 무엇을 할 수 있을까? 구슬 구멍에 끈을 끼워서 놀이할 수 있단다."
단순한 놀이가 반복될 때	• 영유아가 밀가루 반죽 두드리기를 지속적으로 놀이하고 있다. 교사는 영유아의 놀이를 관찰하다가 "선생님도 밀가루 놀이를 해 봐야지~ 밀가루를 떼어서 동글동글 동그랗게 만들었어. ㅇㅇ이도 해볼래?"라고 제안한다.
학습에 결정적인 순간이 나타날 때	• 영유아들이 물에 여러 물건을 띄어 보고 있다. 여러 차례 다양한 물건을 띄워보면서 물에 뜨는 물건과 가라앉는 물건을 구별해낸다. 교사는 "어떤 물건은 뜨고 어떤 물건은 가라앉는 것 같아?"라고 상호작용한다.
놀이 집단에서 소외될 때	• ㅇㅇ이가 또래들의 소방관 놀이를 계속 쳐다보고 있다. 교사는 "저기 공원에 불이 났데요. 어서 출동해야 해요. ㅇㅇ도 도와주세요."라고 제안한다.
갈등 상황 중재가 필요할 때	• 가작 놀이에서 역할 배분을 가지고 갈등이 나타난다. 교사는 "무슨 일이야? 그래, ㅇㅇ이가 이야기해 볼래?" "그렇구나~ ㅇㅇ이가 의사를 하고 싶었구나." "△△이도 왜 속상했는지 이야기해 볼까?" "△△이도 의사를 하고 싶었구나. 아무도 환자를 하고 싶어하지 않아 문제로구나~ 어떻게 할까?" "좋은 방법을 생각해보자."
일부 영유아의 놀이를 다수 영유아가 놀이하도록 하고 싶을 때	• 몇 명의 영유아가 두발 모아 뛰기를 하고 있다. 점점 많은 영유아가 이 놀이에 관심을 가진다. 교사는 유니바 뛰어 넘기 대집단 활동을 계획하여 지원한다.

7) 동료교사와의 협력자로서의 교사

영유아의 놀이를 보다 효과적으로 지원하기 위해서는 교사 혼자만의 과정보다는 동료교사와 함께 영유아의 놀이를 들여다보고 함께 해석하는 과정을 가지는 것이 도움이 된다. 그러므로 교사는 정기적인 동료교사와의 협의 시간을 가지는 것이 필요하다. 각 학급별로 진행되는 놀이 기록을 살펴보고 놀이의 의미를 찾아나가는 시간을 통해 자신의 놀이 해석 관점을 반성적으로 들여다보고 영유아 놀이에 대한 새로운 관점을 얻을 수 있다.

동일 기관 내에서의 협의 시간뿐만 아니라 인근 타 기관 교사와의 협의 시간도 유용하다.

〈 동료와의 협력 지원의 예 〉

협의회 1.

교사 1: 우리 반 유아 중 한 명이 놀이 시간 중에 대부분의 아이들이 관심을 가지는 놀이에 참여하지 않고 혼자서 계속 쌓기 영역에서 팽이만 만들고 있어서 고민이 되요.

교사 2: 유아가 하는 팽이 놀이를 자세히 들여다 보아야하지 않을까요? 동일한 팽이 놀이가 지속되는지, 구성에 변화가 있는지, 또래 집단 속에 함께 놀이하고 싶은데 소외되는 긴지 관찰해 봐야 지원 방법을 결정할 수 있을 것 같아요.

↓

협의회 2.

교사 1: 지난번에 혼자서 팽이를 만들고 있는 유아를 관찰해 보니, 팽이가 매번 다른 모양이더라구요. 쌓기에 있는 동그라미, 세모, 네모 모양의 플라스틱 블록을 이용해 만들어 보기도 하고 팽이의 축을 긴 것, 짧은 것 등으로 만들어 보고 있었어요. 제가 "팽이 모양을 여러 가지로 만들고 있구나."라고 이야기했더니 "어떻게 하면 팽이가 더 잘 돌아갈까 생각해 보고 있어요."라고 대답하더라구요.

교사 2: 아이는 단순한 놀이가 아닌 팽이의 움직임을 관찰하고 팽이가 잘 돌아가는 방법을 찾아 다양한 블록으로 구성해 보고 있었군요.

교사 1: 네. 제 자신의 그 아이의 놀이에 대한 관점이 잘못되었음을 알게 되었어요.

3 놀이상황에서 교사의 놀이개입

영유아에 의한 적극적이고 자발적인 놀이가 '진짜 놀이'이며 영유아는 진짜 놀이를 통해 놀이의 즐거움, 행복감을 느낄 수 있다. 적절하지 못한 놀이의 개입은 영유아의 놀이를 방해할 수 있다. 그러나 필요에 따라서 교사의 세심한 관찰과 해석을 바탕으로 적절한 시점에 다양한 수준으로 개입하는 것은 영유아의 놀이를 배움으로 연결시킬 수 있는 중요한 기점을 가져온다. 그러므로 교사는 놀이 개입의 긍정적 의미와 부정적 측면을 살펴보고 긍정적인 면을 강화하여 개입할 수 있도록 해야 한다.

1) 교사 놀이 개입의 긍정적 의미와 부정적 측면

교사의 영유아 놀이에 대한 개입은 오랫동안 논란을 불러일으켰다. 놀이에서의 교사 개입을 옹호하는 사람들은 교사의 개입이 영유아의 놀이를 인정하고 교사-영유아 간 애착을 증진하며 인지적 놀이의 빈도와 주의집중시간을 증가시키고 학습 효과를 높이다고 하였다.

놀이 개입의 긍정적 측면

- **인정**: 교사가 놀이에 참여하는 것은 영유아가 그들의 놀이를 가치있는 것으로 인정하도록 한다.
- **애착**: 놀이하는 동안 교사와 긍정적인 상호작용 경험을 한 영유아는 교사와 더 안정적인 애착 관계를 맺는다.
- **인지적 발달**: 교사와 상호작용할 때 4~5세 유아는 더 높은 수준의 인지적 놀이에 참여

한다.

- **주의집중 시간**: 영유아의 주의집중 시간은 교사가 함께 놀이할 때 더 증가한다.
- **또래 상호작용**: 교사는 놀이하는 동안 또래 사이의 갈등을 조율할 수 있고 영유아가 또래와 함께 놀이하는 기술을 성공적으로 습득할 수 있도록 지도할 수 있다.
- **놀이의 질**: 교사는 영유아의 놀이를 확장시키고 학습 효과를 증가시킬 수 있는 놀이자료, 놀이 아이디어, 놀이 방법을 제공할 수 있다.
- **비계설정**: 교사의 놀이 참여는 영유아의 '근접발달영역(ZPD)'를 파악하고 그에 적절한 비계설정을 가능하게 해준다.

출처: Johnson, J. E., Christie, J. F., & Yawkey, T. D.(1999).

교사의 놀이 참여에 대해 반대하는 사람들은 교사의 참여에 대한 잠재적 위험성에 대해 언급하고 있다. 교사가 영유아의 놀이를 과도하게 확장함으로서 놀이에 대한 영유아의 발견, 문제해결, 위험 부담, 또래 상호작용의 기회를 제한한다는 것이다.

놀이 개입의 부정적 측면

- **영유아의 발견의 기회 제한**: 교사의 놀이 계획 시 설정한 목표를 영유아가 획득하도록 하기 위하여 영유아의 무한한 발견의 기회를 제한하고 목표와 관련된 발견으로 의도적으로 몰입을 조장할 수 있다.
- **문제해결 기회 제한**: 영유아는 놀이 중에 발생한 문제를 오랜 시간 동안 시도-오류(try & error)를 거쳐 문제를 해결하는 과정을 겪으면서 성장·발달한다. 교사의 개입은 영유아가 문제 상황을 겪지 않도록 놀이를 제한하거나 영유아가 빠른 시일 내에 문제를 해결하도록 유도함으로써 문제해결 기회를 제한할 수 있다.
- **위험 부담의 제한**: 영유아는 놀이 과정 중에 위험한 상황에 직면할 수 있고 위험 상황에서 조심하도록 스스로 조절하는 능력을 발현시킬 수 있다. 교사의 개입은 영유아가 위험한 상황에 노출되지 않도록 여러 환경과 과정을 조절하여 영유아의 자기 조절 능력

발현을 저해한다.

- **또래 상호작용의 기회 제한**: 교사의 개입은 또래 간 상호작용의 양을 줄이고 유아가 교사와의 상호작용에 의존하도록 만들 수 있다.

출처: Johnson, J. E., Christie, J. F., & Yawkey, T. D.(1999).

2) 놀이 개입 방법

최소한의 개입		지지적 역할			최대한의 개입
비참여 (un-occupied)	관객 (onlooker)	무대관리자 (stage manager)	공동놀이자 (co-player)	놀이 지도자 (play leader)	감독자/교수자 (director/ instructor)

출처: Johnson, J. E., Christie, J. F., & Yawkey, T. D.(1999).

교사는 연속선상에서 최소한의 개입, 지지적 역할, 최대한의 개입으로 놀이에 개입할 수 있다. 감독자/교수자 쪽으로 갈수록 교사의 개입수준이 높은 것이고 비참여 쪽으로 갈수록 낮은 것이다. 또한 위와 같은 연속선 상의 개입은 이중성을 가지고 있는데 감독자/교수자 쪽으로 갈수록 영유아 스스로의 놀이에 통제를 가할 수 있으나 교사가 계획한 놀이를 실행할 확률은 높아지며 비참여 쪽으로 갈수록 유아의 주도성은 높으나 교사의 방임 가능성은 높아질 수 있다. 그러므로 교사의 개입 수준의 강약은 그 자체만으로는 '바람직하다', '바람직하지 않다'라고 말할 수 없으며 놀이에서 교사의 적절한 개입은 놀이 상황, 영유아의 요구에 따라 달라져야 하며 교사는 위와 같은 연속상에서 개입의 시점을 찾아나가야 한다(권혜진 외, 2019).

(1) 관객(onlooker)

관객은 영유아의 놀이에 대한 수준 높은 시청자의 역할을 하는 것이다. 놀이에 직접 참여하지는 않지만 영유아가 놀이하는 곳의 바로 옆에서 영유아를 지켜보거나 고개를 끄덕이는 등 영유아의 놀이에 대한 수용의 메시지를 보내는 소극적인 역할부터 영유아에게 언어로 놀이에 대한 질문과 조언을 하는 보다 적극적인 역할을 할 수 있다.

교사가 관객 역할을 하며 영유아의 놀이를 관찰하면 영유아는 교사가 자신들의 놀이에 관심이 있고 가치 있는 것으로 여기고 있다는 승인의 의미로 받아드린다. 교사가 관객 역할을 하면서 영유아의 놀이를 지켜보는 것은 관찰자적 역할도 함께 수행할 수 있도록 도움으로서 영유아의 놀이에 대한 정보를 가져다 준다.

관객의 예

유아들이 쌓기 영역에서 공간블록(할로우블록)으로 집을 구성하고 있다. 교사는 집을 구성하고 있는 유아들 옆에서 개별 유아들과 눈을 마주치며 고개를 끄덕여 준다. 계속 유아의 구성을 지켜보던 교사는 "집에 문을 만들었구나. 창문도 있으면 좋겠다. 밖을 내다 볼 수 있을 테니까."라고 말한다.

(2) 무대관리자(stage manager)

무대관리자는 그야말로 영유아의 놀이를 연극 무대의 감독처럼 개입하는 것이다. 관객 역할과 마찬가지로 놀이에 직접 개입하지 않는다. 그러나 관객의 역할과 달리 영유아의 놀이 과정을 적극적으로 돕는 역할을 한다. 영유아가 놀이에 필요하다고 요구하는 자료, 소품을 제공한다거나 놀이에 대한 새로운 제안을 하기도

한다. 이때 영유아는 교사의 놀이 제안을 수용할지, 하지 않을지를 스스로 결정할 수 있다(Johnson, Christie, & Yawkey, 1999).

무대관리자의 예

유아가 피자가게 놀이를 하고 있다. 유아들은 피자가게의 메뉴판이 필요하다고 교사에게 이야기한다. 교사는 미술영역에서 종이와 싸인펜으로 메뉴판을 만들자고 제안한다. 그러자 유아는 언어영역의 잡지에서 피자가게 광고를 찾아 사진을 메뉴판에 붙이자고 한다.

(3) 공동놀이자(co-player)

교사는 적극적인 놀이 참여자가 된다. 병원놀이라는 역할놀이를 영유아들이 수행한다고 예를 들어보면, 교사도 영유아와 마찬가지로 병원놀이에 필요한 한 가지 역할을 맡아 영유아와 함께 놀이한다. 놀이가 진행될수록 영유아가 놀이에서 중요한 역할을 담당하도록 하고 교사는 최소한의 역할을 하여 영유아가 주도적으로 놀이를 이끌어 가도록 한다. 놀이에 참여하면서 교사는 사물 대체, 상황 가작, 또래 상호작용 기술 등 다양한 모델링을 보일 수 있다.

공동놀이자의 예

교사는 역할영역의 아기 인형을 보고 "아기가 열이 나네. 어떻하지? 병원을 가야겠다." 라고 이야기한다. 유아 1이 "여기로 오세요. 여기는 소아과 병원이에요. 제가 의사예요." 라고 한다. 교사는 아기 인형을 데리고 유아 1에게 간다. 유아 1은 의자에 앉아 청진기를 귀에 걸고 "어서 와서 여기 앉아보세요."라고 말한다.

(4) 놀이지도자(play-leader)

공동놀이자와 마찬가지로 영유아의 놀이에 참여하나 공동놀이자보다 더 적극적으로 놀이를 확장하고 정교화시킬 수 있도록 하는 역할을 한다. 놀이지도자의 역할은 영유아가 놀이 진행에 어려움을 보이거나 놀이가 지속적으로 반복되면서 확장되지 않을 때 유용하며 어려움을 해결하기 위해 놀이를 제안하거나 소품을 더 추가해 주는 등을 시도한다.

놀이 지도자의 예

유아가 미술 영역에서 크레파스로 그림을 그리고 색을 칠하고 있다. 교사도 옆에서 같이 그림을 그리고 있다. 유아가 "보라색이 없네. 보라색으로 이곳을 칠하고 싶은데…."라고 이야기한다. 교사는 "보라색 크레파스가 없니? 어떻게 할까? 보라색을 만들 방법은 없을까?"라고 묻는다. 유아는 "아하, 여기에 파랑색을 먼저 칠하고 그 위에 다시 빨강색을 칠해 보면 될 것 같아요." 교사는 "그렇구나. 선생님도 마침 보라색이 필요했는데 같이 해 보자."라고 이야기한다.

(5) 감독자/교수자(director/instructor)

교사가 놀이 장면 외부에서 놀이 전체를 감독하는 역할을 한다. 교사가 영유아의 놀이 상황을 지시하고 통제하며 보는 사항을 결정한다. 놀이 초기나 영유아가 놀이 시작을 어려워할 때 사용할 수 있다. 감독자/교수자로서의 역할은 교사가 계획한 대로 놀이를 이끄는 반면 영유아의 주도성, 자율성을 저해할 수 있다.

감독자/교수자의 예

유아가 역할 영역에서 가만히 앉아 있다. 교사는 "여기 청진기랑 주사기가 있네 병원놀이하자. 네가 의사하면 되겠네, ○○이는 환자하고."라고 지시한다.

3) 부적절한 놀이 개입 방법

교사가 놀이에 개입하는 방법은 교사가 놀이에 개입하는 시간의 양보다 매우 중요하다. 교사가 바람직한 방법으로 놀이에 개입하면 영유아의 인지적 활동과 놀이 지속시간, 놀이 몰입이 높아진다. 반면에 교사가 부적절한 방법으로 놀이에 개입하면 놀이를 방해하고 놀이의 양이 줄어들며 비놀이 행동이 늘어나는 경향이 있다. 부적절한 놀이개입 방법은 다음과 같다.

- **놀이 전환하기**: 영유아의 놀이를 교사가 목표로 설정한 계획된 놀이로 영유아의 요구와 놀이 행동과 상관없이 전환한다.

유아가 쌓기 영역에 모여서 뱀 놀이를 하고 있다.

- **유아 1**: 우리는 뱀이야. 바닥을 기어다니지.
- **유아 2**: (작은 나무 블록을 보더니) 여기 토끼가 있다. 얼른 잡아먹자!
- **교사**: 우리 쌓기 영역에서 어떤 놀이를 하기로 했었지? 이번 주에는 결혼식 놀이를 하기로 했지. 자, 결혼식장을 블록으로 꾸며보자. 어떻게 할까?

- **부적절한 질문하기:** 영유아가 실행하고 있는 놀이 행동을 관찰하지 않고 교사의 목적 특히 인지적으로 성취해야 하는 목적에 맞추어 놀이하고 있는 영유아에게 질문한다.

실외놀이터로 나간 영아는 떨어져 있는 여러 가지 낙엽을 손으로 끌어 모아 머리 위로 던지며 낙엽이 떨어지는 모습에 흥미를 보이고 있다.

- **교사**: 여러 가지 낙엽을 주웠네. 우리 같은 모양 낙엽끼리 모아볼까?
- **영아**: (교사를 쳐다보더니) 다른 곳으로 이동한다.

생각해보기

- EBS 다큐 프라임. 신년특집기획 〈놀이의 힘 2부: 진짜 놀이 가짜 놀이〉를 보고 놀이 개입의 긍정적 측면과 부정적 측면에 대해 이야기 나눠보자.

CHAPTER

06

놀이 환경

1. 놀이 환경의 개념
2. 실내놀이 환경
3. 실외놀이 환경
4. 자연적 공간

CHAPTER 06

놀이 환경

영유아의 놀이를 관찰해 보면 영유아의 놀이에 환경 즉 놀이 공간과 놀이 자료가 주는 의미를 이해할 수 있다. 또한 영유아의 놀이를 살펴보면 영유아의 놀이를 방해하는 공간과 자료의 요소와 영유아의 놀이를 지원하는 공간과 자료의 요소를 알 수 있다. 영유아의 놀이 공간은 기관의 실내 · 외 공간뿐만 아니라 지역사회의 자연공간까지 넓혀 볼 수 있으며 놀이 자료도 영유아의 놀이에 필요하다면 모든 것이 자료가 되어 그 한계가 제한되지 않을 것이다. 본 장에서는 영유아의 놀이에 영향을 미치는 실내 · 외 놀이 공간과 놀이 자료를 살펴보고자 한다.

1 놀이 환경의 개념

영유아 놀이 환경은 영유아가 놀이할 수 있는 공간과 놀이 자료 두 가지를 포함한다. 영유아의 놀이 공간은 영유아가 기관에서 함께 하는 구성원, 즉 영유아, 또래, 교사가 함께 상호작용을 하며 놀이를 실행하는 장소를 의미한다. 놀이 공간은 기관 내 실내, 실외공간과 영유아가 또래, 교사와 관계를 맺으며 놀이할 때 놀이에 필요한 장소가 기관 내에서 충족되지 않는다면 공간의 범위를 확장시켜 기관을 둘러싼 지역사회의 자연 공간까지 포함할 수 있다(교육부 · 보건복지부, 2019).

생활주제에 따른 교사의 계획된 활동과 놀이가 중요한 교육과정에서는 놀이 하기 위한 연령별 흥미영역의 구성이 중요한 공간 기준이었으나 영유아가 주도적, 자율적으로 스스로 실행하는 놀이가 중요한 교육과정에서는 영유아가 놀이하기에 적절한 공간이 융통성 있게 주어졌는지가 중요하다.

놀이 공간의 질은 영유아의 놀이의 양과 질에 영향을 미친다(권혜진, 2019). 놀이 공간의 질이 높을수록 더 많은 양의 질 높은 놀이를 보인다는 것이다. 그래서 레지오에밀리아 접근법에서는 환경을 제3의 교사라 칭하였고 숲 유치원에서는 자연이라는 놀이 공간을 제1의 교사로 생각한다. 교사는 우수한 놀이 공간을 제공하도록 노력해야 한다.

놀이 자료는 영유아가 자신의 생각, 느낌, 경험을 표상하는 매개체이며 놀이를 풍부하게 하는 도구이다(교육부 · 보건복지부, 2019). 영유아는 놀이 자료를 다양한 방법으로 사용함으로써 자료의 특성을 탐색하고 자료의 변화를 느끼고 새로운 시도를 통한 문제해결을 경험한다. 놀이 자료는 영유아의 놀잇감으로 제품화된 블록, 퍼즐, 역할놀잇감, 미술도구 이외에 영유아가 일상생활에서 마주치는 모든 사물(줄, 끈, 천 등), 자연물(나뭇잎, 열매, 꽃, 돌맹이 등), 재활용품(상자, 통 등)이 포함되며 더 나아가 자연현상(눈, 비, 햇빛 등), 자신의 신체(손, 발, 몸통 등)도 놀이 자료가 된다.

2 실내놀이 환경

1) 실내놀이 환경 구성의 원칙

영유아가 주도적, 자율적으로 놀이하는 실내 공간을 위해 고려되어야 할 점을 알아보자.

첫째, 실내놀이 환경을 놀이 영역으로 구성한다는 것이다. 놀이 영역은 영유아가 다양한 놀이를 서로 방해받지 않고 실행할 수 있도록 돕는다. 프로스트와 키신저(Frost & Kissinger, 1971)는 놀이 영역을 구성할 때 조용한 곳과 활동적인 곳, 건조한 곳과 물이 있는 곳을 고려하도록 제안하였다. 그 예로 놀이 영역 중 언어, 책보기, 감각 · 탐색, 수 · 조작, 그룹게임 영역은 조용하고 건조한 곳에 배치하고 쌓기, 역할, 음률, 신체, 목공 영역은 활동적이며 건조한 곳에 구성한다. 미술, 요리 영역은 조용하면서 물이 있는 곳에 배치하고 물, 모래, 과학 영역은 활동적이며 물이 있는 영역에 구성하도록 제시하였다. 이를 자세히 살펴보면 다음과 같다.

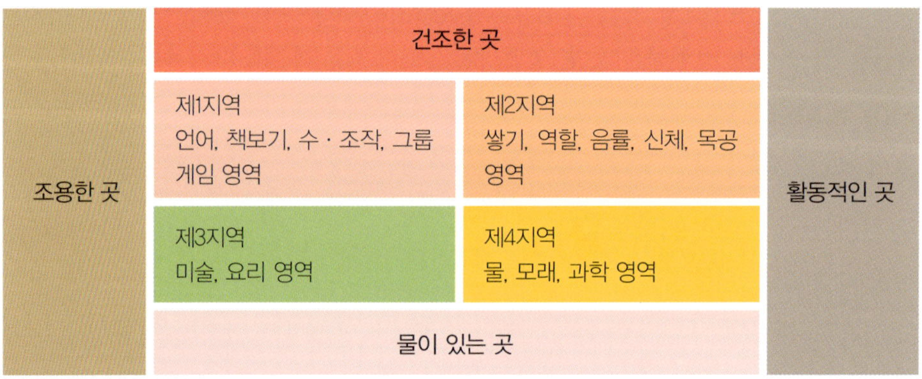

둘째, 영유아의 놀이 상황에 따라 즉각적으로 놀이 공간을 확장, 축소, 추가 등 재배치를 해야 한다. 역할, 쌓기, 언어, 신체, 음률, 미술, 감각 · 탐색, 수 · 조작, 과학 등 연령에 따른 기본적인 영역으로 구성했어도 영유아가 나타내는 놀이의 모습, 특징, 각 영역에서 놀이하고 있는 영유아의 수를 검토하여 놀이 영역의 수와 크기를 축소, 확장 등으로 재배치하여야 한다. 예를 들면 다음과 같다.

| 표 6-1 | 실내놀이 공간 재배치의 예

놀이 상황	재배치 내용의 예
실외에서 거미줄을 관찰한 유아들이 미술 영역 바닥에 마스킹 테이프를 붙여 거미줄을 만든다. 책상이 방해가 되어 유아들과 협의하여 책상을 창고로 옮긴다. 점점 더 많은 유아들이 거미줄 만들기를 해서 옆에 있는 과학 영역을 축소하고 미술 영역을 넓힌다.	미술 영역의 책상 없애기 미술 영역 공간 확장하기
쌓기 영역에서 유아들이 팽이를 만들어 돌린다. 쌓기 영역에서 우리 동네를 구성하던 유아들이 불편함을 호소한다. 교사와 유아가 함께 논의하여 쌓기 영역 옆에 팽이 돌리기 영역을 따로 만든다.	새로운 영역 추가하기
상자에 관심을 가지던 유아가 상자로 자동차를 만든다. 점차 많은 유아들이 자동차를 만들면서 자동차 길을 만드는 아이도 생긴다. 몇몇 유아들은 상자로 집을 만들기도 한다. 유아들은 자동차, 자동차 길, 집을 바닥에 놓고 구성한다. 점차 많은 유아들이 참여하여 학급의 대다수 유아들이 이에 참여한다. 유아들은 구성물을 배치하기 위해 점차 다른 영역을 축소하기 시작한다. 결국 교실 전체가 자동차, 자동차 길, 집이 구성되는 놀이 영역이 된다.	놀이 영역을 모두 없애고 자동차, 자동차길, 집으로 구성된 하나의 놀이 영역으로 구성하기

셋째, 영유아에게 공간 배치의 주도권을 주어본다(교육부 · 보건복지부, 2019). 놀이 공간 구성은 영유아-교사가 함께 구성하는 데 그 의미가 있다. 그러므로 공간 배치권에 대해 일방적인 교사의 권리만이 행사되는 것이 아니다. 영유아가 자신의 의견을 충분히 표현할 수 있는 연령이라면 영유아가 스스로 놀이공간을 축소, 확장 등의 재배치를 할 수 있도록 하고 새로운 놀이 공간을 찾아볼 수 있도록 한다.

| 표 6-2 | 실내놀이 공간 배치의 주도권을 주는 예

놀이 상황	공간 배치의 주도권이 주어진 예
• 교사는 유아들에게 놀이하는데 불편한 점은 없는지 물어보며 불편한 공간을 바꾸어 보자고 제안한다. • 유아들은 구슬놀이를 하는데 책상, 의자가 많아서 불편하다고 한다.	꼭 필요한 책상과 의자가 몇 개인지 의논하고 나머지 책상, 의자는 교실에서 없앤다.
• 미술 영역에서 유아가 다양한 폐품을 이용해 우리 동네 여러 기관을 만든다. • 유아는 만든 기관을 놓을 공간이 필요하다고 한다.	교사가 어떻게 공간을 만들지를 물어보자 유아들은 미술 영역 옆에 낮은 책상을 여러 개 놓아 전시 공간을 만들었다.

넷째, 영유아가 새로운 놀이 공간을 찾아보도록 한다. 영유아가 자신의 놀이에 적합하다고 생각하여 스스로 찾아낸 공간, 놀이하다가 우연히 발견한 공간에서 놀이할 수 있도록 허용한다. 교사는 교실이나 실외놀이터 외에 복도, 현관입구, 교실과 교실 사이의 공간, 계단 밑 등도 안전이 확보된다면 놀이할 수 있도록 한다(교육부 · 보건복지부, 2019).

| 표 6-3 | 새로운 놀이 공간의 예

놀이 상황	새로운 놀이 공간의 예
유아들이 교실에서 두발 모아 뛰기 활동을 한다. 유아들은 연속해서 두발 모아 뛰기를 하고 싶으나 교실 공간이 여의치 한다.	교사가 유아들에게 공간을 찾아보자고 제안하자 유아들은 복도 공간을 찾아낸다.
유아들이 사물의 길이에 관심을 가진다. 리본 끈을 가지고 사물의 길이를 재며 길이를 비교한다. 교실 내의 사물 길이에 관심을 갖던 유아들은 공간의 길이에 관심을 가진다. 교실의 가로, 세로 길이를 리본 끈을 늘여 재던 유아들은 복도, 계단의 길이를 재고 싶어 한다.	교실뿐만 아니라 복도, 계단으로 공간을 확장하여 놀이한다.

다섯째, 놀이 특징에 따라 영역 간 연계, 영역 간 분리를 고려한다. 영유아의 놀이 흐름을 살펴보고 서로의 놀이가 연결되는 것이 놀이에 긍정적인 영향을 미친

다고 판단되면 영역 간에 서로 가까이 있도록 배치하며 하나의 영역이 다른 영역의 놀이 흐름을 방해한다고 판단되면 서로 분리하여 배치한다. 영역 간의 연계가 빈번히 나타나는 역할 · 쌓기 영역은 인접하게 두고 서로 놀이에 방해가 되는 언어 영역과 신체 영역을 분리하는 것이 그 예 중 하나이다.

2) 영아를 위한 실내놀이 영역

영아의 놀이를 위한 실내놀이 영역은 영아의 발달 특성을 반영하여 구성한다. 영아의 연령이 낮을수록 영역 인지가 어려우므로 놀이에 방해되지 않을 정도로 적은 수의 놀이 영역을 통합하여 구성하며, 연령이 높을수록 많은 수의 놀이 영역으로 구성한다.

'표준보육과정에 기초한 어린이집 영아보육프로그램'(2013)에서는 만 0세는 신체, 언어, 감각 · 탐색 영역, 만 1세는 신체, 언어, 감각 · 탐색, 역할 · 쌓기 영역, 만 2세는 신체, 언어, 감각 · 탐색, 역할 · 쌓기, 음률, 미술 영역으로 실내놀이 공간을 구성하도록 제시하고 있다.

단, 이 영역은 반드시 배치되어야 하는 공간이라는 의미라기보다는 연령별로 위와 같은 영역이 배치될 수 있으나 영아의 놀이에 따라 융통성 있게 조절하여 배치 가능하다는 것을 의미한다.

(1) 신체 영역

신체 영역은 영아의 뒤집고, 배밀이하고, 기고, 잡고 서고, 걷는 등의 대근육 활동과 사물을 잡고 1~2개의 사물을 쌓는 등의 소근육 활동과 관련된 놀이를 실행하기 위한 영역이다. 신체영역은 영아가 자신의 신체능력에 적절한 과제를 도전해 보고 새로운 기술을 습득하는 과정에서 좌절하지 않도록 영아의 연령뿐만 아니라 개인차를 고려하여 구성한다. 즉, 학급 영아의 개인 발달차를 살펴보아 발달이 보다 빠르거나 느린 영아가 놀이하는 데 불편하지 않도록 구성한다. 또한 영아는 신체 움직임이 많은데 비해 조절 능력이 미약하여 부딪침, 떨어짐, 미끄러짐 등으로 인한 안전사고가 빈번하므로 특히 신체 영역에 안전사고 방지를 위한 시설을 고려해야 한다.

(2) 언어 영역

언어 영역은 영아의 듣기, 말하기, 읽기, 쓰기가 통합적으로 이루어질 수 있도록 구성하는 영역이다. 영아는 언어 영역에서 그림책을 보고, 손 인형 등으로 말하기, 듣기 놀이를 하고 크레용 등으로 끼적이기를 한다. 언어 영역은 매트, 쿠션 등을 배치하여 영아가 편안하게 앉아서 언어 놀이를 하도록 조성한다.

(3) 감각 · 탐색 영역

감각 · 탐색 영역은 듣고 만지고 맛보고 보고 냄새 맡는 오감각 탐색활동과 소근육 조작 활동을 놀이해 보는 영역이다. 다양한 감각 · 탐색 놀이를 위해 자료에 물을 첨가하거나 활동 후 영아의 몸을 씻어야 하는 경우가 빈번하게 발생한다. 그러므로 가능한 물을 사용하기 편한 공간으로 배치하는 것이 좋다. 또한 감각 · 탐색 영역은 기거나 걸으면서도 감각활동을 할 수 있도록 바닥을 활용하는 감각 자료를 배치하고 천정에 달린 사물을 눈 앞에서 탐색하도록 천정을 활용하며 시서 벽면을 만지면서 활동할 수 있도록 벽면을 구성하는 등 감각 · 탐색영역의 공간을 다각적으로 활용한다.

기기를 하는 0세아뿐만 아니라 걷기를 시작하는 1세 이상의 영아도 몸을 움직이다가 책상에 의해 부딪치거나 찍히는 등의 안전사고가 발생할 수 있다. 그러므로 0~1세 학급의 감각 · 탐색활동영역에 가능한 책상을 배치하지 않고 매트 등을 깔아 조성하는 것이 바람직하다.

(4) 역할 · 쌓기 영역

역할 · 쌓기 영역은 영아가 실생활에서의 경험을 모방, 가작으로 나타내고 블록을 쌓고 끼우고 부수면서 구조물을 구성해 보는 경험을 하도록 돕는 영역이다. 유아의 경우 역할 영역과 쌓기 영역이 각기 별도의 영역으로 나뉘어져 있으나 영아의 경우 구성놀이와 가작놀이가 대부분 연계되어 나타나므로 통합 영역으로 제시한다.

역할 · 쌓기 영역은 다양한 소음이 발생하므로 시끄러운 영역에 배치하며 가능한 소음을 줄이도록 바닥에 카펫을 깔아 구성한다. 또한 영아의 가작놀이는 영아가 많이 경험한 가정생활에 기초해서 이루어지기 때문에 가정에서 이루어질 수 있는 상황, 역할을 가작할 수 있는 사실성 높은 자료를 배치한다.

(5) 음률 영역

음률 영역은 음악과 동작을 경험할 수 있는 영역으로 빠르기, 음의 높낮이, 리듬을 경험하고 다양한 동작을 신체로 표현하는 놀이를 시도해 보는 영역이다. 악기 소리, 신체 움직임에 따라 소음이 발생하므로 카펫을 깔아 소음을 줄여 주고 크고 작은 신체 움직임을 나타낼 수 있도록 넓은 공간으로 구성한다. 마지막으로 영아가 자신의 움직이는 모습을 살펴볼 수 있도록 안전거울을 걸어둔다.

(6) 미술 영역

영아가 자신의 생각과 느낌, 경험을 끼적이기, 찍기, 찢어 붙이기 등으로 표현하는 활동을 실행해 보는 영역이다. 영아가 스스로 사용하기 쉬운 자료, 안전한 자료 예를 들어, 무독성 크레용, 안전가위, 다양한 색과 모양의 종이, 떼기 쉬운 스티커, 도장 등을 비치한다.

3) 유아를 위한 실내놀이 영역

유아가 주도적으로 자신의 아이디어를 마음껏 시도해 볼 수 있는 놀이 공간을 위하여 역할, 쌓기, 언어, 수 · 조작, 과학, 음률, 미술 영역을 기본 영역으로 구성할 수 있으며 유아의 놀이에 따라 보다 더 다양한 놀이 영역을 배치할 수도 있고 축소할 수도 있다.

(1) 쌓기 영역

쌓기 영역은 다양한 블록으로 구성물을 만들 수 있는 영역이다. 유아는 영아와 달리 점차 자신이 만들고자 하는 사물, 동물, 건물 등을 계획하여 구성할 수 있으며 혼자서 구성하기도 하고 여러 명이 함께 구성하기도 한다. 유아의 쌓기 놀이 발달 수준과 소근육 조절 능력 등을 고려하여 다양한 블록을 제시한다. 쌓기 영역의 소음을 줄이기 위하여 바닥에 카펫을 깔고 언어, 수 · 조작 영역 등 조용한 영역과 떨어져서 배치한다. 유아의 쌓기 놀이가 풍부하게 이루어질 수 있도록 블록 이외에 모형 자동차, 기차, 비행기와 같은 교통수단 모형과 사람, 동식물 등의 모형, 교통안전표지판 등을 넣어 줄 수 있다. 여러 가지 상자 등도 블록을 대체하여 활용될 수 있다.

(2) 역할 영역

대부분 가정에서의 경험을 가작 놀이하는 영아와 달리 유아는 그림책, TV 등 매체를 통한 경험을 가작할 수 있다. 유아는 다양한 역할과 상황에 대한 직간접적인 경험을 가작하면서 표현하고 또래의 경험에서 자신이 알고 있는 내용을 수정하기도 한다. 또한 엄마, 아빠, 의사, 소방관 등의 역할을 가작하면서 자기중심적인 사고에서 벗어나 다른 사람과의 관계에서 필요한 조망수용능력의 발달을 이룰 수 있다.

가정생활과 관련된 사실성이 높은 놀이 자료를 배치하는 영아 역할 영역과 달리 가정 이외에 가게놀이, 병원놀이, 시장놀이, 소방관 놀이 등 다양한 놀이 주제와 관련된 자료를 사실성과 사물 대체를 균형 있게 고려하여 비치한다. 역할 영역은 쌓기 영역과 인접하여 배치할 때 놀이의 긍정적인 효과를 높일 수 있다.

(3) 언어 영역

언어 영역은 영아와 마찬가지로 유아의 듣기, 말하기, 읽기, 쓰기와 관련된 놀이를 할 수 있도록 배치된 영역이다. 유아가 듣기와 말하기를 자유롭게 할 수 있도록 CD플레이어, 헤드셋, 듣기 동화, 손인형, 막대인형 등을 준비하고 읽기를 할 수 있도록 유아의 놀이 주제와 연관된 그림책, 그림 카드 등을 제공한다. 유아가 자신의 수준에 적합하게 창안적 글자, 이름 쓰기 등을 해 볼 수 있는 연필, 마커, 싸인펜, 색연필, 다양한 재질과 색의 종이를 놓아준다.

언어 영역은 유아가 읽고 쓰는 데 도움을 줄 수 있도록 채광이 좋고 조용한 영역에 배치하며 부드러운 쿠션과 매트를 준비해 편안하게 그림책을 볼 수 있도록 한다. 쓰기 활동을 위하여 낮은 책상도 넣어 준다.

(4) 수 · 조작 영역

수 · 조작 영역에서 유아는 모양, 공간, 분류, 비교, 서열, 부분과 전체, 길이 측정 등과 관련된 수 활동과 퍼즐 맞추기, 도형으로 구성하기, 끼우기, 바느질하기, 옮겨 담기 등의 소근육 조절과 관련된 조작 활동을 개별 또는 소집단으로 놀이한다. 수 · 조작 영역은 유아가 몰입할 수 있도록 조용한 곳에 배치하고 다양한 자료를 조작해 볼 수 있도록 낮은 책상 또는 높은 책상과 의자를 준비해 준다.

수 · 조작 영역은 타 놀이 영역보다 동일 연령 내에서 수준차가 큰 영역이므로 유아의 개인차를 고려하여 쉬운 개념의 놀이 자료부터 어려운 개념의 놀이 자료를 제공하도록 한다.

(5) 과학 영역

과학 영역은 유아가 주변 환경에서 경험하는 사물, 자연물, 동식물, 날씨 등에 지속적으로 관심과 흥미를 가지고 관찰하며 실험해 볼 수 있는 영역이다. 동식물 기르기, 여러 가지 사물과 자연물에 대한 관찰이 용이하도록 햇빛이 잘 들고 물 사용이 쉬운 장소에 배치하도록 한다. 또한 유아가 과학 영역에서 탐색하고 관찰한 내용, 실험한 내용의 결과를 전시할 수 있는 게시판을 마련해 준다.

(6) 음률 영역

유아가 음악과 신체표현과 관련된 놀이를 즐길 수 있는 영역이다. 음악을 듣고 박, 리듬 등을 느끼고 노래를 부르며 리듬악기와 가락악기를 다루고 창의적인 신체표현을 할 수 있는 영역이다. 악기 다루기와 신체표현 시 소음이 많이 나므로 카펫을 깔아주고 몸을 움직이기에 충분한 공간 크기를 확보해 주며 언어, 수 · 조작 영역 등 조용한 영역과 분리하여 배치한다.

(7) 미술 영역

유아가 그리기, 만들기, 찢기, 오리기, 꾸미기, 구성하기 등 평면부터 입체까지 다양한 조형 활동을 할 수 있는 영역으로 물이 있는 곳에 배치한다. 미술 영역은 다양한 자료를 쉽게 꺼내 쓰고 정리할 수 있는 자료 정리장과 유아의 미술 작품을 전시할 게시판, 전시 공간을 마련해 준다. 미술 놀이를 할 때 책상 등이 쉽게 지저분해질 수 있으므로 테이블보나 비닐 등을 깔아 사용한다.

미술 활동 후 유아 스스로 뒷정리를 할 수 있도록 빗자루, 쓰레받기 등의 청소 도구도 비치한다.

4) 실내놀이 자료

실내놀이 자료는 실내의 각 놀이 영역에 배치되는 자료로 영유아의 놀이에 대한 흥미를 유발시키고 놀이가 잘 이루어질 수 있도록 하는 매체를 의미힌다(권혜진 외, 2019). 실내놀이 자료는 시중에서 판매되는 다양한 놀잇감부터 폐품(우유곽, 상자, 통, 휴지속심, 에어캡 등), 실외놀이터에서 가지고 들어온 다양한 자연물(나뭇잎, 돌, 꽃잎 등)이 모두 포함된다. 영유아들은 우연히 발견한 일상생활 사물, 자연물을 놀이 자료로 이용하기도 하고 교사가 제안한 놀이 자료를 자신만의 방식으로 활용하기도 한다(중앙육아종합지원센터, 2000).

| 표 6-4 | 놀이 자료의 활용

구분	활용의 예
우연히 발견한 자연물을 놀이 자료로 활용하기	만 2세 영아가 바깥놀이 중 발견한 솔방울을 가지고 와서 탐색한 후 통에 넣어 마라카스로 놀이한다.
교사의 생각과는 다른 방식으로 놀이 자료 활용하기	유아들이 바닷가 놀이를 하고 있어서 바다를 표현할 수 있도록 파란 그물을 넣어 주었더니 물고기 잡는 망으로 활용한다.

실내놀이 자료는 구조성에 따라 놀이에 미치는 영향에 차이를 나타내는데 실제 사물과 유사한 놀이 자료가 구조성이 높은 것(조은진, 2000)이며 예를 들어, 청진기, 주사기, 핸드백 등이 해당된다. 구조성이 높은 놀이 자료는 영유아에게 이미 어떤 놀이를 할 수 있는지를 제시해 주는 측면이 있다. 연령이 낮은 영아일수록 사물 대체와 표상 능력이 부족하기 때문에 구조성이 높은 놀이 자료가 제시되어야 놀이가 활성화된다(권혜진 외, 2019). 반면에 연령이 높은 유아일수록 전화기 대신 블록을, 의사가운 대신 와이셔츠를 대체하여 놀이한다. 교사는 영유아의 발달과 놀이 자료의 구조성과의 관계를 고려하여 놀이 자료를 선정, 배치하는 것이 필요하다.

(1) 실내놀이 자료 선정 및 배치의 원칙

실내놀이 자료는 첫째, 모든 사물, 즉 제품화된 놀잇감, 폐품, 자연물, 자연현상, 영유아의 신체 등 제한 없이 모두 놀이 자료가 된다(교육부 · 보건복지부, 2019). 영유아는 놀이 자료를 통해 환경을 탐색한다. 기관에서 구입한 놀잇감, 교사가 준비한 자료 이외에 영유아가 일상생활에서 만나는 다양한 사물들(줄, 털실, 스펀지 등), 폐품(상자, 통, 휴지속심, 에어캡 등), 자연물(나뭇잎, 꽃, 나뭇가지, 돌 등), 자연현상(비, 눈 등), 자신의 신체 등 모든 것이 놀이 자료가 될 수 있다.

둘째, 놀이 자료의 융통성 있는 활용을 허용해야 한다. 구조성이 높은 자료라 할지라도 영유아가 다른 방식으로 활용하고 싶어 하면 허용되는 분위기를 조성해야 한다. 영유아의 안전에 위배되지 않는 한 모든 자료의 다각적 활용은 허용될 수 있다는 생각으로 영유아의 놀이 자료 이용을 바라보는 것이 필요하다.

| 표 6-5 | 놀이 자료의 융통성 있는 활용의 예

놀이	놀이 자료의 융통성 있는 활용 내용
영아가 유점토를 두드리고 떼어내기도 하고 모양틀로 찍는 등의 놀이를 한다. 영아가 유점토를 들고 역할 영역에 가서 냄비 모형에 담는다. "밥이야."라며 유점토를 가리킨다.	미술자료로 주어진 유점토를 역할 놀이 자료로 활용
유아가 병원놀이를 한다. 청진기가 필요하자 교실을 살펴보더니 언어 영역의 헤드셋을 가지고 와 목에 걸고 청진기라고 한다.	구조성이 높은 헤드셋을 청진기라고 대체 활용

셋째, 영유아 스스로 놀이 자료를 생각해 내도록 지원한다. 놀이에 필요한 자료를 교사가 앞서서 모두 제공하려는 것에서 벗어나 영유아가 필요한 자료를 교사에게 제안하고 이를 구할 방법을 한께 고안히는 시간을 갖도록 하는 것이 필요하다.

| 표 6-6 | 영유아 스스로 놀이 자료를 생각해 낸 예

교사의 놀이 자료 지원	유아 스스로 생각한 놀이 자료
병원 놀이를 위해 교사가 의사가운, 청진기, 주사기를 준비해 놓는다.	유아가 병원놀이를 하다가 처방전을 주어야 하자 미술 영역에서 도화지와 색연필을 가지고 와서 도화지에 글자 비슷하게 적어 준다.

넷째, 놀이 자료가 없어도 놀이 할 수 있음을 고려한다. 놀이 자료가 없어도 영유아는 신체놀이를 즐길 수 있다. 영유아가 다양한 공간에서 뛰고, 굴리고, 걷는 등 신체 움직임을 경험할 수 있도록 돕는다.

다섯째, 영유아의 편견을 조장하지 않도록 세심하게 배려한 놀이 자료를 비치한다. 성, 인종, 가족 구조 등에 영유아가 편견을 가지지 않도록 놀이 자료를 제시한다. 예를 들어 의사에 대한 책이나 인형을 배치할 때도 남자 의사, 여자 의사 인형을 넣어준다.

여섯째, 영유아의 개인차를 반영한다. 동일 연령 내에서도 놀이의 수준차가 있음을 감안하여 다양한 수준의 놀이 자료를 제공한다.

| 표 6-7 | 영유아의 개인차를 반영한 놀이 자료 배치의 예

개인차 반영의 예	
만 2세 영아 학급의 퍼즐 배치	한 조각 꼭지퍼즐과 두 조각 퍼즐을 동시에 배치
만 3세 유아 학급의 구슬 끼우기 배치	깊이가 깊은 구슬과 얇은 구슬을 동시에 배치

(2) 영아를 위한 놀이 자료

모든 사물을 입에 넣고 물고 빨면서 탐색하는 영아의 구강기적 특성을 고려하여 무독성 재료로 제작된 놀이 자료, 영아가 입에 넣어도 삼키지 않을 크기의 놀이 자료(너비 3.5cm 이상, 길이 7.2cm 이상)를 제공한다. 안전사고를 예방하기 위하여 가볍고 이동이 쉬운 놀잇감을 배치하며 영아의 놀이 수준을 고려하여 모방, 가작을 위한 놀잇감은 실물 자료와 유사한 자료로 제공하고 소근육 발달 정도를 고려하여 끼우고 쌓는데 쉬운 놀이 자료를 제시한다. 또한 영아반에 놀이 자료를 배치할 때는 영아 간 갈등상황을 줄일 수 있도록 모양, 크기, 색이 동일한 놀잇감을 여러 개 준비한다. 영아 연령의 평균 발달 수준을 고려한 연령별 영역별 놀잇감을 살펴보면 다음과 같다.

영역	연령	놀이 자료
신체	0세	모빌, 보행보조 놀잇감(안전 바, 밀면서 가는 놀잇감 등), 딸랑이, 침대걸이 놀잇감(침대걸이 인형, 안전거울 등), 기어오르기 놀잇감(스폰지 기어오름대 등), 촉감 공 등
	1세	낮은 미끄럼틀, 낮은 계단, 밀고 당기는 놀잇감(끌차 등), 타는 놀잇감(발을 굴러 움직이는 승용차, 흔들말 등), 손수레, 다양한 재질의 공 등
	2세	바운서, 조합 놀이대, 낮은 유니비, 후프, 볼풀 등
언어	0세	사물 그림책, 다양한 촉감의 책(비닐 책, 헝겊 책 등), 다양한 소리 나는 책, 까꿍 인형, 전화기, 무독성 크레용 등
	1세	마이크, 손 인형, 가족 사진, 여러 가지 재질의 종이 등
	2세	친숙한 환경 인쇄물(메뉴판, 자동차 브로슈어 등), 간단한 이야기가 있는 다양한 주제의 그림책, 막대인형, 손가락인형, 융판자료, 사진책 등
감각·탐색 영역	0세	감각대, 촉감길, 누르면 불이 들어오는 판, 손 바닥을 가져다 대면 색이 변하는 판 등
	1세	컵 쌓기, 꼭지퍼즐, 페그 끼우기 등
	2세	구슬 끼우기, 모양 맞추기, 소근육운동 도구(지퍼 올리기, 단추 잠그기 등) 등
쌓기 영역	0세	다양한 질감의 인형, 모형 음식, 인형 이불, 스폰지 블록 등
	1세	다양한 모형 음식, 모형 그릇(접시, 컵, 주전자 등), 포대기, 놀이집, 우레탄 블록, 종이벽돌 블록 등
	2세	자동차 운전대, 자동차 모형, 가방, 병원용품(주사기, 청진기 등), 미용실 용품(거울, 빗, 헤어 드라이기 등), 작은 나무 블록 등
음률	0세	딸랑이, 마라카스 등
	1~2세	작은 북, 우드블록, 탬버린, 작은 실로폰, 손목방울, 리본막대, 스카프, 음원 등
미술	0세	무독성 크레용, 다양한 재질과 모양, 색, 크기의 종이 등
	1세	밀가루 점토, 유점토, 스폰지 찍기, 무독성 색연필, 크레용, 다양한 종이, 양면 테이프, 다양한 모양과 색의 스티커 등
	2세	물감, 안전가위, 다양한 모양의 도장, 풀, 종이접시, 모래 종이, 마커, 싸인펜, 크레용, 크레파스, 색연필 등

(3) 유아를 위한 놀이 자료

구성하기, 그리기, 만들기 등으로 사물을 표상하기를 즐기고 다양한 역할과 상황 가작을 빈번하게 나타내며 이야기를 즐기고 노래부르기, 악기 연주하기를 흥겨워하는 유아의 놀이를 위하여 다음과 같은 놀이 자료를 제공할 수 있다.

역할 영역	사람 인형, 동물 인형, 병원놀이 도구, 미장원놀이 도구, 소방관놀이 도구, 시장놀이 도구 등
쌓기 영역	유니트 블록, 할로우 블록, 끼우기 블록, 꽃 블록, 레고 블록, 카프라 블록, 자동차 모형, 사람 모형, 나무 모형, 건물 모형, 교통표지판 등
수 · 조작 영역	수 막대, 수 카드, 탱그램, 그림자 맞추기, 바느질 도구, 고리 끼우기, 모양대로 넣기, 보드 게임판, 조각 퍼즐 등
언어 영역	스토리가 있는 그림책, 인형(손 인형, 막대 인형, 주걱 인형 등), 인형극 틀, 컴퓨터, 글자 카드, 수수께끼 상자, 쓰기 도구(종이, 연필, 싸인펜, 색연필, 지우개 등) 등
과학 영역	거울, 자석, 돋보기, 시계, 저울, 자연물(나뭇잎, 열매, 씨앗, 조개껍데기 등), 탐색관련 그림책, 관찰 기록지 등
음률 영역	장구, 소고, 북과 같은 우리나라 전통리듬 악기와 탬버린, 캐스터네츠, 마라카스와 같은 다른 나라 리듬악기, 실로폰, 멜로디언과 같은 가락악기, 손목방울, 리본막대, 스카프와 같은 신체표현 자료 등
미술 영역	다양한 크기의 상자, 휴지속심 등 폐품, 물감, 붓, 마커, 색연필, 크레파스, 싸인펜, 다양한 종이, 솜공, 색 테이프, 투명 테이프, 가위, 풀, 스팽글 등

3 실외놀이 환경

영유아는 공간을 넘나들며 놀이할 수 있다. 특히, 놀이 시간을 실내, 실외로 구분하지 않고 통합하여 제공하면 영유아는 실내의 놀이를 실외로 연계하여 놀기도

하고 반대로 실외의 놀이를 실내로 가지고 들어오기도 한다. 그러므로 실외놀이 환경도 실내와 마찬가지로 놀이 영역으로 구성하여 영유아가 다양한 놀이를 즐길 수 있도록 구성하여야 한다.

1) 실외놀이 환경 구성의 원칙

모든 연령의 영유아에게 실외놀이는 가능한 매일 하루 일과에 포함되어 편성되어야 한다. 이에 어린이집 평가제에서는 0세아의 경우 주 3일 30분 이상, 1~2세아의 경우 매일 30분 이상, 3~5세아의 경우 매일 1시간 이상 반드시 실외 놀이 시간을 운영하도록 제시하고 있으며 날씨, 미세먼지 악화 등의 원인으로 실외놀이가 불가능할 때는 실외놀이에 준한 실내 대체놀이를 실행하도록 제안하고 있다(보건복지부 · 한국보육진흥원, 2020).

실외놀이 공간을 구성할 때는 첫째, 안전한 환경 구성을 가장 먼저 고려해야 한다. 이를 위하여 우선적으로 실외놀이 공간의 바닥, 놀이 기구, 출입문 등의 안전이 점검되어야 한다. 실외놀이 공간의 바닥은 영유아의 놀이 특성과 경험을 고려하여 3가지 이상의 재료(모래, 폐타이어 블록, 잔디 등)로 조성되는 것이 바람직하며 영유아의 움직임과 관련하여 충격 흡수가 잘 되는 재료를 선택하여 구성한다. 복합놀이대, 미끄럼틀, 기어오름대 등의 안전성도 점검되어야 한다. 이 기구들은 제작 시부터 영유아의 안전을 고려하여야 하며 실외에 고정되어 있기 때문에 비, 바람 등으로 실내놀이 기구보다 부식 정도가 빠름을 감안하여 부식이 더딘 재료로 제작되어야 한다. 출입문이 쉽게 개폐가 가능할 경우 영유아가 기관 외부로 나가 안전 사고가 발생될 여지가 있으므로 출입문 통제 장치가 부착되도록 한다.

둘째, 실외놀이 공간에 쉽게 접근할 수 있어야 한다. 기관의 모든 학급이 원하는 시간에 쉽게 실외놀이 공간에 진입할 수 있도록 실내 · 외 이동 통로가 접근성이 좋도록 구성되어야 한다. 가능하다면 실내놀이와 바깥놀이가 분절되지 않고 통합되어 실행될 수 있도록 각 교실에서 현관을 거치지 않아도 직접 실외 공간에 진입할 수 있는 것이 바람직하다.

셋째, 영유아가 자신의 발달에 적합한 놀이를 점진적으로 시도해 볼 수 있는 도전적 환경을 구성한다. 영유아의 자신의 개인적 발달 수준에 적합한 놀이를 안전하게 시도해 보면서 신체적 한계를 느낄 수 있도록 다양한 수준으로 디자인되는 것이 필요하다.

넷째, 햇빛을 피할 수 있는 그늘진 공간이 구성되어야 한다. 영유아가 햇빛을 피하여 놀이를 원활하게 실행할 수 있도록 지붕이 있는 공간을 마련한다. 특히 하절기에는 반드시 그늘진 공간이 확보되어야 한다.

다섯째, 자연을 탐색할 수 있는 공간이 구성되어야 한다. 영유아가 호기심을 가지고 동식물을 탐색해 볼 수 있는 공간이 필요하다. 작은 화단 등이 구성되어 꽃, 나무, 풀, 곤충 등을 만지고, 냄새 맡고 놀이할 수 있어야 한다.

여섯째, 마음껏 뛰며 놀이할 수 있는 신체 공간이 확보되어야 한다. 실내에서 오랜 시간을 보낸 영유아가 바깥에서 자유롭게 신체를 움직이고 뛰고, 굴릴 수 있는 공간이 제공되어야 한다. 이를 위해 신체놀이 기구가 고정되어 있는 공간뿐만 아니라 비어 있는 공간도 필요하다.

일곱째, 물 · 모래 놀이 영역 구성한다. 영유아는 비구조적인 물, 모래라는 재료로 놀이하면서 긴장감과 부정적 감정을 해소하고 재료가 주는 감각을 탐색한다. 실내에도 물 · 모래 놀이 영역을 구성할 수 있지만 놀이하는 데 많은 제약이 따른다. 실외에서는 실내와 달리 보다 제약 없이 놀이할 수 있는 기회를 가질 수 있다.

여덟째, 실내의 놀이 영역이 실외에도 구현될 수 있도록 구성한다. 실내에서 역할, 쌓기, 언어, 음률, 미술 등의 놀이를 할 수 있도록 각 영역이 구성된 것처럼 실외에서도 가작놀이를 하고 구성물을 만들며 그림책을 읽고 악기를 다루고 그리기 활동을 하는 등의 놀이가 이루어질 수 있도록 한다.

2) 실외놀이 영역

실외 공간도 다양한 놀이 영역으로 구성할 수 있다(권혜진 외, 2019). 신체 영역, 물놀이 영역, 모래놀이 영역, 동식물 기르기 영역, 역할 영역, 쌓기 영역, 언어 영역, 음률 영역, 미술 영역, 목공 영역 등을 구성할 수 있으며 실외 공간의 크기에 따라 영역을 통합할 수 있다. 예를 들어 물과 모래놀이는 대부분 연계되어 나타나므로 물·모래 놀이 영역으로 통합하거나 언어와 미술 영역을 정적인 영역으로 통합할 수 있다.

(1) 신체 영역

영유아가 마음껏 뛰고 굴릴 수 있도록 복합놀이대, 미끄럼틀, 기어오름대, 시소, 흔들말 등의 고정식 놀이 기구를 구성하고 널빤지, 상자, 자전거 등을 이용하여 다양한 대근육 활동을 즐길 수 있는 비어있는 공간도 함께 제공한다. 고정식 놀이 기구는 영유아가 놀이하다가 추락해도 충격이 흡수될 수 있는 바닥제를 선택하고 안전성이 인증된 기구를 설치검사(어린이 놀이시설 안전관리법 참조)를 완료하여 제공한다.

(2) 물 · 모래 놀이 영역

물을 이용하여 놀이하는 곳은 바닥 배수가 잘 되도록 공사가 완료되어야 하며 물을 받아 놀이할 수 있는 수전, 물의 흐름을 탐색할 수 있는 투명관 등이 필요하다.

모래놀이 영역은 모래가 유실되지 않도록 울타리 등이 설치되어야 하며 주변 동물 등에 의해 오염이 되지 않도록 이동 가능한 모래 덮개가 설치되는 것이 바람직하다. 모래는 중금속 및 위생 검사를 받은 것으로 사용하고 주기적인 모래 소독으로 청결을 유지한다.

모래에 물을 첨가할 때의 변화 등을 탐색할 수 있도록 통합 영역으로 구성하는 것이 용이하다.

(3) 동식물 기르기 영역

영유아가 꽃, 나무, 열매, 풀, 곤충 등을 탐색할 수 있는 영역을 조성한다. 교사가 심은 식물을 탐색하도록 유도하는 것도 좋지만 가능한 연령대의 영유아는 직접 씨를 뿌리거나 모종을 심고 관찰하도록 한다. 토끼, 닭 등의 동물을 사육하는 경우에는 반드시 부모 동의를 받고 정기적인 검진을 통해 동물의 건강상태를 점검한다.

(4) 역할 영역

영유아가 실외에서도 가작 놀이를 즐길 수 있도록 역할 영역을 구성한다. 실외용 주방 놀이 기구(조리대, 그릇 등), 실내에서 진행되고 있는 가작 놀이와 관련된 놀이 자료의 제공이 필요하다. 실외 역할 영역은 물 · 모래 놀이 영역과 인접하여 구성되면 더 놀이가 활성화될 수 있다.

(5) 쌓기 영역

실외에서는 영유아가 공간의 제약 없이 구성물을 만들 수 있으므로 실내의 블록과 달리 큰 나무 상자, 플라스틱 상자 등 크기가 큰 폐품을 활용해 다양한 쌓기 놀이를 할 수 있다. 실외에서 영유아는 직접 들어가서 놀이할 수 있는 건축물 구성하기를 즐길 수 있다. 쌓기 영역은 역할 영역과 인접하여 구성한다.

(6) 언어 영역

영유아가 그림책을 보거나 교사가 그림책을 읽어주고 손 인형 등을 이용해 말하기, 듣기 활동을 하는 언어 영역을 구성한다. 실외의 그늘진 곳, 조용한 곳에 구성한다. 바구니를 이용하여 놀이 자료를 담고 편안한 의자를 배치할 수도 있으며 여의치 않을 경우 돗자리를 활용하여 이동이 가능한 공간으로 구성할 수 있다.

(7) 음률 영역

소음이 큰 악기, 움직임이 큰 신체표현 도구 등을 실외에서 놀이할 수 있도록 구성한다. 영유아들은 주방기구, 일상생활도구가 부딪치면서 나는 소리에 흥미를 나타내므로 악기가 아니더라도 후라이팬, 냄비, 냄비 뚜껑 등을 실외놀이터에 매달아 고정시키고 소리 내보기 활동을 해 볼 수 있다.

(8) 미술 영역

정리에 어려움을 겪기에 실내에서 시도하기 어려운 미술 놀이를 실외에서 할 수 있도록 구성한다. 물감, 찰흙, 밀가루 풀 등을 제공할 수 있다. 그늘진 곳, 조용한 곳에 이젤, 낮은 책상 등으로 조성한다.

(9) 목공 영역

연령이 낮은 영아는 목재를 탐색하고 목재를 구성해 보는 놀이를, 연령이 높은 유아는 목재를 톱으로 자르고 못을 박는 등의 목공 놀이를 경험해 보도록 실외에 목공 영역을 구성한다. 크기별 목재를 수납하는 공간, 목공 도구를 수납하는 공간, 목공 놀이를 실행하는 책상이 필요하다. 특히 톱, 망치, 바이스, 크램프 등은 위험하므로 도구가 모두 제자리에 있는지 볼 수 있는 투명한 선반에 자리표를 부착하여 관리한다.

3) 실외놀이 자료

실내놀이 자료는 실외에서도 동일하게 놀이 자료로 사용될 수 있다. 또한 실외놀이 자료는 공간의 제약을 벗어날 수 있기 때문에 실내에서 시도할 수 없는 것도 놀이 자료가 된다. 특히 실외에 고정적 신체놀이 기구를 다양하게 설치할 수 있다.

(1) 놀이 자료 선정 및 배치의 원칙

실외놀이 자료는 첫째, 실외도 실내와 마찬가지로 안전한 놀이 자료의 비치가 필요하다. 특히 실외는 실내보다 신체 움직임이 많으므로 보다 안전한 놀이 자료를 선택하여야 한다.

둘째, 내구성이 높은 놀이 자료를 선택한다. 비, 바람 등으로 놀이의 부식, 손상 정도가 실내보다 높기 때문에 내구성이 높은 재질의 놀이 자료를 선택한다.

셋째, 기관에 재원하는 모든 연령의 영유아를 고려한다. 실외는 공간 크기의 제약으로 대부분의 기관이 연령을 나누어 조성하기가 어렵다. 그러므로 어떤 연령이 사용해도 안전성이 보장되는 놀이 자료를 배치하고 영아가 사용하는 데 문제가 되는 놀이 자료는 이동식으로 배치하여 놀이 시 분리할 수 있어야 한다.

넷째, 놀의 복합성을 고려한 자료를 비치한다. 예를 들어, 미끄럼틀만 비치한다면 놀이 방법이 1~2가지로 정해져 있어 단순 놀이가 유도된다. 그러나 모래, 물, 역할 놀이 자료가 비치되면 모래에 물을 첨가하고 이를 역할 그릇에 담아 손님을 초대하는 등 복합 놀이가 가능해져 놀이 몰입도와 사회적 상호작용을 높일 수 있다(이숙재, 2019).

다섯째, 실내놀이 자료와 분리하여 사용한다. 실내와 실외놀이의 연계로 실내에서 사용한 놀이 자료를 밖으로 가지고 나와 사용하는 경우가 발생할 수는 있으나 기본적인 놀이 자료는 실내, 실외용을 분리하여 관리하는 것이 위생적이다.

(2) 놀이 자료

놀이 영역별로 실내와 동일한 놀이 자료와 실외의 특성을 고려한 놀이 자료를 배치할 수 있다. 본 고에서는 실외의 특성을 보다 고려한 놀이 자료를 제시하고자 한다.

구분	놀이 자료	
	영아	유아
신체 영역	흔들말, 낮은 미끄럼틀, 낮은 시소 영아용 그네, 승용자동차 등	복합놀이대, 기어오름대, 그네, 후프, 유니바, 자전거 등
물 · 모래 영역	소꿉 그릇, 물조리개, 플라스틱 삽, 플라스틱 양동이, 모래찍기 틀 등	투명PVC관, 모형 물레방아, 주사기, 삽, 호미, 양동이 등
동식물 기르기 영역	물 조리개 등	삽, 호미, 물 조리개 등
역할 영역	놀이집, 모형 그릇, 모형 음식 등	놀이 주제에 따른 역할 놀이 자료
쌓기 영역	종이상자, 우유팩 등	플라스틱 상자, 나무 상자, 플라스틱 블록 등
음률 영역	매달린 냄비, 냄비뚜껑 등	매달린 후라이팬, 숟가락, 빨래판 등
목공 영역	잘라진 작은 정사각형 목재, 무독성 접착제 등	다양한 크기의 목재, 톱, 바이스, 크램프, 보안경, 망치, 못, 접착제, 자 등

4 자연적 공간

인위적으로 조성된 실내 · 외 놀이 공간 이외에 숲, 공원 등은 영유아에게 자유로운 모험과 도전을 주는 놀이 환경이 된다. 자연적 공간에서 영유아는 자연과 교감하고 자연과 사람을 존중하는 마음을 가지게 된다.

1) 놀이 환경으로 바람직한 자연적 공간

영유아의 놀이 환경으로 바람직한 자연적 공간은 다양한 지형이 있고 동식물을 관찰할 수 있으며 계절의 변화를 느낄 수 있는 곳이다. 또한 자연적이지만 영유아의 안전을 확보할 수 있는 예를 들어 급경사가 없고 위험한 곤충이 없는 곳이 적절하다. 바람직한 자연적 공간을 자세히 살펴보면 다음과 같다.

영유아의 놀이 환경으로 바람직한 자연적 공간

- 숲길, 바위길, 물길, 평지와 경사지 등 여러 지형이 있는 숲
- 다양한 동식물이 서식하는 곳
- 경사와 비경사가 공존하는 곳
- 햇빛과 그늘이 적절하게 확보되는 곳
- 사계절의 숲 변화가 뚜렷한 곳
- 궂은 날씨에 대피할 수 있는 숲 속 교실등의 장소가 있는 곳
- 낭떠러지나 험한 계곡, 급한 경사 등의 위험요소가 없는 안전한 곳
- 썩은 나무가 많아 바람이 불면 가지가 부러져 떨어질 위험이 있는 낙지(落枝)현상이 없는 곳
- 밤나무가 많지 않은 곳
- 벌(말벌, 땅벌)이 집을 자주 짓지 않는 곳

출처 : 신지연 · 이신영 · 정민정(2019).

2) 자연적 공간의 가치

자연적 공간은 영유아가 주도권을 가진 놀이를 창조하도록 돕고 영유아가 상상력과 창의성을 발현시켜 즐겁게 놀이하도록 돕는다. 이를 자세히 살펴보면 다음

과 같다.

자연적 공간은 첫째, 영유아가 온 몸으로 자연을 만나면서 모든 감각을 동원하여 자연을 느낄 수 있도록 해준다(신지연 외, 2019). 영유아는 자연적 공간에서 계절에 따라 달라지는 자연의 모습을 탐색하고 자연에 대한 호기심을 가지게 된다.

둘째, 자연적 공간에서는 기관의 실내 · 외 놀이 공간에서 보지 못하던 동식물을 면밀히 관찰하고 탐구하는 활동을 하게 된다. 동식물의 성장, 먹이 등을 비교하고 여러 가지 기준으로 동식물을 분류하며 동식물에 대해 가설을 세워 추론하기도한다.

셋째, 자연적 공간에서는 자신의 신체 발달 수준에 적절한 도전적 신체 활동을 즐길 수 있다. 바위와 나무를 기어오르고 비탈길을 오르고 내리면서 점진적 도전의 기회를 가지게 된다.

넷째, 자연물을 놀이 자료로 다각적으로 활용한다. 만들어진 놀이 자료를 최대한 배제하고 자연물을 상상력을 동원하여 놀이할 수 있게 된다. 나뭇잎, 꽃잎, 돌맹이, 나뭇가지, 흙 등 모든 자연물이 놀이 자료로 이용된다.

다섯째, 자연 공간은 영유아에게 생명에 대한 경외심과 존중을 자연스럽게 배울 수 있도록 돕는다. 작은 씨앗의 성장, 곤충의 생태, 꽃과 나비의 사랑을 보면서 생명의 소중함을 저절로 습득하게 된다.

3) 느슨한(loose parts) 놀이 자료

느슨한(loose parts) 놀이 자료란 구체적인 기능이나 목적이 없는 놀잇감으로 영유아가 자신이 원하는 생각과 의도대로 놀이를 확장시킬 수 있는 놀잇감이다. 자연적 공간에서의 놀이 자료는 자연 그 자체이며 대표적인 느슨한 놀이 자료 또는 비구조적 놀잇감이다. 자연에서 만나는 나뭇잎, 꽃, 풀잎, 나무, 곤충, 동물, 돌멩이, 흙, 물웅덩이 등은 영유아들이 가장 좋아하는 놀잇감이다. 영유아들은 이러한 느슨한 놀이자료에 자신의 상상력과 새로운 생각을 더해 새로운 놀이와 놀잇감을 만들며 창의력과 문제해결능력을 기를 수 있다.

느슨한(loose part) 놀이 자료

- 나뭇가지, 통나무, 나뭇잎, 낙엽 등
- 모래, 흙, 진흙, 돌맹이 등
- 밤, 도토리, 자리공 열매 등 나무열매
- 들꽃, 버섯, 들풀, 벚꽃, 무궁화 등의 식물
- 눈, 얼음, 고드름, 서리 등

생각해보기

- Forest School in Australia(2018. 5. 26)
  https://youtu.be/EEy6l2e56BE
- 동영상을 살펴보고 자연적 놀이 공간에 대한 의견을 나눠 보자.

CHAPTER

07

놀이유형과 교사의 놀이지원

CHAPTER 07

놀이유형과 교사의 놀이지원

영유아의 놀이에는 다양한 유형이 존재한다. 본 장에서는 발달의 특성상 영아와 유아를 구분하여 놀이의 다양한 유형과 교사의 놀이지원을 살펴보고자 한다.

1 영아놀이

1) 신체놀이

(1) 신체놀이의 의의

영아기 신체놀이란 신체를 움직이거나 이동하면서 자기 자신과 타인, 환경을 탐색하는 놀이를 말한다(권혜진 외, 2016; 최석란 · 신지연 · 이현옥, 2014). 신체발달이 미숙한 영아들은 아직까지 능숙하게 걷고 뛰는 능력이 부족하다. 따라서 일상생활 속에 자신의 신체 움직임을 탐색하고 대소근육을 조절해 보며 신체활동에 즐겁게 참여하면서 감각 및 신체조절능력과 기본 신체능력을 기르는 것은 매우 중요하다(보건복지부, 2014). 무엇보다 영아기에 습득된 운동능력은 이후 운동습관이나 태도에 영향을 줄 수 있다는 점에서 큰 의미가 있다.

영아기 신체놀이의 가치는 다음과 같다(권혜진 외, 2016; 이숙재, 2014; 최석란 외, 2014).

- 신체놀이를 통해 신체발육이 촉진되며, 신체의 균형, 민첩성, 유연성, 순발력 및 지구력 등 기본운동능력 등이 향상된다.
- 자신의 신체와 놀잇감 및 놀이 환경을 오감으로 탐색하며 시각, 청각, 후각, 미각 등 감각능력이 발달한다.
- 신체놀이는 환경에 대한 적응 능력을 높여주어 질병에 대한 저항력과 면역기능을 향상시킨다.
- 신체를 움직이며 영아는 즐거움과 성취감을 느끼며 긍정적인 신체 인식능력과 자존감이 형성된다.
- 신체놀이를 통해 자신의 몸을 조절하고 조정하며, 다양한 물리적 환경에 적응력을 기를 뿐만 아니라 일상에서 부딪히는 위험상황에서 안전하게 대처할 수 있는 능력을 기를 수 있다.

(2) 신체놀이에서 교사의 놀이지원

출생에서 만 2년까지 영아의 신체발달은 매우 급속하게 발달한다. 누워만 있던 영아가 앉고, 기고, 서는 것을 연습하고 드디어 첫 걸음마를 떼며 걷는 능력을 획득하게 된다. 이동능력을 가지게 된 영아들은 더욱 적극적으로 세상을 탐색하며 사회 · 성서적 · 인지적인 발달을 이루게 된다. 따라서 이 시기에는 영아의 발달수준이나 흥미, 요구에 적합한 신체 · 운동놀이를 지원함으로 영아가 성취감을 느끼며 자신의 신체를 긍정적으로 인식하도록 한다.

신체놀이에서의 교사의 구체적인 상호작용방법을 알아보면 다음과 같다(권혜진 외, 2016; 이숙재, 2014; 최석란 외, 2014).

- 영아의 신체놀이를 위한 충분한 공간과 시간을 확보한다. 보육실내에 신체활동 영역을 구성하여 신체놀이가 자유롭게 확장되고 다른 놀이와 통합되어 이루어지도록 한다.
- 교사는 영아가 하고 싶은 놀이를 스스로 주도하도록 허용하면서 곁에서 지켜보며 웃거나 고개를 끄덕거려 관심을 표현하고 부드러운 목소리로 격려해 준다.
- 영아가 신체놀이에 흥미를 가지도록 시범을 보이거나(예 선생님처럼 이렇게 공을 굴려보세요), 놀이 친구로 함께 참여한다.
- 영아가 좋아하는 음악과 노래에 맞춰 신체를 움직이고 표현할 수 있는 기회를 제공한다.
- 신체놀이를 위해 실내공간뿐 아니라 실외공간을 확보한다. 영아의 신체발달에 적합한 시설물이 있는 실외놀이터나 자연공간(예 산책로, 숲 등)에서 영아가 자신의 몸을 능동적으로 다양하게 움직이며 놀이할 수 있도록 한다.

2) 상징놀이

(1) 상징놀이의 가치

상징놀이는 인지발달에 따라 표상능력이 발달하면서 '~인 척(as if element)'하는 가작화 요소를 표현하는 놀이이다. 상징놀이는 가장놀이(pretend play), 가상놀이(make-believe play), 역할놀이(dramatic play), 상상놀이(fantasy play)등의 다양한 용어와 혼용하여 사용되기도 한다.

영아는 주로 일상생활의 익숙한 경험을 모방하고 반복적으로 표현하는데, 18개월 이후 초보적인 상징놀이를 시작하여 만 2세경부터 본격적인 상징놀이를 즐기게 된다. 주로 전화를 걸거나 받는 흉내 내기, 음식을 먹거나 만드는 흉내 내기, 장난감 유모차에 아기 앉혀서 끌고 다니기 등 엄마와 아빠, 선생님을 흉내 내는 놀이를 즐긴다. 영아기의 상징놀이는 영아의 인지, 사회, 정서, 사회적 능력을 반영하기 때문에 중요한 의미가 있다.

영아기 상징놀이의 가치는 다음과 같다(권혜진 외, 2016).

- 영아가 주변의 친숙한 행동을 모방하고 경험을 놀이에 반영하면서 상징을 이해하는 능력이 발달하고 가작화 수준이 높아진다.
- 다양한 주제의 상징놀이는 영아가 직접 경험한 사건에 대한 스크립트 지식을 형성하고 기억을 재구성할 수 있는 기회가 된다.
- 영아는 상징놀이를 통해 새로운 언어를 배우고, 그 언어를 상황에 맞게 적절하게 사용하는 방법을 배운다
- 상징놀이를 통해 자기인식과 자신이 좋아하는 것, 감정 등을 자연스럽게 표현하면서 자아의 발달에 도움이 된다.
- 인형이나 사물을 의인화 하여 놀이하면서 친사회적 기술을 익힐 수 있다. 무엇보다 교사나 친숙한 또래와 함께 놀이하는 경우가 많아 함께 놀이하기 위해 필요한 사회적 기술과 자기통제능력을 기를 수 있다.

(2) 상징놀이에서 교사의 놀이지원

상징이해의 초기 발달단계에 있는 영아의 상상놀이를 지원하기 위해 교사는 먼저 영아의 다양한 상징놀이를 위한 환경과 놀잇감을 준비한다. 상징놀이를 위해 실물과 유사성이 높은 놀잇감(예 아기인형, 봉제인형, 포대기와 이불, 인형유모차, 주방용품들, 전화기 등)을 제공하여 영아가 모방행동과 초보적 상징놀이를 연습할 수 있도록 한다. 또한 2세 이후 점차 상징놀이가 확대됨에 따라 다양한 일상생활용품

을 제공하여 영아가 스스로 필요한 놀잇감을 선택하여 사용할 수 있도록 한다. 또한 상징놀이는 쌓기놀이와 통합되어 활발하게 이루어지기 때문에 충분한 공간을 확보하고 종이블록이나 스폰지 블록 등의 쌓기 놀잇감을 함께 제공해 줄 수 있다.

교사는 영아와 함께 상상놀이를 하며 다양한 상황과 역할에 대한 이해를 돕고 함께 놀이하며 영아가 즐거움을 느끼도록 한다. 역할놀이 및 쌓기놀이 지도를 위한 교사의 교수방법은 '관찰하기', '반응하기', '참여하기', '제안하기' 등이 있다(서동미 외, 2018). 영아의 놀이에 적절하게 참여하면서 영아가 상징놀이를 지속하고 놀이의 내용이나 구체적으로 소품을 사용하는 과정을 도울 수 있다.

교수활동	상호작용(예)
관찰하기	– ○○이는 아기를 업고 있네. – ○○이는 머리를 빗고 있네.
반응하기	– (영아가 다가와서 인형을 안으라고 할 때) 안아줄까요? (영아의 요구대로 안아준다.)
참여하기	– (영아가 아이스크림 모형을 건네면) 아이스크림 맛있겠다. 냠~ 딸기맛도 있나요?
제안하기	– (자동차를 양손에 잡고 굴리고 있을 때) 선생님이랑 같이 할까요?

출처: 서동미 외(2018).

3) 쌓기놀이

(1) 쌓기놀이의 가치

쌓기놀이란 말 그대로 무언가를 쌓아가면서 노는 놀이이다. 영아들은 블록을 바닥에 늘어놓거나 위로 높이 쌓아보기도 하고 때로는 무너뜨리기를 반복하며 즐거워한다. 쌓기놀이의 초기단계에 있는 영아들은 1단계: 블록을 이리저리 옮기는 단계(예 블록을 탐색하며 불규칙적이고 불안정한 형태의 쌓기), 2단계: 블록을 쌓고 길을 만드는 단계(예 수직으로 탑쌓기, 수평으로 길게 늘어놓기 등), 3단계: 블록을 연결하여 다리를 만드는 단계(예 수직으로 세운 두 개의 블록사이에 블록 올려놓기 등)의 수준에서 쌓기놀이를 즐긴다(Johnson, 1933).

이러한 영아기 쌓기놀이의 가치는 무엇인지 살펴보자(보건복지부, 2013; 서동미 외, 2018; 이화여자대학교 이화어린이연구원, 2016).

- 영아들은 여러 가지 블록을 쌓고 끼우며 다양한 형태의 구조물을 만들면서 성취감을 느낀다.
- 쌓기 놀잇감을 여러 번 조작하고 쌓기 과정을 반복하면서 블록의 특성(예 끼울 수 있음, 연결할 수 있음, 쌓을 수 있음, 무너지거나 부서짐 등)을 이해하고 조작 능력을 키울 수 있다.
- 쌓기놀이를 통해 구조물을 만드는 과정에서 공간 지각 능력뿐 아니라 도형에 대한 이해의 기초를 형성할 수 있다.
- 영아들은 블록들을 끼우는 과정에서 힘 조절 능력을 기르고, 블록을 끼우는 방향과 개수에 따라 달라지는 형태의 예측 불가능성을 즐긴다.
- 쌓기놀이 과정에서 자연스러운 또래와의 상호작용은 영아의 사회성 발달에도 긍정적인 영향을 미친다.

(2) 쌓기놀이에서 교사의 놀이지원

쌓기놀이는 교사, 또래와의 상호작용을 통해 놀이의 자극과 지지를 받는다. 교사는 지시적으로 쌓기를 가르치거나 지시하지 않으며, 영아의 흥미와 관심을 따라 놀잇감을 제공하거나 놀이참여자로 함께 놀이하는 것이 중요하다. 무엇보다 관찰자의 역할이 중요한데, 영아가 구조물을 만드는 과정을 지켜보다가 미소를 짓거나 고개를 끄덕이며 긍정적인 반응을 해준다. 교사는 영아들의 쌓기놀이에서 병행 놀이자가 되어 놀이를 효과적으로 지원할 수 있다. 즉, 영아의 놀이에 개입하거나 방해하지 않으면서도, “와 길다”, “더 높이 쌓아봐야지”와 같은 교사의 혼잣말을 통해서 영아의 쌓기놀이를 촉진해 줄 수 있다. 더 나아가 교사는 영아의 놀이에 참여하거나 새로운 제안을 건넬 수도 있다. 영아는 교사의 이러한 지원을 통해 긍정적 정서와 안정감을 느끼며 교사의 쌓기놀이를 모방하여 놀이를 확장할 수 있다.

4) 언어놀이

(1) 언어 놀이의 가치

영아기는 급격한 언어발달이 이루어지는 시기로써 영아들은 다양하게 듣고 말하는 놀이를 즐긴다. 언어이전의 영아는 울음으로 자신의 의사를 표현하지만 점차 다양한 옹알이나 소리를 내며 다른 사람과 소통을 시작한다. 생후 1년쯤은 한 단어(예 엄마, 맘마, 밥 등)로, 2년 정도면 두 단어(예 엄마 까까 등)로 의사소통을 하다가 3세 즈음에는 문장으로 대화가 가능하다. 영아의 언어표현과 행동을 주의깊게 관찰하여 영아의 현재 언어발달 수준을 이해하고 짧고 간단하지만 완벽한 문장을 사용해 일상생활에서 의사소통을 하는 것이 중요하다.

영아기 언어놀이는 소리듣기부터 시작하여 부정확한 단어의 사용, 문장 사용, 혼잣말을 통한 언어연습, 읽기에 관심보이기, 긁적거리는 활동의 시작 등으로 구성된다. 영아기 언어놀이의 가치는 다음과 같다(이숙재, 2014; 최석란, 2014).

- 언어놀이를 통해 영아는 다른 사람의 말이나 동화 내용을 주의깊게 듣는 태도를 기른다. 일상생활 속에서 식사하기, 기저귀 갈기, 이 닦기 등의 과정을

말로 들려주거나 설명을 해주면 영아는 상황에 맞는 어휘와 단어를 습득하게 된다. 또한 좋아하는 그림책의 내용을 주의깊게 듣는 태도와 말에 대한 이해 능력을 기를 수 있다.

- 언어놀이를 통해 다른 사람과 말을 주고받으며 소통하는 능력을 발달시키고, 언어적 사고능력을 향상시킬 수 있다. 언어를 사용하는 목적은 다른 사람과의 사회적 상호작용을 위한 것으로, 영아는 언어를 사용하여 타인과 소통하는 방법을 배운다.
- 언어놀이를 통해 상호작용하면서 사회 · 정서적 안정감과 친밀감을 가지게 된다. 옹알이를 하는 영아와 눈을 맞추며 반응해 주고, 영아의 단순한 의사표현에 귀를 기울이며 언어로 상호작용을 해줄 때 영아는 정서적인 안정감과 친밀감을 향상시킬 수 있다.
- 주변의 인쇄물이나 그림책의 그림과 내용에 관심을 가진다.
- 여러 가지 쓰기도구에 관심을 갖고 끼적거리기를 즐긴다.

(2) 언어놀이에서 교사의 놀이지원

출생에서 3년간 울음으로부터 시작해 문장으로 말할 수 있기까지 영아의 언어발달은 급속하게 이루어진다. 특별히 교사는 영아의 언어발달에 모델이 되기 때문에 정확하고 바른 태도로 다양한 언어적 상호작용을 해주는 것이 중요하다. 즉, 영아가 말을 잘 알아듣지 못하더라도 다양한 소리를 들려주거나, 영아와 마주보고 웃으며 부드러운 목소리로 얘기하며 풍부한 언어자극을 제공한다. 또한 영아가 의도하는 것을 정확한 문장으로 반복하여 표현해 주어, 영아가 자연스럽게 말을 배울 수 있도록 돕는다. 일상생활 속에서 영아에게 다양한 그림책(예 헝겊책, 촉감책, 소리 나는 책, 글 없는 그림책 등)을 많이 읽어주고, 그림책을 통해 다양한 감각을 경험하고 친밀감을 느끼며 즐길 수 있도록 한다.

5) 탐색놀이

(1) 탐색놀이의 가치

영아는 주변 환경에 대한 흥미와 왕성한 호기심으로 직접 만져보고, 조작하고, 냄새 맡는 탐색 놀이를 즐긴다. 영아들은 손과 감각기관을 사용하여 자유롭게 사물을 탐색하고 분류하거나 찾아 맞추는 놀이를 하면서 감각 및 인지능력이 발달하게 된다.

영아기 탐색놀이의 가치는 다음과 같다(권혜진 외, 2016; 이숙재, 2014).

- 영아는 호기심을 가지고 자유롭게 탐색하는 과정을 통해 탐구하는 태도와 주도성의 기반을 다진다.
- 영아는 새로운 놀잇감과 낯선 사물이나 새로운 현상을 접할 때 원하는 방식으로 탐색을 시도하며 호기심이 왕성해지고 여러 경험을 한다.
- 직접적인 탐색을 하면서 비교, 분류, 서열화, 수세기 등을 경험한다.
- 주변의 동식물, 물, 모래 등 다양한 재료의 특성과 움직임을 관찰하면서 관찰력과 집중력이 좋아진다.
- 대소근육 운동능력, 눈과 손의 협응력을 기운다.

(2) 탐색놀이에서 교사의 놀이지원

교사는 영아들이 자신의 흥미와 관심에 따라 다양한 사물이나 놀잇감, 자연 현상을 자유롭게 탐색할 수 있도록 편안하고 허용적인 분위기를 조성해 준다. 또한 영아가 관심을 가지고 자기가 원하는 방법으로 탐색할 때 공감하며 반응해 주고, 충분히 기다려주는 것이 필요하다. 교실에서는 놀이용 매트나 카페트를 깔아 탐색놀이 영역을 구성하고, 월령과 연령에 적합한 탐색 놀잇감(예 딸랑이, 촉감판, 까궁놀잇감, 컵블록, 꼭지퍼즐, 큰 구슬과 구슬꿰기용 줄 등)을 마련해 준다. 영아의 탐색

놀이는 실외와 자연에서도 더욱 활발하게 이루어져 있기 때문에 자주 실외로 나가 영아가 자연물에 관심을 가지고 활발하게 탐색할 수 있는 기회를 제공해 준다.

6) 표현놀이

(1) 표현 놀이의 가치

영아는 음악, 미술, 움직임 등을 통해 자신의 흥과 기분, 느낌을 표현하는 놀이를 좋아하고 즐긴다. 영아가 다양한 소리를 듣고 노래를 부르고, 간단한 리듬악기로 표현하거나 끼적이고, 붙이고, 찢으며 음률 및 미술놀이를 할 수 있도록 지원한다. 영아기 표현 놀이의 가치는 다음과 같다(서동미 외, 2020; 신지연, 신혜원, 서원경, 박원순, 2018; 이숙재, 2014).

- 다양한 미술재료(예 도화지, 색종이, 사인펜, 매직 등)와 같은 자료를 사용하여 색과 질감을 탐색하며 즐거움을 느낀다.
- 간단한 미술놀이(예 그리기, 찍기, 붙이기 등)를 하며 대근육의 움직임뿐 아니라 소근육 조절능력이 향상된다.
- 미술놀이를 통해 만들어진 결과물로 성취감을 느낀다.
- 노래나 리듬에 맞춰 몸을 흔들고 춤을 추며 즐거움을 느끼며 표현하는 능력이 향상된다.
- 미술과 음악놀이를 통해 자신의 생각과 느낌을 창의적으로 표현하는 능력을 기른다.
- 교사나 또래와 함께 미술과 음악놀이 등을 즐기며 친밀감을 형성할 수 있다.

(2) 표현놀이에서 교사의 놀이지원

표현놀이는 유아가 주변의 소리, 움직임, 색, 모양에 호기심을 가지고 탐색하고 자신의 생각과 느낌을 표현하는 놀이이다. 교사는 영아가 자유롭게 표현할 수 있는 허용적인 분위기를 조성해 주고, 영아의 표현에 적극적으로 반응하고, 함께 즐기면서 놀이에 몰입할 수 있도록 한다. 또한 교실 내에 미술영역과 음률영역을 구성하고 영역별 놀잇감과 놀이재료를 비치하여 영아들의 표현놀이를 즐길 수 있도록 적절한 공간과 놀잇감을 지원한다. 노래의 반복되는 부분을 따라 부르며 음악에 맞춰 몸을 흔들거나 다양한 악기로 소리 내기를 즐기는 영아에게 교사는 교사의 목소리로 노래를 불러주거나, CD플레이어를 사용해 노래를 재생시켜 들려준다. 이때 음악에 맞춰 노래 부르고, 간단한 동작을 해볼 수 있도록 하거나 작은 심벌즈, 실로폰, 탬버린 등으로 소리를 내보도록 하며 즐거움과 성취감을 느끼게 한다.

7) 숲놀이

(1) 숲놀이의 가치

숲놀이는 산책이나 숲체험 등을 통해 물, 모래, 진흙, 돌, 나무, 꽃 등의 자연물을 탐색하는 놀이로 영아들이 매우 좋아하고 집중할 수 있는 놀이이다. 도시화된 현대사회의 영아들은 주변의 자연물을 접할 기회가 부족할 수 있다. 이에 교사는 일상생활 속에서 자주 산책이나 숲체험 활동 등을 통해 맑은 공기를 마시며 주변의 자연물을 탐색하고 감상하며 놀이할 수 있는 기회를 주는 것이 중요하다.

영아를 위한 숲놀이의 가치는 다음과 같다.

- 숲과 자연에서의 산책과 놀이는 유아들에게 걷고 뛸 수 있는 기회를 제공함으로 신체적 발달에 유익하며, 숲의 좋은 공기와 피톤치드는 영아의 면역력을 길러준다.
- 자연에서 만나는 꽃, 곤충, 나무, 돌, 흙, 나뭇가지 등은 영아들에게 좋은 탐

색자료가 되어 주의를 집중하여 관찰하고 탐색하는 능력이 향상된다.

- 숲과 자연의 공간에서 들리는 새소리, 물소리, 바람소리 그리고 보이는 녹색 교실 속의 다양한 동식물들 속에 영아는 정서적인 평안함을 가질 수 있다.
- 숲과 자연에서 만나는 솔방울, 열매, 돌, 나뭇가지, 흙 등은 영아들이 무엇이든 원하는 대로 만들고 놀이할 수 있는 비구조적인 놀잇감들이다. 이러한 개방적인 놀잇감으로 놀이하면서 창의성과 문제해결력을 기를 수 있다.

(2) 숲놀이에서 교사의 놀이지원

현대 영아들은 자연에서 놀이할 수 있는 시간이 매우 부족하다. 교사는 영아와 숲과 인근 자연을 볼 수 있는 장소로 자주 산책을 나가도록 한다. 일단 자연 속으로 데리고 가는 것 만으로도 영아들은 즐거움을 느낀다. 숲놀이에 앞서 교사는 영아들이 놀이할 장소의 안전을 점검하는 것이 중요하다. 영아들이 새로운 자연물을 발견하고 관심을 가질 때, 같이 흥미와 관심을 정서적 · 언어적으로 표현하며 상호작용해 준다. 영아들은 넓게 펼쳐진 숲교실에서 걷고 뛰며 관찰하는 것을 즐기지만, 때로 교사는 돗자리 등을 준비해 나무그늘에 앉아 영아들이 휴식을 취할 수 있도록 도울 수 있다. 이때, 그림책을 읽어주거나 함께 노래할 수 있으며, 그림을 그려볼 수도 있다.

2 유아놀이

유아기 놀이는 영아에 비해 사회, 인지, 신체, 언어적 측면에서 더욱 발달된 형태의 놀이가 높은 수준에서 이루어진다. 이 절에서는 유아의 놀이형태를 역할놀이, 쌓기놀이, 되살림놀이, 손끝놀이, 과학놀이, 물 · 모래 · 흙 놀이, 숲놀이 등으로 구분하여 교육적 가치와 교사의 놀이지원을 안내하고자 한다.

1) 역할놀이

(1) 역할놀이의 가치

역할놀이란 유아가 주변에서 경험한 흥미로운 사건, 상황, 역할, 대상 등을 모방하거나 상상하여 놀이로 재연해 보는 것을 말한다. 역할놀이를 통해 유아는 친구들과 역할을 나누어 협동하여 놀이하면서 사회적 기술과 의사소통 능력을 발달해 간다. 또한, 역할놀이 속에서 다양한 역할을 경험하면서 타인 조망능력이 증진되며, 사고력과 문제해결력이 발달하고, 상상력과 창의력 등의 인지능력이 향상된다. 비고츠키는 상징놀이가 유아의 추상적 사고능력의 발달과 밀접한 관련이 있음을 강조했으며, 프로이드는 역할놀이를 통해 유아들이 역할을 전환해보고 충격적인 사건을 반복하여 놀이하면서 정서적 해소를 경험하며 마음의 치유가 이루어진다고 하였다.

(2) 역할놀이에서 교사의 놀이지원

역할놀이는 유아들이 가장 즐겨 하는 놀이유형 중 하나이다. 교사는 다음의 사항을 유의하여 유아의 놀이를 지원할 수 있다.

- 교사는 유아의 연령별 역할놀이 발달과 수준을 이해하고, 유아의 놀이를 관찰하여 현재 유아의 관심과 흥미를 파악한다.
- 유아의 역할놀이가 진행되는 것을 살피고 적절한 소품과 놀이 재료를 제공해주어 유아의 상징놀이가 활발하게 이루어지도록 돕는다.

- 유아의 관심과 흥미를 따라가며, 교사는 적극적으로 놀이친구가 되어 상호작용할 수 있으며, 놀이소품을 함께 만들고, 새로운 놀이방법을 제시하는 등 적절한 상호작용이 이루어질 수 있도록 한다.
- 여아와 남아가 함께 참여할 수 있는 극화 활동의 주제, 소품, 놀잇감 등을 제공하여 놀이할 수 있도록 한다.
- 유아들이 새로운 경험을 하게 될 때마다 교사는 새로운 소품과 자료를 준비하여 유아가 적극적으로 참여할 수 있도록 한다.
- 역할놀이를 위한 사전경험 또는 계기를 부여하기 위해 주말 지낸 이야기 나누기, 동화 듣기, 동영상 보기, 숲활동이나 바깥놀이 등을 실시한다.

2) 쌓기놀이

(1) 쌓기놀이의 가치

쌓기놀이는 유아가 다양한 종류의 모양, 색, 크기, 형태의 블록을 이용하여 일상에서 경험한 것이나 상상하는 것들을 구성해 보는 놀이를 말한다. 유아들은 여러 가지 형태와 크기의 블록을 맞추고, 변형하면서 다양한 구조물을 만드는 과정 속에 손과 손가락의 조절능력, 눈과 손의 협응 능력뿐만 아니라 창의성과 문제해결력을 키울 수 있다. 이러한 창조적인 구성놀이를 통해 유아는 다양한 사고 및 개념 발달과 함께 공간적 이해능력을 발달시킬 수 있다. 무엇보다 유아들은 쌓기놀이를 통해 능동적으로 무엇인가를 만들고 구성하고 창조하는 놀이를 한다. 그 결과물로 만들어진 작품은 유아들에게 큰 기쁨과 성취감을 준다.

(2) 쌓기놀이에서 교사의 놀이지원

유아의 활발한 쌓기놀이를 위해 교사는 다음과 같은 점을 유의하여 지원한다.

- 교사는 유아의 쌓기놀이 발달과정에 따라 나타나는 유아의 블록 구성물과 유아의 반응을 면밀히 관찰하여 유아의 발달수준과 관심, 흥미를 잘 파악한다.
- 교사가 유아의 쌓기 과정을 옆에서 관심 있게 지켜보며 유아에게 안정감과 긍정적인 정서를 지원한다.
- 쌓기놀이에 필요한 안전한 공간과 충분한 시간을 제공하고, 연령에 맞는 다양한 블록과 소품을 제공한다.
- 쌓기놀이에서 유아가 만든 구성물에 대해서 반드시 구체적인 칭찬과 격려를 하도록 한다.
- 쌓기놀이 후 유아들이 구성물을 전시할 수 있도록 교구장 위나 책상을 마련해 준다. 혹시 다음날에도 연계하여 쌓기놀이를 확장하고 싶어하는 경우, 유아의 욕구를 수용하여 구성물을 보존해 주도록 한다.
- 쌓기놀이가 역할놀이나 조형놀이 등과 통합적으로 경험될 수 있도록 교실의 모든 영역 간 경계를 허물고 개방적인 운영으로 지원한다.
- 정리정돈 시간을 미리 알려주어 블록을 정리하는 데 충분한 시간을 확보하여 유아가 스스로 정리할 수 있도록 한다.

3) 되살림놀이

(1) 되살림놀이의 가치

되살림놀이는 우리 생활 속에서 버려질 수 있는 재료들을 다시 살려서 놀이하는 것을 의미한다. 천, 종이박스, 휴지심, 플라스틱 용기, PET병, 견과류 껍질이나 씨앗(예 피스타치오 껍질, 호두 껍질, 포도씨 등) 등 무엇이든 재활용하여 놀이할 수 있는 것은 되살림 놀잇감이 된다. 되살림 놀잇감은 정해진 방법이 없이 유아가 무엇이든 창의적으로 상상하여 만들어 놀 수 있는 대표적인 개방적 놀잇감으로 놀이중심 교육과정에 매우 적합한 놀이재료가 된다. 유아가 주도하여 상상하고, 구성하고, 창조하며 놀이하는 되살림놀이는 문제해결력과 창의성을 기를 수 있으며, 유아에게 큰 기쁨과 성취감을 준다. 또한 주변에 버려지는 물건을 다시 살려서 놀이하는 경험을 통해 유아들은 지구환경보호에 대한 관심과 태도, 실천 능력을 기를 수 있다.

(2) 되살림놀이에서 교사의 놀이지원

되살림놀이는 유아들의 상상력과 창의력을 키워주는 놀이로 큰 의미가 있으며, 교사의 놀이지원은 다음과 같다.

- 유아들이 되살림 놀이의 결과보다는 과정 자체를 즐길 수 있도록 격려한다. 이를 위해 다양하고 풍부한 재료를 제공하고, 유아가 자신의 생각이나 느낌을 자유롭게 표현하며 무엇이든 할 수 있는 허용적인 분위기를 만들어 준다.
- 유아에게 다양하고 안전한 되살림 놀잇감을 지원한다. 예를 들어 천, 끈, 종이박스, 휴지심, 플라스틱 용기, PET병, 견과류 껍질이나 씨앗(예 피스타치오 껍질, 호두 껍질, 수박씨 등) 등 주변에서 볼 수 있는 재활용품들을 제공해 준다.
- 공간에 제한을 두지 말고, 실내 교실뿐 아니라 실외 놀이터에서도 크고 작은 되살림 조형물을 만들어 볼 수 있도록 허용한다.
- 되살림놀이가 조형놀이, 역할놀이, 쌓기놀이 등 다양한 놀이들과 통합되어 더욱 풍성하게 진개될 수 있도록 계기를 부여하고 적극적으로 개입한다. 단순한 조형물을 만드는 것으로 끝나는 것이 아니라, 만들어진 조형물을 활용해 게임, 과학, 상징놀이나 주제극 놀이(예 여러 가지 탈것들 놀이, 간식가게 놀이, 코인 노래방 놀이 등)로 이어지도록 안내할 수 있다.
- 되살림놀이는 조형놀이와 같은 맥락에서 볼 수 있다. 유아들이 조형물 전시

를 원한다면, 전시를 위한 특정 공간을 마련하여 유아의 감상에 대한 흥미를 높일 수 있다.

4) 손끝놀이

(1) 손끝놀이의 가치

손끝놀이는 손가락과 손의 소근육을 사용하여 털실, 지끈, 천 등의 재료로 구성하는 조작놀이를 의미한다. 손끝놀이 활동은 실뜨기, 털실로 손가락 목도리 뜨기, 수놓기, 지끈으로 거미줄이나 모빌 만들기 등 소근육을 사용해 집중해서 무엇인가 완성해 보는 놀이이다. 유아들은 손끝의 감각과 근육을 최대한 활용할 수 있는 기회를 통해 소근육 발달이 이루어지며, 주의집중력과 몰입을 통한 긍정적인 정서를 경험한다. 또한 손끝놀이를 통해 만들어진 결과물은 유아들에게 기쁨과 성취감을 준다. 손을 움직인다는 것은 유아의 뇌발달에도 유익한 활동이다. 특히 조용하게 몰입하며 손을 움직이는 활동은 늘 바쁘게 움직이는 현대 유아들에게 고요함과 명상의 시간을 제공해 줄 수 있다.

(2) 손끝놀이에서 교사의 놀이지원

손가락을 움직여 놀이하는 손끝놀이에서 교사의 놀이지원은 다음과 같다.

- 유아가 교실과 실외에서 조용히 집중해서 손끝놀이를 할 수 있는 공간과 충분한 시간을 마련해 준다.
- 손끝놀이에 필요한 풍부한 놀이재료를 제공하여 함께 놀이하며 유아의 손끝놀이를 돕는다. 즉, 털실, 지끈, 천 등을 제공하고 손끝놀이를 직접 시연하여 보여주고 필요하다면 유아의 놀이에 적극 개입하여 도와주어야 할 필요가 있

다. 왜냐하면 아직 소근육 사용이 미숙한 유아들은 손끝놀이의 시작이나 마무리가 어려운 경우가 많기 때문이다. 예를 들어, 광목천에 수를 놓을 때 바늘에 실을 꿰거나 마지막에 매듭을 지어야 하는 경우 교사가 도울 필요가 있다.

- 손끝놀이에서 사용되는 실, 바늘, 털실, 천 등은 따로 유아 개인 바구니에 담아 교구장에 비치해 주어, 안전하게 보관되고 유아 개인의 작품이 잘 보존될 수 있도록 한다.
- 유아의 소근육 발달특성을 이해하고, 발달에 적합한 손끝놀이 활동을 제시하도록 한다.

5) 과학놀이

(1) 과학놀이의 가치

유아는 '과학자로 태어난다'는 말이 있을만큼, 주변에 대한 호기심과 탐색하고자 하는 욕구가 강하다. 교사는 과학놀이를 통해 유아가 주변의 다양한 사물과 자연현상에 대해 궁금증을 가지고 탐구하는 태도를 형성할 수 있도록 도울 수 있다. 유아가 가지는 본능적인 과학적 호기심과 탐색을 기초로 주변 환경을 주의 깊게 탐구하는 태도와 과학적 문제해결과정에 대한 지식과 기술이 증진될 수 있다. 또한 과학적인 탐구활동을 통해 궁금증을 해결해 보기 위해 관찰하고, 비교하며, 측정하고 예측하며 실험하는 과학적 습관과 태도를 기를 수 있다. 친구들과 함께 관찰하고 실험한 것을 나누고 토론하며 의사소통 능력, 문제해결능력과 사회적 기술 등이 향상될 수 있다.

(2) 과학놀이에서 교사의 놀이지원

유아의 과학놀이는 과학적 지식을 전달하는 데 목적이 있는 것이 아니라 유아가 스스로 찾아보고 탐색하며 창의적인 문제해결과정을 경험하는 태도와 과정에 있다. 이와 같은 점을 고려하여 교사는 다음과 같이 과학놀이를 지원할 수 있다(교육과학기술부, 2008; 황의명 · 조형숙, 2015).

- 유아가 생활 주변의 사물과 환경에 관심을 가지고 궁금증을 해결하기 위해 다양한 시도를 해보고 스스로 결론을 내릴 수 있는 기회를 제공한다. 즉, 교사가 이미 답과 결론을 주입하는 것이 아닌, 시행착오를 거치더라도 유아 스스로 생각하고 실험할 수 있는 경험을 하도록 한다.
- 유아의 흥미와 관심을 끌 수 있는 과학활동 자료와 환경을 구성해 준다. 특히 손으로 직접 만지고, 느끼고, 조작할 수 있는 활동(hands on activity)과 재료를 선정한다.
- 과학놀이 과정에서 유아들 간에 의견을 교환할 수 있도록 상호작용해 주며, 소집단 토론 등을 통해 자신이 알아내고 발견한 사실을 발표해 보는 기회를 제공한다.
- 유아교육기관에서 동 · 식물을 길러보며 생명체와 자연환경을 소중히 여기고 보호할 수 있는 환경을 마련해 준다. 동 · 식물을 기를 때는 동식물의 생태적 지식과 책임감을 가지고 지속적으로 돌볼 수 있도록 한다.
- 유아들이 적극적으로 과학의 과정을 체험할 수 있도록 실내와 실외에서도 다양한 과학놀이가 이루어지도록 관찰하고, 분류하고, 측정하고, 예측하고, 토의하는 기회를 제공하는 것이 바람직하다.

6) 물 · 모래 · 흙 놀이

(1) 물 · 모래 · 흙 놀이의 가치

물 · 모래와 흙은 정형화되지 않는 자연의 놀이재료로 실내 · 외에서 놀이가 가능하며 유아들에게 큰 기쁨과 정서적 안정감을 준다. 특히 물, 모래와 흙은 마음대로 변형시키면서 놀이할 수 있으며, 감촉 자체로 유아에게 즐거움과 정서적 안정감을 준다. 특히 물 · 모래 · 흙 놀이는 만지면서 놀이하는 그 자체로 치료적 힘을 발휘하는데, 유아의 긴장이완, 불안감 감소, 공격적 성향을 발산하여 심리적 안정감을 줄 수 있다. 유아는 물과 모래 · 흙 놀이를 통해 분류, 수, 서열, 무게, 측정, 부피, 비교, 보존 등과 같은 수과학적 개념을 발달시킬 수 있다. 또한, 이러한 놀이는 주로 집단놀이로 많이 이루어지기 때문에, 유아들이 함께 놀이하며 사회성과 의사소통 능력이 발달한다.

(2) 물 · 모래 · 흙 놀이에서 교사의 놀이지원

물 · 모래 · 흙 놀이에서 교사의 놀이지원은 다음과 같다.

- 실외에서 물 · 모래 · 흙 놀이를 할 때 유아들이 옷이 젖거나 흙이 묻어도 괜찮은 옷차림을 갖출 수 있도록 한다. 적절한 옷과 신발을 갖출 때 걱정없이 마음껏 놀이할 수 있다.
- 유아가 자발적으로 물 · 모래 · 흙 놀이를 할 수 있도록 한다. 옷에 젖거나 흙 묻는 것이 불편한 유아에게는 시간을 주어 다른 친구들이 놀이하는 것을 지켜보면서 원할 때 참여할 수 있도록 한다.
- 물 · 모래 · 흙 놀이에서 즐겁고 안전하게 놀이할 수 있는 규칙을 함께 만들고 지킨다. 특히 바깥놀이에서 흙과 모래놀이를 할 경우, 삽이나 두 손으로 모래를 파다가 옆/뒤에 있는 친구에게 모래가 튀거나 때로는 모래를 고의적으로 던지는 유아도 있기 때문에 이에 대한 바른 지도가 필요하다. 유아들과 함께 만들 수 있는 규칙들은 '모래와 물을 다른 친구에게 튀기거나 뿌리지 않는다. 놀이도구는 놀이가 끝난 후 제자리에 정돈한다. 모래와 흙을 입에 넣지 않는다. 물 · 모래 · 흙 놀이 후에는 수돗가에서 반드시 깨끗이 손을 씻는다.' 등이 있다.

- 물 · 모래 · 흙 놀이를 활발하게 할 수 있도록 다양한 물 · 모래놀이 재료(소꿉놀이공구 · 물조리개 · 삽, 양동이 등)를 제공한다.
- 청결과 안전에 유의하여 놀이한다. 실내에 물 · 모래 놀이 영역을 비치할 경우, 바닥에 비닐을 깔아 미끄럼을 방지하고 청결하게 청소가 용이하도록 한다. 물놀이통의 물은 일과 후 반드시 비워서 말리고, 물 · 모래 놀잇감은 씻어서 말려놓는다. 바깥놀이의 경우 모래놀이터의 모래를 정기적으로 보충하고(연 1회 이상) 소독해 주어야 한다.

7) 숲체험놀이

(1) 숲체험놀이의 가치

숲과 자연은 유아들에게 최고의 자유놀이터이다. 신선한 공기, 푸른 나무, 숲에서 만나는 곤충, 계절마다 변하는 자연현상과 자연물은 유아들에게 더할나위없이 좋은 놀잇감이 되고 새로운 놀이에 계기를 만들어 준다. 숲과 자연에서 마음껏 뛰어놀며 유아들은 건강한 신체발달이 이루어지며 면역력을 기를 수 있다. 숲에서 오감으로 체험하는 자연현상과 자연물은 유아에게 아름다운 감성과 즐거움을 주며, 주변의 자연물을 관찰하고 탐색하며 주의집중력과 탐구력을 기를 수 있다. 또한 정형화되지 않은 자연의 놀잇감들, 즉 나뭇가지, 열매, 씨앗, 나뭇잎, 흙, 돌 등을 가지고 놀며 문제해결력과 창의성을 발달시킬 수 있다.

(2) 숲체험놀이에서 교사의 놀이지원

숲체험놀이는 봄, 여름, 가을, 겨울 계절의 변화에 따라 주제가 달라지며 이에 따른 옷차림과 준비가 달라진다. 숲체험놀이에서 교사의 놀이지원은 다음과 같다.

- 유아의 본성을 존중하는 교사의 태도가 중요하다. 숲교육은 유아의 발달을 재촉하지 않으며, '아이 스스로 자라나는 힘'을 믿고 기다려주는 교육이다. 교사는 유아의 흥미, 관심, 이야기에 귀 기울이며, 함께 감탄 하고, 즐겁게 놀이하며, 유아가 스스로 이끌어가는 놀이가 되도록 지원하는 교사의 역할이 무엇보다 중요하다.
- 유아들과 함께 나갈 숲장소를 미리 탐방하여 안전을 점검하고 유아들이 자유롭게 놀이하며 탐험할 수 있는 충분한 공간과 숲생태의 다양성을 확인한다.
- 유아들과 숲에서의 인진약속을 함께 정하고 지킨다. 숲에서의 안전약속은 첫째, 숲에서 놀이할 때 교사의 시야 안에서 놀이한다. 둘째, 생명체를 괴롭히거나 죽이지 않으며 관찰 후 제자리에 놓아준다. 셋째, 숲의 열매나 버섯 등을 함부로 먹지 않는다. 넷째, 뾰족한 나뭇가지를 함부로 휘두르지 않는다. 다섯째, 나무와 바위에 오를 때는 교사의 감독과 보호가 필요하다.
- 숲과 자연은 유아의 자유놀이가 가장 쉽고 풍성하게 펼쳐질 수 있는 공간이다. 유아가 충분한 시간속에 자유롭게 놀이할 수 있도록 지원하는 것이 무엇보다 중요하다. 교사는 유아에게 자연을 가르치기보다는 함께 감탄하고 공감하며 놀이친구가 되어 놀이에 참여하는 것이 바람직하다.
- 숲과 자연에서 볼 수 있는 다양한 동식물에 대해 계절별로 정리하고 아이들과 함께 관찰하고 놀이할 수 있는 내용을 이해하고 있는 것이 중요하다. 숲생태에 대한 이해과 지식은 교사로 하여금 숲교육에 안정감과 자신감을 가지고 임할 수 있게 해주기 때문이다. 교사가 숲에 관심을 가질수록 자연을 더 사랑하게 되고, 아이들과 나눌 수 있는 것도 많아진다.

| 표 7-1 | 숲에서 예상 가능한 자연관찰활동과 놀이

월	예상 가능한 자연관찰활동과 놀이
3	자연의 소리 들어보기, 냉이와 꽃다지, 둥지의 흔적을 찾아서, 썩은 나무에서 곤충 찾기, 개구리 알, 텃새 등
4	제비꽃이 피었어요, 봄노래를 부르는 새들, 진달래와 철쭉, 봄이 되어 만난 나비, 개나리, 봄의 생기, 우리는 한가족 한 나무예요, 나무 키재기, 나무농구
5	손톱보다 작은 좀꽃마리, 애벌레를 찾아라, 귀여운 애기똥풀, 물속에 사는 생물, 찌빗찌빗 박새, 꽃에는 어떤 곤충이 있을까?
6	물가의 꽃창포, 다양한 나뭇잎, 아름다운 벚나무, 꿈틀꿈틀 지렁이
7	별꽃아재비야 반가워! 나뭇잎의 무늬, 맴맴~ 매미, 고사리의 씨앗은 꽃을 피우지 않아도 생겨요
8	토끼풀vs. 괭이밥, 푸른 물푸레나무, 여름의 나비, 꽃에서 조리퐁을 찾아라
9	여뀌야 안녕? 별천지 코스모스, 산딸나무에서 딸기 찾기, 잠자리 날아다닌다. 소금쟁이야 안녕?
10	물봉선 씨앗이 퐁퐁, 오색빛 나뭇잎 색깔, 참나무과의 도토리, 가을숲의 열매, 다람쥐와 청설모,
11	새들의 양식, 열매, 씨앗이 옷에 붙었어요, 낙엽은 왜 떨어질까? 마른풀 놀이
12	국수나무와 국수, 겨울새 먹이 챙기기, 씨앗이 날아가요, 나뭇잎이 뾰족하면 소나무일까? 아름다운 눈 결정체
1–2	겨울에 살아있는 식물의 모양, 다양한 겨울눈, 동물의 발자국을 찾아라, 나무들의 나이테, 곤충들은 어떻게 겨울을 날까?

출처: 신지연 · 박영욱 · 이주영(2014).

생각해보기

- 유아교육기관에서 영유아들과 놀이할 수 있는 되살림 놀잇감을 생각나는 대로 정리하고, 어떤 놀이를 할 수 있을지 예측해 본다.
- 유아교육기관에서 영유아들과 할 수 있는 다양한 손끝놀이 재료를 찾아보고, 연령별 손끝놀이를 생각해 보자.
- 숲과 자연에서 유아들과 할 수 있는 봄 · 여름 · 가을 · 겨울 계절별 숲체험 놀이를 찾아 계획해 본다.

CHAPTER

08

놀이의 관찰과 기록

1. 관찰과 기록을 통한 놀이이해
2. 놀이 관찰방법
3. 놀이의 흔적 기록하기

CHAPTER 08

놀이의 관찰과 기록

1 관찰과 기록을 통한 놀이이해

유아중심 · 놀이중심 교육과정 운영의 첫 걸음은 영유아의 놀이를 세심히 관찰하는 것으로부터 시작된다. 교사는 관찰한 것을 기록함으로 영유아의 놀이를 다시 한 번 돌아보고 놀이의 의미를 이해하고 해석할 수 있다.

놀이 관찰에서 교사가 자신만의 시각이 아닌 놀이하는 영유아의 시각으로 놀이를 관찰하고 이해하려는 노력은 매우 중요한데(경기도교육청, 2019), 영유아의 놀이를 따라가며 관찰할 때 교사는 현재 유아의 관심과 흥미, 놀이의 주제와 맥락, 놀이수준, 놀이유형 및 또래관계 등에 대해 더 많은 것들을 파악할 수 있다. 교사는 관찰과 기록에서 얻어진 정보를 기초로 적절한 놀이개입의 시기와 상황을 결정하고 놀이를 효과적으로 지원할 수 있다. 또한 놀이관찰을 통해 확보한 개별 영유아의 발달특성은 부모와의 면담에 중요한 정보가 된다. 그러므로 교사가 영유아의 놀이를 지속적으로 관찰하고 기록하는 것은 놀이중심 교육과정 운영에 있어서 매우 핵심적인 교사의 필수 업무이다.

관찰(observation)이란 어떤 것을 마음에 두고 자세하게 살펴보는 것으로 사물의 상태나 현상을 기존의 지식을 사용해서 주의 깊게 자세히 탐색하고 기술하는 활동이다(이소영 · 임재택, 2020). 교사는 영유아의 놀이에 대한 수용적인 태도와 호기심과 흥미를 가지고 깊이 관찰함으로 유아 개인의 놀이특성뿐만 아니라 놀이의 흐름을 파악하여 놀이중심 교육과정을 만들어갈 수 있다. 교사가 영유아의 놀이 속에서 관찰해야 할 내용들은 다음과 같다(경기도교육청, 2019).

- 영유아가 어디에서 놀이하고 있는가? (놀이 공간과 관련된 관찰)
- 영유아가 누구와 놀이하고 있는가? (또래관계와 관련된 관찰)
- 영유아가 무엇을 하며 놀이하고 있는가? (놀이 내용과 관련된 관찰)
- 영유아가 무엇을 가지고 놀이하고 있는가? (놀이 자료와 관련된 관찰)
- 놀이 속에서 어떤 상황이 벌어지고 있는가? (놀이 상황과 관련된 관찰)
- 영유아가 어떤 의사소통을 하고 있는가? (영유아 상호작용과 관련된 관찰)
- 영유아가 어떤 표정과 몸짓을 하고 있는가? (영유아의 비언어적 표현과 관련된 관찰)
- 놀이가 어떻게 이어져 가는가? (놀이 흐름과 관련된 관찰)

교사는 영유아의 놀이 관찰에서 피상적인 바라보는 수준에 그치지 않고, 무엇을 관찰할지 관찰 목적에 맞는 적절한 관찰방법을 사용할 수 있어야 한다. 또한 관찰을 통해 수집한 영유아의 놀이행동의 의미를 정확히 해석하기 위해서는 영유아기 놀이유형과 연령별 놀이발달 특성에 대한 전문적 지식을 갖추는 것이 필요하다. 영유아의 놀이를 정확하게 관찰하고 평가하기 위한 지침은 다음과 같다(Johnson, Christie, & Yawkey, 1999).

첫째, 영유아놀이에 어떠한 측면을 알기 원하는지 관찰의 목적을 정하고, 그 목적에 적합한 관찰방법을 선택한다.

둘째, 영유아가 모든 능력을 발휘할 수 있는 상황에서 충분한 시간을 가지고 관찰한다. 놀이기술이 부족하기보다는 놀잇감이나 시간의 부족으로 높은 수준의 놀이가 이루어지지 않을 수 있기 때문이다.

셋째, 실내 · 외에서 영유아를 관찰한다. 어떤 유아들은 실내놀이에서보다 실외에서 더 높은 수준의 사회 · 인지적 놀이를 나타낼 수 있기 때문이다.

넷째, 영유아가 서로를 알고, 학급환경에 적응하고 친숙하게 되었을 때 관찰한다. 학기 초 낯선 환경에서 유아는 진정한 놀이능력을 제대로 보여주기 어렵기 때문이다.

다섯째, 개별 유아의 놀이행동과 유형을 정확하게 파악하기 위해서는, 영유아의 놀이를 오랜 기간 지속적으로 관찰한다. 단 하루의 관찰에 의존하여 영유아의 놀이행동을 단정 지어 해석하는 것은 바람직하지 않다. 낯선 친구와 짝이 되거나, 흥미 없는 놀잇감으로 놀이하거나, 질병, 가정에서의 문제 또 다른 일시적인 조건들이 특정한 날의 놀이에 영향을 미칠 수 있기 때문이다.

다음에서는 교사가 활용할 수 있는 다양한 놀이 관찰방법과 유아의 놀이와 배움을 기록하고 평가하는 방법을 제시하고자 한다.

2 놀이 관찰방법

관찰법은 영유아의 놀이행동을 이해하기 위해 가장 오랫동안 활용되어 왔으며, 교사가 실내외에서 손쉽게 활용할 수 있는 방법 중 하나이다. 놀이의 관찰방법에는 특별한 양식 없이 영유아의 놀이행동을 서술식으로 기록하는 일화기록(anecdotal records), 영유아의 놀이행동에 대한 질과 수준을 평가하는 평정척도(rating scale), 영유아의 놀이행동 유무를 쉽고 빠르게 체크할 수 있는 행동목록

(checklist), 영유아의 놀이행동을 정해진 시간 동안 일정한 간격으로 관찰하여 기록하는 시간표집(time sampling method) 등이 있다.

일화기록은 비구조적인 관찰도구로 행동목록이나 평정척도에 비해 관찰시간이 더 소요되지만, 유아의 놀이와 놀이상황에 대해 상세하게 기록할 수 있는 장점이 있다. 한편, 행동목록이나 평정척도는 구조적인 관찰도구로서 관찰과 기록방법이 규정되어 있으며, 쉽고 빠르게 사용할 수 있지만 놀이의 질적인 분석이 어렵다는 단점이 있다. 따라서, 놀이관찰의 목적에 따라 적절한 방법을 선택하여 사용할 수 있으며, 보다 신뢰할만하고 포괄적인 평가를 위해서라면 다양한 놀이관찰방법을 몇 가지 통합하여 사용하는 것이 바람직하다.

1) 일화기록

일화기록이란 영유아의 놀이가 발생하는 동안 또는 발생 직후 이를 기록하는 방법으로, 영유아 개인의 구체적인 놀이행동을 자세히 기록할 수 있다는 장점이 있다. 기록 시 유의점을 살펴보면, 놀이를 관찰 즉시 기록하고, 놀이행동은 순서대로 기록하며, 영유아의 말과 행동을 사진을 찍듯이 사실 그대로 기록한다. 영유아의 대화는 대화체 그대로 “”표를 넣어 기록한다. 또한 날짜, 관찰시각, 놀이상황, 기본적 활동에 대한 정보가 포함되어야 한다. 일화기록법의 예는 다음과 같다.

| 표 8-1 | 일화기록의 예

유아명	○○○	생년월일	14.09.19	성별	여	관찰 교사	○○○
일시/장소	유아 놀이 관찰 내용 및 상황 설명			놀이 이해			
2020.6.15.(월) 10:45~11:00 (15분) 장소: 뭐든지 상상놀이터 (황토놀이)	다른 학급 유아들이 미리 만들어 놓은 두 개의 동굴에 유아들이 모여 있다. 친구들이 동굴에서 놀이하는 것을 관찰하던 ○○가 "내가 도와줄까?"라고 먼저 말하자, 친구가 "그래. 여기 구멍을 더 파줘."라고 대답한다. 친구의 말을 들은 ○○가 "여기 구덩이 두 개를 연결하고 있어."라고 이야기하며 모종삽을 이용해 굴을 더 깊게 판다. 굴을 계속 파며 "이 동굴을 저 동굴이랑 연결할거야!"라고 이야기한다.			발달영역: 신체발달, 사회성발달 - 친구들이 미리 만들어 놓은 동굴 두 개를 연결하는 놀이를 하는 모습을 관찰할 수 있었다. (신체운동 · 건강〉신체활동에 참여하기〉자발적으로 신체활동에 참여하기) - 혼자 놀이하는 것이 아닌 친구들과 협동하며 놀이를 즐기는 모습을 볼 수 있었다. (사회관계〉다른 사람과 더불어 생활하기〉공동체에서 화목하게 지내기) - 먼저 놀이하고 있는 친구들에게 다가가서 "내가 도와줄까?"라고 말하는 것으로 보아 공동체에서 함께 놀이하는 것을 즐기는 것으로 이해할 수 있다. 놀이지원: ○○가 다양한 친구들과 놀이할 수 있도록 지원하여야겠다. (다른 반, 다른 연령과 함께 놀이하기, 교우관계도 파악하여 관계가 적은 친구들과 활동 참여 제공)			
2020.7.3.(금) 10:30~10:40 (10분) 장소: 새롬이반 교실	놀이 정리를 알리는 교사의 말을 들은 ○○와 친구들이 대화를 나누고 있다. ○○는 "친구들에게 "6이랑 7사이가 5분이야."라고 이야기 한다. "그래서 우리는 5분 있다가 정리하는 거야."라고 말하며 교사에게 "맞죠? 선생님? 6이랑 7사이는 5분이지요?"라고 물어본다.			발달영역: 인지발달, 의사소통발달 - 시계 보는 것에 관심이 있으며, 시, 분, 초의 개념을 알고 있다. (자연탐구〉수학적 탐구하기〉수와 연산의 기초 개념 알아보기) - 자신이 알고 있는 내용을 친구와 공유하는 것을 좋아한다. 친구에게 차근차근 자신 있게 말할 수 있으며, 모르는 것이 있으며 교사에게 물어보아 궁금증을 해결한다. (의사소통〉말하기〉느낌, 생각, 경험 말하기) 놀이지원: 시간개념에 관심을 가지는 ○○를 위해 시, 분, 초에 대해 알아보는 놀이를 계획하여 지원해 주어야겠다. (시계 만들기, 타이머 제공)			

2) 행동목록법(checklist)

행동목록법은 관찰하고자 하는 특정 행동 또는 발달특성이 나타나는지 여부를 표시하는 방법이다. 관찰하고자 하는 발달수준 또는 행동을 미리 작성하고 미리 준비한 관찰목록에 '✓'로 표시하거나 '예/아니오'로 기록하기 때문에 체크리스트(checklist)라고도 하며, 관찰시간을 절약할 수 있다. 행동목록법은 영유아의 특정 행동의 출현 여부에 관심을 가지고 현재 상태를 파악하고자 할 때 유용하다.

| 표 8-2 | 영유아의 또래 유능성 척도

관찰대상		관찰자	
생년월일		관찰일시	

다음의 행동이 관찰되면 '예', 관찰되지 않으면 '아니오'에 표시하시오.

문항	예	아니오
1. 다른 유아들과 놀이나 활동을 주도한다.		
2. 다른 유아들의 이야기를 잘 들어준다.		
3. 다른 유아들에게 인기가 많다.		
4. 다른 유아들에게 자신의 의견을 명확하게 표현한다.		
5. 다른 유아와 갈등을 경험할 때 타협을 잘 한다.		
6. 다른 유아들이 이 유아를 좋아한다.		
7. 다른 유아들에게 효과적으로 자기 주장을 한다.		
8. 다른 유아에게 양보를 잘 한다.		
9. 다른 영유아들이 이 유아와 함께 놀고싶어 한다.		
10. 다른 유아들과의 놀이를 재미있게 이끌어간다.		
11. 장난감이나 교구를 다른 유아들과 사이좋게 나누어 쓴다.		
12. 여루 유아들과 고루 친하게 지낸다.		
13. 다른 유아들이 따라 할만한 놀이나 활동을 제안한다.		
14. 어려움에 처한 유아를 잘 도와준다.		
15. 다른 유아에 비해 친구가 많다.		

출처: 강은선(2010). 영유아의 또래유능성과 유치원 적응과의 관계. 한국교원대학교 교육대학원 석사학위 논문.

3) 평정척도(rating scale)

평정척도는 영유아의 놀이를 충분히 관찰한 후에 그 결과를 몇 등급(예 1, 2, 3, 4, 5)으로 구분해서 평가하는 방법으로 유아 놀이행동의 정도와 질에 대한 평가가 가능하다. 여기서는 유아의 상호작용적 또래놀이 척도와 놀이성 척도를 소개한다.

(1) 상호작용적 또래놀이 척도

상호작용적 또래놀이 평정척도(Penn Interactive Peer Play: PIPPS)는 놀이 시 유아 간에 일어나는 상호작용의 양상과 질을 평가하고 적절한 교사의 지원을 수립하기 위해 사용하는 척도이다(김희태 외, 2020). PIPPS는 Head Start프로그램에 참여하는 미국 저소득층 흑인가정 유아들의 놀이 질을 평가하기 위해서 Fantuzzo, Sutton-Smith, Coolahan, Manz, Canning과 Debnam(1995)이 개발한 도구이다.

PPIPS의 국내 적용을 위해 최혜영과 신혜영(2008)이 타당화 검증을 통해 놀이상호작용(9문항), 놀이방해(13분항), 놀이단절(8문항) 총 30문항으로 재구성하였다. 척도의 하위영역을 살펴보면, '놀이상호작용'은 놀이 활동 시 다른 어린이를 돕고 창의력을 발휘하여 다른 유아들의 놀이참여를 격려하는 행동, '놀이방해'는 진행 중인 놀이를 방해하고 다른 유아들을 공격하는 반사회적 행동, '놀이단절'은 또래놀이에 참여하지 않거나 참여하기를 거부하는 행동을 의미한다. PPIPS는 교사가 최근 2개월 동안 유아가 유치원 자유놀이 상황에서 보이는 놀이행동을 관찰한 결과를 기초로 평정한다.

| 표 8-3 | 상호작용적 또래놀이 척도

	문 항 내 용	전혀관찰되지 않음 1	드물게 관찰됨 2	자주 관찰됨 3	매우 자주 관찰됨 4
놀이 상호작용 (9)	친구의 행동을 예의바르게 지시해 준다.				
	친구와 놀이하면서 이야기를 만들어가며 놀이한다.				
	친구와 창의적인 생각을 첨가하며 놀이를 지속한다.				
	친구를 돕는다.				
	친구에게 함께 놀자고 한다.				
	친구 사이의 갈등해결을 돕는다.				
	친구와의 놀이에서 긍정적인 감정을 표현한다.				
	다치거나 슬퍼하는 친구를 위로한다.				
	놀이에서 순조롭고 융통성이 있다.				
놀이 방해 (13)	친구의 놀잇감을 빼앗는다.				
	친구와 놀잇감을 나누지 않는다.				
	친구에게 언어적 비난을 한다.				
	친구의 물건이나 놀이감을 부순다.				
	차례를 지키지 않는다.				
	친구의 놀이를 방해한다.				
	친구와의 상호작용에서 신체적 공격성을 보인다.				
	친구들이 제안한 아이디어를 거부한다.				
	몸싸움이나 말싸움을 한다.				
	친구들에게 반대하거나 따르지 않는다.				
	놀이를 초대받았을 때 거절한다.				
	친구와의 상호작용에서 울거나 징징거리거나 화를 낸다.				
	친구의 잘못을 고자질한다.				

놀이 단절 (8)	놀이집단 밖에서 주의를 배회한다.				
	목적 없이 어슬렁거린다.				
	놀이에서 혼란스러워한다.				
	놀이를 시작할 때 도움이 필요하다.				
	위축되어 있다.				
	다른 친구들에게 무시를 당한다.				
	다른 친구에게 거부당한다.				
	행복해 보이지 않는다.				

출처: 최혜영 · 신혜영(2008).

(2) 놀이성 척도

놀이성 평정척도(Children's Playfulness Scale: CPS)는 유아의 놀이성을 평정하기 위해 Barnett(1991)이 Liberrman(1965)의 놀이성 구성요소를 중심으로 개발한 척도다. 놀이성은 유아들이 놀이할 때 유머러스한 태도를 가지고 자발적이고 즐겁게 참여하는 성향 또는 태도를 의미한다(김희태 외, 2020). 유아의 놀이성을 측정함으로 유아의 놀이행동, 성격특성과 발달상황을 파악할 수 있으며 평정결과는 관찰 유아를 위한 놀이지도방법 및 놀이환경 제공을 위해 활용될 수 있다.

놀이성 평정척도는 총 5개의 하위영역으로 신체적 자발성(4문항), 사회적 자발성(5문항), 인지적 자발성(4문항), 즐거움의 표현(5문항), 유머감각(5문항)으로 총 23문항으로 구성되어 있다. 하위영역의 '신체적 자발성'은 놀이활동 중 다양한 신체부위를 활기차게 움직이며 활동하는 정도이며, '사회적 자발성'은 놀이 시 또래들과의 협력과 주도적 역할을 하는 정도, '인지적 자발성'은 놀이하는 과정에서 유아가 상상력을 발휘하고 창의적으로 놀잇감을 사용하는 정도, '즐거움의 표현'은 놀이 중 유아가 나타내는 기쁨, 즐거움, 성취감 정도, '유머감각'은 같이 놀이하는 친구들과 재미있고 우스운 이야기를 하며 즐기는 정도를 측정한다. 놀이성 척도는 5

점 Likert척도(1점: 전혀 그렇지 않다, 2점: 약간 그렇다, 3점: 대체로 그렇다, 4점: 많이 그럴 것이다, 5점: 정말 그렇다)이며 점수가 높을수록 유아의 놀이성이 높은 것을 의미한다.

| 표 8-4 | 놀이성 척도

	문항내용	전혀 그렇지 않다 1	그렇지 않다 2	보통이다 3	그렇다 4	매우 그렇다 5
신체적 자발성 (4)	놀이를 할 때 각 신체기관 간의 협응이 잘된다.					
	놀이하는 동안 활발하게 신체를 움직인다.					
	놀이를 할 때 조용하기보다는 활동적으로 놀이하는 것을 좋아한다.					
	놀이할 때 뛰고 달리는 등 많이 움직인다.					
사회적 자발성 (5)	놀이하는 동안 다른 유아들의 참여를 쉽게 수용한다.					
	놀이할 때 다른 유아들과 어울리려고 노력한다.					
	다른 유아들과 협동적으로 놀이한다.					
	다른 유아들과 놀잇감들을 나누어 함께 놀이한다.					
	다른 유아들과 놀이할 때 주도적이다.					
인지적 자발성 (4)	자신만의 독특한 놀이방법을 만들어 낸다.					
	정해진 틀에 얽매이지 않고 자유롭게 놀잇감을 사용한다.					
	놀이를 할 때 다양한 역할들을 하고자 한다.					
	한 활동만 고집하지 않고 활동들을 바꾸어가며 놀이한다.					
즐거움의 표현 (5)	놀이하는 동안 즐거움을 표현한다.					
	놀이하는 동안 만족감을 표현한다.					
	놀이에 열중한다.					
	놀이하면서 감정을 자유롭게 표현한다.					
	놀이를 하면서 노래를 부르고 이야기한다.					

유머감각 (5)	놀이할 때 다른 아이들과 우스운 이야기하기를 좋아한다.					
	놀이할 때 다른 유아들과 장난치는 걸 좋아한다.					
	놀이할 때 재미있는 이야기를 잘한다.					
	재미있는 이야기를 들으면 잘 웃는다.					
	유머스럽고 재미있게 행동한다.					

출처: Barnett(1991).

4) 시간표집법(time sampling method)

시간표집법은 관찰하고자 하는 행동을 일정한 시간 내에 얼마나 자주 발생하는지를 관찰하는 방법이다. 관찰하고자 하는 행동을 미리 선정하여 일정한 시간 간격을 두고 반복하여 영유아의 행동을 관찰해 기록한다.

영유아의 사회 · 인지적 놀이행동을 동시에 평가하기 위해 개발된 놀이관찰척도(Play Observation Scale: POS)는 대표적인 시간표집법 중 하나이다. 놀이관찰척도(POS)는 Rubin, Maioni 그리고 Homung(1976)가 Parten(1932)의 사회적 놀이 범주와 Piaget(1962), Smilansky(1968)의 인지적 놀이 범주를 통합하여 만들었으며, 이후 Rubin(1989)이 수정보완하였다.

놀이관찰 척도 사용방법을 다음과 같다.

- 관찰자는 관찰 시작전에 관찰 행동의 조작적 정의에 대해 익힌다. 놀이관찰 척도의 세부내용은 다음과 같다.

| 표 8-5 | 놀이관찰 척도의 세부내용

사회적 놀이	혼자놀이	다른 유아들과 이야기할 수 있는 거리만큼 떨어져서 혼자서 놀이하는 것
	병행놀이	다른 유아와 아주 가까운 거리에서 놀이를 하거나 다른 유아가 하는 유사한 놀이를 하지만 상호작용을 나누려고 시도하지 않는 것
	집단놀이	다른 유아들과 공동의 목표에 따라 사회적 상호작용을 나누며 참여하는 놀이
인지적 놀이	기능놀이	사물을 가지고 또는 사물 없이 단순히 신체를 반복적으로 움직이면서 하는 놀이
	구성놀이	무언가를 만들고 구성하는 놀이
	역할놀이	일상생활 속 다양한 상황을 극화하거나 사물을 이용해 가상화하는 놀이
	규칙있는 게임	사전에 정해진 규칙에 따라 경쟁적인 게임형태의 활동에 참여하는 놀이
비놀이 행동	책읽기, 몰입하지 못하는 행동, 쳐다보기, 한 활동에서 다른 활동으로의 전이행동, 대화, 공격적인 행동, 소란스러움	

출처: 김희태 외(2020).

- 관찰 대상 유아이름을 기입하고, 관찰대상 유아의 놀이행동과 놀이가 이루어지는 맥락을 파악하기 위해 30초가 관찰 대상 유아들의 놀이를 주의깊게 살펴본다.
- 관찰지에 처음 적혀있는 유아 1을 15초간 관찰한 후 관찰한 행동이 어느 범주에 속하는지를 판단하여 5초간 기록한다. 그 다음 유아2를 15초간 관찰하고 5초간 기록하는 형식으로 진행한다.
- 만일 관찰 유아가 1개 이상 범주에 속하는 행동을 보이면, 더 오랫동안 나타난 대표놀이행동을 중심으로 기록한다.
- 유아 이름이 적힌 순서대로 돌아가며 관찰한다.
- 한 번에 관찰하는 유아의 수는 3~5명이 적절하다.
- 관찰대상 유아가 다른 유아들과 집단놀이, 대화, 공격적인 행동 등을 한다면, 상대방 유아의 이름을 관찰기록지 오른쪽에 적어서 기록한다.

| 표 8-6 | 유아의 놀이관찰 척도

유아의 사회인지적 놀이행동 기록

관찰일시: 관찰자:

관찰유아 1: 생년월일: (남, 여)
관찰유아 2: 생년월일: (남, 여)
관찰유아 3: 생년월일: (남, 여)
관찰유아 4: 생년월일: (남, 여)

	혼자놀이				병행놀이				집단놀이				비놀이					
	기능놀이	구성놀이	역할놀이	규칙 있는 게임	기능놀이	구성놀이	역할놀이	규칙 있는 게임	기능놀이	구성놀이	역할놀이	규칙 있는 게임	전이	비몰입 행동	방관자적 행동	공격적행동	교사와의 대화	또래와의 대화
관찰유아 1 이름:																		
1																		
2																		
3																		
4																		
5																		
6																		
7																		
8																		
9																		
10																		
11																		
12																		
13																		
14																		
15																		
관찰유아 2 이름:																		
1																		
2																		
3																		
4																		
5																		
6																		
7																		

3 놀이의 흔적 기록하기

놀이중심 교육과정의 핵심은 놀이를 통한 유아의 배움을 지원하는 것이다. 교사는 유아의 놀이, 일상생활, 활동을 잘 관찰하고 기록함으로 이를 기초로 유아의 배움을 지원할 수 있다. 기록하기는 교사가 영유아의 놀이를 따라가면서 유아의 놀이를 읽고 해석하기 위해 반드시 필요한 과정이다. 교사가 유아의 놀이를 따라간다는 것은 유아가 놀이에서 무엇을 경험하고 배우는지, 어떻게 놀이하고 배우는지, 놀이를 어떻게 만들고 이어가는지를 이해하는 것(교육부 · 보건복지부, 2019: 29)이다.

놀이의 내용을 기록할 때 교사는 놀이 전체의 흐름이 보이도록 기록할 수도 있고 놀이에 의미가 있다고 생각하는 일부만을 기록할 수도 있다. 반드시 놀이의 시작부터 끝까지 모두 기록해야 하는 것은 아니며, 교사는 유아의 놀이경험에 대하여 짧은 2~3줄의 문장이나 몇 장의 사진 등을 남길 수 있다(교육부 · 보건복지부, 2019c). 교사의 판단에 따라 놀이의 전체 흐름이 보이도록 기록하거나, 영유아의 의미 있는 경험이 나타나는 놀이의 순간을 기록, 놀이 속에서 나타난 문제를 해결하는 순간 또는 놀이 속에서 갈등이 나타나고 해결하는 순간 등을 기록할 수 있다(경기도교육청, 2019).

놀이 기록은 다양한 방법을 사용할 수 있는데 반드시 저널 기록 등의 관찰방법의 형내기 아니더라도 간단한 메모, 사진, 동영상, 녹음, 작품 수집 등 여러 가지 방법을 활용할 수 있다. 즉, 간단한 메모지에 영유아의 놀이를 약기로 기록하는 것, 놀이 순간을 사진으로 남기거나 동영상을 촬영하는 것, 영유아의 끼적임과 그림 등을 수집하는 것 모두가 관찰방법으로 사용될 수 있다(경기도교육청, 2019).

유아 · 놀이중심 교육과정을 추구하는 2019 개정 누리과정에서는 '놀이가 배움의 내용, 방식, 과정이므로 놀이를 통해 유아의 배움을 이해할 수 있다'는 점을 강조하고 있다. 교사는 유아의 놀이를 이해하기 위해서 유아의 놀이에 시선을 주고, 주목하고, 의미를 기록할 필요가 있다. 기록을 통해 교사는 개정 누리과정이 어떻게 실행되었는지를 보여줄 수 있기 때문에 '기록은 교사의 교육적 행위'이다(교육부 · 보건복지부, 2019c: 28-29).

특히 개정 누리과정에서는 교육계획보다는 놀이실행을 중요하게 생각한다. 또한 기존의 교육계획안의 틀을 깨고 각 유아교육기관에 맞는 자율적인 기록과 평가의 틀을 개발하여 사용할 것을 권유하고 있다. 따라서 이 절에서는 유아의 놀이를 따라가며 한 달간 유아의 놀이흔적을 기록한 '월간 놀이실행안의 예'와 한 주간의 놀이흔적의 기록 그리고 하루일과 속에 영유아의 놀이흔적을 기록할 수 있는 다양한 방법의 예를 소개하고자 한다.

1) 월단위로 영유아의 놀이 흔적 기록하기

기존의 월간 교육계획은 생활주제중심의 연간교육계획안에 근거하여 대소집단 활동과 자유선택놀이가 전개된다. 이와 같은 수제중심 교육계획인에서는 교사의 계획이 선행되고, 유아의 활동이 뒤따르지만 놀이중심 교육계획에서는 유아의 놀이가 먼저 실행되고 교사의 지원이 뒤따르기 때문에 '교육계획안'이 아닌 '놀이 실행안'의 개념으로 기록할 수 있다.

우선 한 달간 영유아의 발현적인 자유놀이를 따라 교사가 안내한 놀이와 계획한 놀이의 흐름을 지도(map)로 작성해 본다. 특히 교사가 안내한 놀이와 계획한 놀이는 노란색으로 표시해서 유아의 발현적인 놀이에 교사가 어떻게 지원하였는지 놀이를 분석해 볼 수 있다.

7월 놀이실행 지도(map)

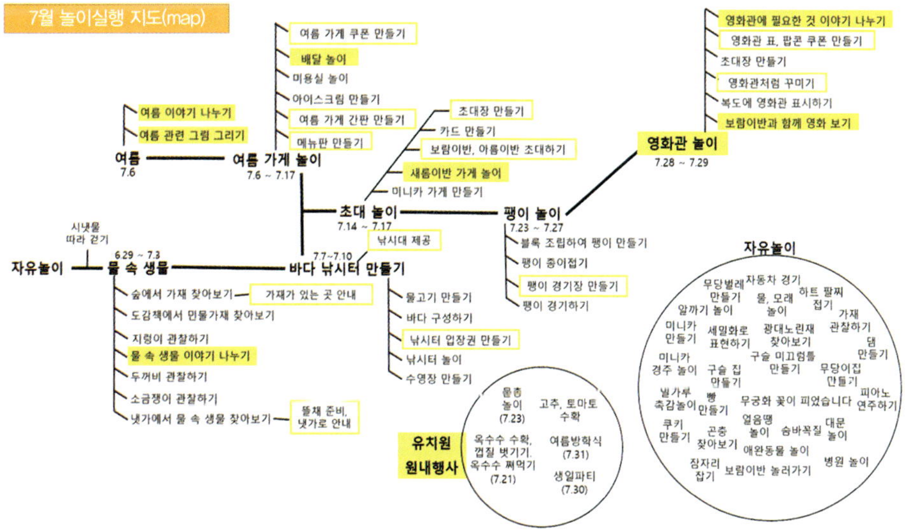

7월 놀이실행안 세부안

유아의 자발적 놀이

숲에서 가재 찾아보기
지렁이 관찰하기
두꺼비 관찰하기
소금쟁이 관찰하기
냇가에서 물 속 생물 찾아보기
미용실 놀이
아이스크림 가게 놀이
초대 카드 만들기
미니카 가게 만들기
낚시터 물고기 만들기
바다 만들기
낚시터 놀이
수영장 만들기
블록 조립하여 팽이 만들기
팽이 종이접기
팽이 경기하기
영화관 초대장 만들기
복도에 영화관 표시하기
무당벌레 만들기
자동차 경기
하트 팔찌 접기
가재 관찰하기
광대노린재 찾아보기
댐 만들기
도감 책에서 민물 가재 찾아보기
구슬 미끄럼틀 만들기
구슬 집 만들기
알까기 놀이
무당이 집 만들기
피아노 연주하기
대문 놀이
병원 놀이
애완동물 놀이
보람이반 놀러가기
잠자리 잡기
쿠키 만들기
밀가루 촉감 놀이
클레이로 빵 만들기
무궁화 꽃이 피었습니다
얼음땡 놀이
미니카 만들기
미니카 경주 놀이

안내된 놀이

여름 가게 쿠폰(OHP 필름 제공)
간판에 필요한 내용 함께 알아보기
가재가 있는 곳으로 안내
뜰채 준비
가재가 있는 냇가로 안내
자석 낚시대 제공
입장권에 필요한 요소 알려주기
영화관 쿠폰, 팝콘 쿠폰 틀 제공
천으로 영화관처럼 함께 구성하기

교사 지시적 놀이

여름 이야기 나누기
여름 관련 그림 그리기
배달 놀이
새롬이반 초대 놀이
영화관에 필요한 것 이야기 나누기
보람이반과 함께 영화 보기
물총 놀이
텃밭 수확(옥수수, 고추, 토마토)
옥수수 껍질 벗기기
생일축하파티
여름방학식

그림 8-1 놀이중심 교육과정에서의 '월간 놀이 실행안'의 예

2) 주간단위로 영유아의 놀이흔적 기록하기

기존의 월 · 주간교육계획은 연간 교육계획에 기초하여 생활주제와 소주제, 주제의 분류에 따라 월 · 주간동안 이루어지는 대소집단 활동과 자유선택활동이 빼곡하게 계획되고, 주로 금요일에 가정으로 배부되어지는 형식이었다. 한편, 놀이중심 교육과정에서는 월간 또는 일주일간 아이들의 놀이의 흔적을 기록하여 '한 달 놀이 이야기' 또는 '한 주간 놀이 이야기'등의 이름으로 가정에 배부할 수 있다. 다음의 예는 한 주간의 영유아들의 놀이 흔적을 기록한 예이다.

기쁨이반의 놀이 이야기

11월 4주

가을이 되어 잎과 나무들이 바짝 마른 숲에서의 어느 날.
기쁨이반은 숲에서 부러진 나무들을 발견했어요.

기쁨이반 나무꾼 이야기♥

아이들은 나무를 하나씩 모으기 시작했지요.
작은 나뭇가지를 여러 개 줍는 친구도 있고,
내 키 만큼 큰 나뭇가지를 옮기는 친구도 있었고,
친구와 함께 힘을 모아 통나무를 옮기기도 했지요.
"나무로 집을 만들면 좋겠어요!", "우와! 진짜 멋지겠다!"
아이들의 말로 시작된 집 만들기 놀이. 궁금하셨죠?

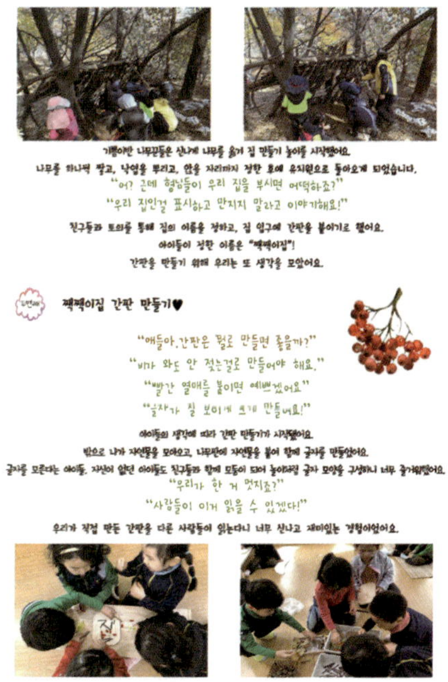

기쁨이반 나무꾼들은 신나게 나무를 옮겨 집 만들기 놀이를 시작했어요.
나무를 하나씩 쌓고, 낙엽을 뿌리고, 앉을 자리까지 정한 후에 유치원으로 돌아오게 되었습니다.
"어? 근데 형님들이 우리 집을 부시면 어떡하죠?"
"우리 집인걸 표시하고 만지지 말라고 이야기해요!"
친구들과 토의를 통해 집의 이름을 정하고, 집 입구에 간판을 붙이기로 했어요.
아이들이 정한 이름은 "짹짹이집"!
간판을 만들기 위해 우리는 또 생각을 모았어요.

짹짹이집 간판 만들기♥

"얘들아, 간판은 뭘로 만들면 좋을까?"
"비가 와도 안 젖는걸로 만들어야 해요."
"빨간 열매를 붙이면 예쁘겠어요"
"글자가 잘 보이게 크게 만들어요!"
아이들의 생각에 따라 간판 만들기가 시작됐어요.
밖으로 나가 자연물을 모아오고, 나무판에 자연물을 붙여 함께 글자를 만들었어요.
글자를 모른다는 아이들, 자신이 없던 아이들도 친구들과 함께 모둠이 되어 놀이처럼 글자 모양을 구성하니 너무 즐거워했어요.
"우리가 한 거 멋지죠?"
"사람들이 이거 읽을 수 있겠다!"
우리가 직접 만든 간판을 다른 사람들이 읽는다니 너무 신나고 재미있는 경험이었어요.

그림 8-2 한 주간 놀이이야기의 예

3) 하루의 영유아의 놀이 흔적 기록하기

놀이중심 교육과정에서는 유아의 하루일과 속에 놀이의 흐름을 기록하는데, 결과보다는 과정에 주목하여 다양한 방식으로 기록할 수 있다. 일과 중 관찰한 내용을 메모지에 핵심 단어 위주로 짧게 기록을 남기고 일과 후 상세한 내용을 보완할 수도 있고, 일일계획안의 평가란이나 일지 양식을 변형하여 관찰 및 평가 내용을 기록할 수도 있다(교육부 · 보건복지부, 2019c). 다음은 저널형식의 놀이기록, 간단한 메모의 놀이기록, 사진으로 남긴 놀이기록의 예(경기도교육청, 2019)들이다.

① 저널형식으로 놀이기록을 나타낸 예

0000년 00월 00일 0요일	
놀이의 흐름	교사가 계획한 '공'주제를 진행하던 중 유아들이 공처럼 둥근 구슬을 찾아냈다. 공처럼 굴려보자고 제안했으나 아이들은 구슬길 만들기에 더 큰 흥미를 보였다. 아이들의 흥미를 반영해 다양한 재료로 길을 만들 수 있도록 지원해 주었더니 교사가 예상한 것보다 더 다채로운 형태의 구슬길이 나타나고 있다. <어제의 놀이> 교실 바닥에 종이테이프를 활용하여 평면으로만 구슬길 만들기를 하던 유아들이 이제 OHP필름을 말아놓은 것, 휴지심, 나무블록 등을 이용하여 구슬이 굴러가는 여러 가지 길 만들기를 시도하고 있다.
오늘의 놀이 흔적	"선생님, 나는 점프하는 길을 만들 거예요. 여기에 테이프 붙이는 거 도와주세요." "구슬이 이렇게 내려와서 이렇게 여기서 슝~ 점프하는 거예요." 00이는 구슬이 경사로를 따라 내려와 구슬이 점프해서 가는 길을 만들고자 창문에 길을 연결했다. 연결한 후에 구슬을 굴렸는데, 예상 지점에서 구슬이 점프하지 않고 꺾인 부분에서 튕겨져 나갔다.

출처: 경기도교육청(2019). 놀이2019: 놀이로 유아의 삶을 담다.

② 간단한 메모로 놀이기록을 나타낸 예

0000년 00월 00일 0요일

놀이의 흐름

바깥놀이 시간에 우연히 발견한 애벌레 → 교실로 애벌레를 데려가자는 유아들의 제안 → 과학영역에 애벌레를 관찰할 수 있도록 준비 → 과학영역 공간의 부족, 작은 애벌레 관찰의 어려움 발견 → 문제해결을 위한 교사의 지원 필요

출처: 경기도교육청(2019). 놀이2019: 놀이로 유아의 삶을 담다.

③ 사진으로 놀이 기록을 나타낸 예

출처: 경기도교육청(2019). 놀이2019: 놀이로 유아의 삶을 담다.

생각해보기

- 실내 · 외에서 영유아들의 놀이를 30분간 관찰하고 인지 · 사회적 놀이 관찰지에 놀이를 체크하여 어떤 유형의 놀이가 이루어지고 있는지 관찰해 본다.
- 유아의 놀이를 이해하기 위해 놀이의 관찰과 기록은 매우 중요하다. 유아 놀이의 흔적을 기록할 수 있는 다양한 방법을 알아본다.

CHAPTER

09

놀이치료와 치료놀이

1. 놀이치료와 치료놀이의 개념
2. 놀이치료
3. 치료놀이

CHAPTER 09

놀이치료와 치료놀이

1 놀이치료와 치료놀이의 개념

놀이는 아직 언어와 사고가 미숙한 유아들이 긍정적이고 부정적인 내면의 정서를 표현할 수 있는 매체이며 언어 그 자체이다. 이러한 측면에서 놀이는 치료적인 힘을 갖는다. 놀이치료(play therapy)와 치료놀이(theraplay)는 아동을 대상으로 한 심리치료의 독립된 전문영역으로 '놀이의 치료적 힘'을 활용하여 유아들의 심리적인 치료를 돕는다.

놀이치료는 훈련된 치료자가 심리적 문제를 가진 내담자를 돕기 위해 놀이의 치료적 요인을 체계적으로 적용시키는 대인관계의 과정(Schaefer, 1986)이다. 즉, 유아가 놀이치료사와의 안전한 관계 속에 아무에게도 방해받지 않는 특별한 공간에서 자신의 정서적인 문제나 내면의 상처를 놀이를 통해 자유롭게 표출하면서 심리적 어려움을 극복해 가는 치료자와 유아 간의 역동적인 대인관계를 말한다(김광웅, 김화란, 2006).

반면, 치료놀이는 관계를 중심으로 한 애착 이론에 기초하고 있으며, 건강한 부모-자녀 간의 상호작용을 반복하여 경험하게 함으로 유아의 심리적 문제를 치료한다. 놀이치료실에는 유아의 다양한 정서를 표상하고 표출하는 여러 가지 놀잇감이 준비되지만, 치료놀이는 특별한 놀잇감 없이 치료자와 유아 간의 격렬하고 집중적인 상호작용을 경험하는 단기적이고 집중적인 심리치료 접근이다(윤미원 · 김윤경 · 신현정 · 전은희 · 김유진 역, 2011). 본 장에서는 놀이치료와 치료놀이에 대한 이해를 돕고자 한다.

2 놀이치료

1) 놀이치료의 역사

놀이치료란 놀이활동을 주 매체로 활용하여 아동이 가지고 있는 심리적인 문제를 스스로 극복하고 최적의 발달을 이루도록 도와주는 치료의 한 가지 형태를 말한다. 놀이치료의 역사는 1909년 Freud로 거슬러 올라가는데 Freud는 한스라는 어린 소년을 그의 아버지를 통해 심리 치료하였다. Freud는 아동의 치료과정에서 정서적인 갈등과 좌절은 정신 치료적 방법을 통해 해결될 수 있다는 가능성을 소개하였다. 1919년 Hug-Hellmuth가 놀이상황을 아동의 정신치료에 도입한 것이 놀이치료의 기원으로 알려져 있다. 이후 1920년대 A. Freud는 최초로 아동을 관찰하고 진단하는 데 놀이를 사용하였다. 특히, Kelin은 놀이 고유의 독자적인 치료적 가치를 인정하여 '놀이치료'라는 용어를 처음으로 사용하였다. 놀이치료에서 가장 중요한 발전은 Virginia Axline에 의한 비지시적 놀이치료의 등장이다. Axline은 Carl Rogers의 비지시적, 내담자 중심의 상담접근을 아동을 위한 놀이치료에 접목하였다. Axline이 시작한 놀이치료방법은 아동중심 또는 비지시적 놀이치료라고 하는데, 이는 '아동은 근본적으로 자아 성장을 위해 스스로 노력하는 존재'라는 믿음에 기초하기 때문이다.

1950년대 이후 놀이치료에 대한 새로운 이론과 기법이 개발되고 활발하게 전개되었다. Bernard Guerney(1964)는 인간중심 상담이론과 아동중심 놀이치료를 바탕으로 '부모놀이치료(filial play therapy)'를 개발하였다. 이 기법에서는 부모를 치료적 대행자로 훈련시켜서 놀이치료 과정에 직접 참여시킴으로, 부모와 자녀관계를 강화하고 양육문제를 극복하여 유아의 심리적 문제를 치료하도록 하였다. 이후 Brody(1978)는 '발달놀이치료'를 개발하였는데 이 접근법은 애착이론, 자아심리학이론과 대상관계이론을 기초로 아동이 초기의 양육자와 '신체적 접촉'을 통해 안정된 애착관계를 경험하고 재형성하는 데 초점을 두었다. 이 기법은 Jernberg (1979)에 의해 치료놀이(theraplay)로 발전하였다. 치료놀이는 발달놀이치료보다 더 신체적 접촉을 중요시하는 강렬하고 활동적인 단기적인 치료방법이다.

1980년대 이후 놀이치료는 다양한 상담이론과 심리치료 이론들을 근거로 큰 발전으로 하였으며, 전 세계적으로 각광받게 되었다. 놀이치료는 초기에는 정신분석적, 인본주의 입장에서 시작, 발전되었고 점차 행동주의나 인지행동주의적 관점으로 발전되었으며, 최근에는 치료의 효과를 극대화시키기 위해서 한 이론에 치우치기보다 아동의 증상에 맞게 여러 가지 이론과 기법들을 절충적으로 사용하는 추세이다.

2) 놀이치료의 대상

유아기는 급속한 성장과 발달이 이루어지는 시기이기 때문에 부적응이나 이상행동을 보이는 유아들뿐만 아니라 정상적인 유아들도 놀이치료의 대상이 될 수 있다. 급변하는 현대사회에서 아동들은 어느 때보다도 더 많은 갈등상황과 스트레스에 직면하고 있으며 이에 따라 다양한 문제행동을 보이는 아동이 증가하고 있다.

놀이치료의 대상이 되는 아동의 문제행동은 크게 외현적 문제행동, 내면적인 문제행동 그리고 발달상의 문제로 나누어 볼 수 있다. 외현적 문제행동은 공격성, 산만함, 파괴적인 행동이 밖으로 표현되는 것을 의미한다. 내면적 문제행동은 소극적, 내성적, 수줍음을 많이 타며 위축된 행동 등을 보이는 것이다. 발달상 문제행동이란 아동이 자신의 연령에 맞지 않게 신체적, 정신적, 정서적으로 너무 느리기나 빠르게 발달하는 것을 말한다. 일반적으로 놀이치료가 필요하다고 판단되는 유아들의 부적응 행동은 주의산만한 아동, 공격적이고 혼란스럽고 산만한 아동, 학습에 문제가 있는 아동, 우울하거나 불안이 있는 아동, 공격성, 거짓말, 도벽 등의 문제행동을 보이는 아동, 유아교육기관이나 학교생활에 적응이 안 되는 아동, 틱증상, 야뇨증과 유분증의 증상, 부모자녀관계에 어려움이 많은 아동, 자폐성향이 있는 아동, 발달지연 아동, 외상후 스트레스 장애(PTSD) 등이다.

3) 놀이치료의 이론과 기법

놀이치료에는 다양한 이론과 기법이 존재하는데, 본 장에서는 대표적으로 아동중심 놀이치료, 정신분석 놀이치료, 인지행동 놀이치료를 소개하고자 한다(박찬옥 외, 2015; 장미영 외, 2013; 최석란 외, 2014).

(1) 정신분석학적 놀이치료(Psychoanalytic Play Therapy)

정신분석학적 놀이치료의 기본가정은 아동이 현재 보이는 사고, 감정, 행동은 과거에 경험했던 감정이나 사고에 의해 영향을 받는다는 것으로 아동의 무의식

세계의 갈등을 놀이를 통해 표현하게 하고 치료자의 해석을 통해 아동이 자신에 대한 통찰을 얻고 갈등을 해결해 나가도록 돕는 것에 있다. 치료의 목표는 아동의 무의식을 의식화하고 자아를 강하게 만들어 현실에 맞게 행동할 수 있도록 하는 것이다. 이러한 치료의 과정에서 치료자는 유아가 놀이에 자유롭게 열중하도록 돕고, 스스로 문제를 깨닫고 해결할 수 있도록 돕는 통찰력 있는 조력자가 되어주는 것이다. 무엇보다 아동이 놀이를 통해 보여주는 여러 자료와 정보를 중립적으로 관찰하여 해석해 주는 역할이 중요하다. 대표학자는 Freud, Hug-Hellmuth, Freud, Klein, Levy, Solomon 등이 있다.

(2) 아동중심 놀이치료(Child Centered Play Therapy)

아동중심 놀이치료의 기본가정은 아동 자신이 가장 믿을만한 정보의 원천이며 모든 아동은 자기 자신의 중요한 일들을 스스로 결정하고 해결할 수 있는 능력을 지닌 존재라는 것에 대한 믿음이다. 아동은 놀이를 통해 감정과 경험을 표출하면서 자신을 발견하고 치유해 나갈 수 있다. 그러므로 치료의 목표는 아동의 문제행동을 제거하는 것이 아니라 아동이 잠재적인 자신의 능력을 되찾고 최상의 발달을 돕는 것이다. 즉, 아동이 자아실현을 위해 스스로 노력하도록 돕고 긍정적인 성장을 경험하도록 한다. 치료자의 역할은 아동에 대한 진정한 수용과 이해적인 태도, 아동과의 따뜻하고 우호적인 관계 발달, 안전하고 자유로운 환경을 제공하여 전적으로 유아주도의 놀이가 이루어지도록 하는 것이다. 또한 치료자의 개입은 최소화하고 아동에게 칭찬을 하지 않으며(인간의 부적응과 건강하지 못한 의존은 평가적인 관계패턴에서 비롯된다는 가정), 가능한 질문을 하지 않는데 질문은 아동의 정서가 아닌 인지 세계에 집중하게 만들기 때문이다. 아동중심 놀이치료의 대표적인 학자는 Carl Rogers와 Virginia Axline이다.

3) 인지행동 놀이치료

인지행동 놀이치료(Cognitive-Behavior Play Therapy)는 인지치료 이론에 뿌리를 두고 있다. 인지치료의 핵심 개념은 '인간의 정서와 행동은 사고의 결과'라는 데 있다. 그러므로 내담자의 인지 과정을 변화시킴으로 심리적 고통과 부적응 행동을 줄일 수 있다는 가정을 하고 있다. 인지행동 놀이치료는 이러한 인지적 패러다임 안에 인지적 개입과 행동적 개입을 통합한 것으로 문제행동의 해결에 초점을 두는 구조적이며 단기적인 놀이치료이다. 인지행동 치료에서는 분명한 목표를 설정하는 것이 중요하다. 아동의 부적응 행동은 초기에 교육받은 비합리적인 사고에서 비롯된 것이기 때문에 자신과 타인에 대한 비난을 멈추고 불완전하더라도 자신을 있는 그대로 수용하도록 학습하는 것을 목표로 한다. 즉, 인지행동 놀이치료의 일차 목표는 아동의 증상과 관련된 이러한 부적응적 생각과 사고를 검증하고 수정해 나가는 것에 있다.

치료의 과정에서 치료자와 아동은 교육적이고 협력적 관계를 형성하여 함께 목표를 세우고 문제를 해결해 나간다. 치료자는 놀잇감과 놀이활동을 선택해서 아동에게 이용하는 방법을 가르치며 아동이 보이는 새로운 행동과 이해력을 강화하기 위해 칭찬과 해석을 아끼지 않는다. 또한 아동의 사고와 행동발달을 위한 체계적 둔감법, 셀프 모니터링, 활동 스케줄, 독서치료, 사고의 기록, 모델링, 역할놀이 등의 다양한 전략을 사용한다. 인지행동 놀이치료의 대표학자는 Beck, Skinner, Knell 등이 있다.

	정신분석적 놀이치료	아동중심 놀이치료	인지행동 놀이치료
지시와 목표	치료자는 지시하지 않는다.	지시는 아동에게 강요하는 것이고 아동을 본래 그대로 받아들이지 않는 것이므로 허용되지 않는다.	치료목표가 형성되면 목표에 대한 지시가 개입의 기본
놀잇감과 활동	-참여적 관찰자 -놀잇감이나 활동을 제안하지 않음	아동이 놀잇감, 활동, 놀이방법을 항상 선택	아동과 치료자가 함께 놀잇감과 활동 선택
교육적인 놀이	-놀이는 교육하기 위해 사용하지 않음 -교육은 치료의 목표가 아님	교육은 적절하지 못함 (지시적 형태이므로)	놀이는 기술과 대안적인 행동을 가르치는 데 사용
해석, 연결	해석은 궁극적인 치료의 수단	치료자는 상징적 놀이에 대한 해석을 하지 않으며, 무조건적 수용	치료자가 해석하고 연결할 수 있다. 아동을 위해 갈등을 언어로 표현한다.
칭찬	칭찬은 바람직 하지 못함	칭찬을 해서는 안됨	칭찬은 중요한 요소

4) 놀잇감과 놀이도구

놀이치료에서 놀잇감은 아동의 단어이고 놀이는 아동의 언어이다(장미경 외, 2013). 신중하게 선별한 놀잇감과 놀이도구는 놀이치료의 과정과 관계맺음에 반드시 필요하다. 놀이치료에서 사용되는 놀잇감은 실생활 놀잇감, 창의적인 표현과 정서적 해소를 위한 놀잇감, 그리고 공격성을 표현할 수 있는 놀잇감 등으로 나눌 수 있다. 그 종류로는 젖병, 가족인형, 인형집 가구, 사람, 군인들, 자동차, 비행기, 손인형, 전화기, 가면, 종이, 물감, 크레파스, 마킹펜, 찰흙, 플레이도 점토, 블록, 퍼즐, 공, 고리걸이, 동물인형, 총, 펀치 인형, 각 발달단계에 맞는 다양한 게임 등이 있다.

3 치료놀이

1) 치료놀이의 역사

치료놀이는 1967년 Jenrnberg가 시카고에 치료놀이연구소(Theraplay Institute)를 설립하며 시작되었다. 치료놀이는 과거의 전통적인 정신분석 치료와는 다르게 지금-여기(Here and now)에 초점을 두고 신체적 접촉을 강조하는 단기적 심리치료 방법이다. Jernberg는 Des Lauriers와 발달놀이치료(Developmental Play Therapy)의 창안자인 Brody의 치료방법과 내용을 도입하여 '건강한 부모-자녀 상호작용 모델'을 창안하였다(성영혜, 2000). Jernberg는 Head Start의 저소득층 가족과 아동에게 치료놀이를 적용하며 난기치료의 가능성을 탐색하기 시작하였으며 그 효과를 입증하였다(김수정, 2002). 1980년대 이후 미국 시카고의 치료놀이연구소에서 훈련받은 치료자들에 의해 미국 전역과 캐나다, 호주, 핀란드, 독일, 이스라엘, 한국 등 전 세계의 교사, 심리치료사, 사회복지사 등이 훈련받고 있으며, 세계 각지에 치료놀이 연구소가 설립되어 치료놀이가 더욱 확산되고 있다(김수정, 2002; 이상희, 2008).

2) 치료놀이의 기본목적과 특징

치료놀이의 기본목적은 건강한 부모-자녀관계의 빈복 및 재경험을 통해 안정된 애착관계를 맺고 아동의 문제를 예방하고 치료하는 것이다. 치료놀이에서 놀이란 발달의 초기단계에서의 놀이를 의미한다(성영혜, 2000). 어머니가 매일 아기를 돌보며 아기 목과 엉덩이에 코를 비비고, 배를 불어주고, 노래해 주고, '까꿍놀이'를 해주고, 파우더와 로션을 발라주며 부드러운 터치를 통해 사랑을 전한다. 아이와 달리기를 하며 책상 위에서 엄마의 품으로 뛰어들도록 허용하며 도전하게도 한다. 한편, 위험한 상황이나 물건을 만지지 못하게 한계를 설정하여 제한하는 것도 어머니의 역할이다. 이러한 어머니와의 재미있는 놀이와 스킨쉽을 통해 아기는 안정감과 행복한 흥분을 느끼며 자기 자신과 타인, 세상과의 기본적인 신뢰감을 형성하게 되고, 이 세상은 재미있고 살아볼 만한 사랑이 넘치는 곳으로 인식하게 된다.

무엇보다 치료놀이에서는 치료자 자체가 놀잇감이고 상호작용의 대상이다. 또한 치료놀이에서 치료자는 치료를 시작하고 구조화하며 적극적으로 개입하며 치료에 대한 책임을 지고 치료과정을 이끌어간다. 치료놀이는 다음과 같은 특징을 가진다.

- 구조화되고 격렬하고 집중적이며 육체적이고 개별적임
- 건강한 부모-자녀관계를 형성하는 놀이활동을 사용함
- 치료놀이 활동에서 강조하는 것은 상호작용
- 상호작용의 기본도구는 바로 치료자와 아동

3) 치료놀이의 4가지 원리

치료놀이의 기본원리는 건강한 부모-자녀의 초기관계에서의 상호작용을 모델로 하여 구조화하기(structuring), 개입하기(engaging), 양육하기(nurturing), 도전하기(challengeing)의 4가지 차원이 있으며, 그 외 재미(playfulness)가 추가되어 치료가 진행되는 모든 활동에는 재미의 요소가 강조된다.

(1) 구조화(Structure: 규칙지키기)

아이의 세계는 부모에 의해 시간과 공간에 따라 구조화되고 이로 인해 아이들은 결과에 대한 예측과 안전에 대한 감각을 획득하게 된다. 예를 들어 규칙적인 식사와 수유시간을 비롯하여 위험한 상황에서 부모는 위험한 요소를 제거하고 아이의 위험행동에 제한을 두는 등 건강한 부모라면 자녀를 위해 한계설정을 한다. 이와 같이 건강한 부모-자녀관계를 모델로 하는 치료놀이에서는 각 세션에서 치료자가 활동내용을 계획하고 주도하면서 아이에게 '너는 나와 함께 있어 안전하다'라는 메시지를 전달할 수 있다. 구조화의 요소는 내적 조절능력이 부족한 충동적 아이들 또는 주위의 모든 사람을 자기 마음대로 조절하려는 아이들에게 특히 더 중요하다.

- 활동 예: "셋을 세면 점프해", 파란 사각형 위로만 걷기, 손을 종이위에 따라 그리기, 손탑쌓기- 위/아래, 천천히/느리게, 손을 잡고 배젓기 놀이(row-row-row your boat)

(2) 양육(Nurture: 사랑전하기)

부모들은 다양한 방법으로 아이에 대한 사랑과 돌봄을 표현하며 이를 통해 아이는 스스로 가치 있고 사랑받고 안전하다는 느낌을 경험을 한다. 치료놀이에서는 매회 아이에게 스낵 먹이기, 손이나 발에 상처 난 부위에 파우더나 로션 발라주기, 손바닥 찍기, 아이를 위한 특별한 노래 불러주며 요람 흔들어주기, 안아서 흔들기 등 다양한 활동을 포함하여 아이들에게 특별한 사랑의 정서를 나눈다. 이러한 양육활동은 결핍된 돌봄의 포근함과 정서적 풍족감을 경험하게 하는데, 특히 초기 부모와의 관계에서 거의 사랑받지 못한 유아에게 정서적인 풍족감을 경험하게 함으로 심리적 안전감을 가지도록 도울 수 있다.

- 활동 예: 아이의 상처나 특별한 부분 찾아 보살피기, 주의깊게 살피고 아이에게 당신이 발견한 두 가지 특별한 점을 이야기해주기, 로션으로 이름을 써주거나, 문질러주거나, 예쁜 그림 그리고 발라주기

(3) 도전(Challenge)

치료놀이 세션에서 도전과 관련된 활동은 아동에게 유능함과 자기확신에 대한 느낌을 길러줄 수 있다. 도전활동은 반드시 그 아이의 능력범위 안에서 시작한다. 도전을 통해 실패를 경험하기보다는 오히려 성취감을 맛보게 하기 위한 활동이 되어야 하기 때문이다. 이러한 도전활동을 통해 아동은 '나는 할 수 있어(I can do it!)'이라는 메시지를 받게 된다. 자신의 한계에 부딪쳐 성공을 경험하는 도전활동은 과보호로 인해 소심하고 겁 많고 위축된 아동과 공격적인 아동들에게 더욱 유익하다.

- 활동 예: 레슬링(팔, 다리, 엄지 손가락), 박수치기 게임(쎄쎄쎄, 푸른하늘 은하수 등) 가르쳐주기, 신문지 펀치, 줄다리기, 베게 싸움, 네발로 걸어보기

(4) 개입(Engagement)

치료놀이에서 개입활동은 다양한 자극을 통하여 유아에게 새롭고 즐거운 경험을 제공하는 것이다. 치료자와 새롭고 재미있는 활동을 통해 결과적으로, 유아는 다른 사람과 의사소통하고 친밀감을 형성하고 대인관계적 접촉을 즐길 수 있는 아이로 변화할 수 있다. 치료자와의 강렬하고 즐거운 개입활동은 아동에게 '나와 함께 놀이하니까 재미있지? 다른 사람들과 노는 것은 즐거운 일이야.'라는 메시지를 주게 된다. 개입활동은 매우 위축된 고집 센 아이들 또는 자폐아와 같이 높은 보호막을 치고 있는 회피적 아동들에게 효과적으로 사용될 수 있다.

- 활동 예: 까꿍놀이, 점(주근깨) 세어보기, 숨바꼭질, 아침바람 찬바람에(손뼉치기), 거울 되어보기, 몸에 깃털, 솜공 등을 숨기고 찾아보게 하기, 4부분 악수 만들기, 서로의 뺨 쿡 찌르기

(5) 즐거움(Playfulness)

치료놀이의 모든 활동들은 게임을 통해서나 아이들이 쉽게 참여할 수 있는 재미있는 방법들로 이루어진다. 재미의 요소는 놀이치료 활동에 매우 중요한 요소이다.

4) 치료놀이의 대상

건강한 부모-자녀 상호작용에 기반을 둔 치료놀이는 영아기부터 청소년기까지 모든 연령에 적합하다. 그러나 특히 아래와 같은 문제행동을 가진 아동들에게 더욱 효과적으로 활용될 수 있다.

- 과잉행동, 충동행동, 공격행동에서부터 소심하고 겁 많고 위축된 문제행동들에 이르기까지 폭넓은 범위의 문제들에도 적합
- 특히 자폐아와 입양아, 위탁아 또는 입양자녀, 이혼가정의 자녀와 같이 애착과 관련된 문제를 지닌 아동들에게 더 도움이 됨
- 단, 신체적 외상이나 과도한 학대경험으로 겁을 먹은 아동에게 다가갈 때는 보다 부드러운 개입과 활동구성을 할 필요가 있음

5) 집단 치료놀이

치료놀이는 개별적 치료접근으로 활용되지만 집단 치료놀이로 운영되어 큰 효과를 볼 수 있다. 집단 치료놀이는 연령과 학년수준이 비슷한 4~8명의 아동으로 구성하는데, 때로 상호작용 형태의 균형을 기초로 하여 구성할 수도 있다(성영혜, 2000). 예를 들면 과잉행동아동과 수동적이고 침체된 행동을 보이는 아동을 한 집단으로 하여 세션을 운영할 수 있다. 집단 치료놀이는 2명의 치료사가 30~45분 정도의 세션으로 운영한다. 무엇보다 구성된 집단 안에서 아동은 안전한 환경을 제공받아야 한다. 집단 치료놀이의 규칙은 상처주지 않기(no hurt), 함께 하기(stick together), 재미있게 지내기(have fun), 성인이 책임지기(adult in charge)가 있다.

집단 치료놀이는 유치원/어린이집 적응 프로그램으로 활용할 수 있으며, 영아반의 경우에는 개별 애착증진 프로그램이나 사회 · 정서증진 프로그램 등으로 운영해볼 수 있다. 다음은 3월 유치원에서의 집단 치료놀이 활동의 계획안의 예시이다.

| 표 9-1 | 3월의 집단 치료놀이(theraplay) 활동 예시

목표	친구를 인식하고 친밀감 형성하기	
주차	활동	준비물
1주차	인사나누기(안녕 친구야, 반갑다 친구야, 사랑해 친구야) 약속 정하기 친구는 어디있나 표정 전달하기 옆에 옆에 그대로 멈춰라 손 닦아주기 음식 나누기	물티슈 요구르트 과자

2주차	인사 나누기(쿠션돌리기, 쿠션 밀어보기-○○야 간다) 약속 나누기 친구는 어디있나 인형 업고 걷기 물풍선 전달하기 행동 전달하기 손 닦아주기 로션 발라주기	인형 물티슈 물풍선 로션
3주차	인사 나누기 약속 나누기 누구는 어디있나 주먹 쥐고 손을 펴서(attunement) 파란불, 빨간불(부울 끽) 안마하기 손 닦아주기 음식 먹여주기	
4주차	*이 달의 활동 중 아동들이 다시 하고 싶은 놀이를 정하여 실시 인사 나누기 약속 나누기 아이들이 정한 놀이 3개 손 닦아주기 음식 먹여주기 헤어짐 인사 나누기	물티슈 간식

생각해보기

- 놀이치료(play therapy)와 치료놀이(theraplay)의 주요 특징을 비교해 보자.
- 영유아의 어린이집/유치원 초기적응을 돕기 위한 집단 치료놀이 활동을 계획해 보자.

PART 02

실기편

Chapter 10 | 영아기 놀이

Chapter 11 | 유아기 놀이

CHAPTER

10

영아기 놀이

1. 실내놀이
2. 실내 · 외를 넘나드는 놀이
3. 실외놀이

CHAPTER 10

영아기 놀이

영아는 다양한 사물을 오감각을 활용하여 탐색하고 이를 기반으로 반복 및 기능 놀이를 자주한다. 또한 자주 경험한 가정에서의 상황을 간단한 모방 및 가작놀이로 표현한다.

영아의 놀이 사례를 실내에서의 놀이, 실내 · 외에서의 놀이, 실외에서의 놀이로 나누어 살펴보자.

1 실내놀이

아기 인형, 종이벽돌블록, 헤어롤이라는 놀이 자료로 영아가 실내에서 놀이하고 교사가 지원한 사례이다.

1) 아기 돌봐주기 놀이

▌놀이 흐름과 그에 따른 교사의 지원▐

놀이흐름	교사의 지원
아기 낮잠 재우기	– 영아 놀이 관찰하기 – 영아가 주도권을 가지고 새로운 놀이 자료를 이용해 보도록 질문하기
아기 침대 만들기	– 영아가 주도권을 가지고 새로운 놀이 자료를 이용해 보도록 질문하기 – 영아의 놀이를 언어로 표현하며 정서적으로 지원하기
아기 우유 먹이기	– 영아의 놀이를 정서적으로 지원하기
아기 업어주기	– 새로운 놀이를 제안하기

1세 학급 역할 영역에 아기인형, 우유병을 넣어주자 영아가 아기 인형을 매트에 올려 놓고 토닥이기 시작한다.

(1) 아기 낮잠 재우기

교사가 아기 인형을 토닥이는 영아에게 다가가 아기가 추워 보인다고 이야기한다.

"아기가 자고 있네. 잘 자라고 토닥이고 있구나."

"아기가 추워 보인다. 어떻게 하지?"

영아는 감각 · 탐색 영역으로 가서 스카프를 가져와 아기 인형에게 덮어준다.

"아기에게 이불을 덮어 주었구나."

"자장자장 해주자."

(2) 아기 침대 만들기

교사가 영아에게 아기 침대가 없는지 묻자 영아는 종이벽돌블록 한 개를 가지고 와서 아기 인형을 눕힌다.

"아기가 침대에 눕고 싶은 것 같은데? 아기 침대가 어디 있지?"

"○○가 아기 침대를 블록으로 만들어 주었구나. 아기가 편안하겠다."

(3) 아기 우유 먹이기

아기 인형을 토닥이던 영아가 다시 일어나 우유병을 가지고 아기 인형 입에 가져다 댄다. 교사는 영아의 행동을 언어로 표현해 주었다.

"아기가 배가 고팠나봐, 우유를 먹여주네."

(4) 아기 업어주기

교사는 아기 인형 업어주기 놀이를 제안한다.

"아기가 이제 배가 부른가봐. 아기를 업어줄까? 선생님이 도와줄게."

영아는 아이 인형을 등에 업고 돌아다니기 시작한다.

2) 종이벽돌블록 블록놀이

놀이 흐름과 그에 따른 교사의 지원

놀이흐름	교사의 지원
종이벽돌블록 길게 늘어뜨리기	– 영아 놀이 관찰하기 – 영아 옆에서 함께 병행 놀이하기
종이벽돌블록 위로 쌓기	– 영아 놀이에 참여하기
종이벽돌블록 무너뜨리기	– 영아 놀이 정서적으로 지원하기

1세반 영아 한명이 쌓기 영역으로 가서 종이벽돌블록을 꺼내든다.

(1) 종이벽돌블록 길게 늘어뜨리기

영아는 종이벽돌블록을 2~3개를 꺼내어 길게 늘어뜨린다.

"○○가 블록을 길게 늘어뜨리고 있네."

교사는 함께 옆에서 병행놀이를 시작한다.

"선생님도 ○○처럼 종이벽돌블록을 길게 늘어뜨려야겠다."

(2) 종이벽돌블록 위로 쌓기

영아가 종이벽돌블록을 위로 2~3개 쌓는다.

"○○가 블록을 위로 높게 쌓고 있네."

교사는 영아가 쌓은 위에 종이벽돌블록을 놓는다.

"선생님도 블록을 한 개 놓아보자."

영아도 다시 그 위에 블록을 놓는다.

(3) 종이벽돌블록 무너뜨리기

교사와 함께 종이벽돌블록을 위로 높게 쌓던 영아가 쌓아놓은 벽돌을 쳐서 무너뜨린다.

"○○가 블록을 쳐서 무너뜨렸네."

영아는 교사를 보고 손뼉을 치며 웃는다.

교사도 함께 웃음을 보인다.

영아는 종이벽돌블록을 쌓고 무너뜨리기를 반복한다.

3) 헤어롤 놀이[01]

놀이 흐름과 그에 따른 교사의 지원

놀이흐름	교사의 지원
헤어롤로 머리 꾸미기	– 영아 놀이 관찰하기 – 영아 놀이 정서적으로 지원하기
헤어롤을 손가락에 끼우기	– 영아 놀이 관찰하기 – 영아 놀이 도움주기
헤어롤로 목걸이 만들기	– 영아 놀이 정서적 지원하기 – 영아 놀이에 도움주기
동물 인형에게 선물하기	– 놀이 제안하기

만 2세 학급 역할 영역에 헤어롤을 비치해 놓았다. 영아가 헤어롤에 관심을 가지기 시작한다. 가정에서의 경험이 있었는지 자신의 머리에 헤어롤을 붙이며 거울을 본다.

(1) 헤어롤로 머리 꾸미기

역할 영역 화장대 앞에 앉아 헤어롤을 머리에 붙이고 살펴본다.

"○○이가 헤어롤을 머리에 붙였네~."

영아는 교사와 또래의 머리에도 헤어롤을 붙여준다.

"와~ 친구 머리도 선생님 머리도 예뻐지겠다."

01 성남시육아종합지원센터(2020). 시간제보육안내서 참고.

(2) 헤어롤을 손가락에 끼우기

헤어롤로 머리를 만지는 행동을 하던 영아는 헤어롤 구멍으로 손가락을 넣었다. 이 모습을 보던 교사가 헤어롤을 건내자 다섯 손가락에 모두 끼우기 시작하였다.

(3) 헤어롤로 목걸이 만들기

교사가 리본 끈을 제시하자 영아는 헤어롤을 리본 끈에 하나씩 넣기 시작하였다. 짧은 헤어롤은 혼자서 넣을 수 있었고 보다 길이가 긴 헤어롤은 교사가 헤어롤을 잡아 주고 영아가 끈을 밀어 넣는 방법으로 놀이할 수 있었다.

여러 개의 헤어롤에 리본 끈을 끼운 영아는 교사에게 끝을 묶어 달라고 요청하였다. 교사가 도움을 주자 목걸이라며 즐거워하였다.

"그래, 목걸이가 되었구나."

(4) 동물 인형에게 선물하기

교사는 완성된 목걸이를 누구에게 선물로 줄 수 있을지 영아에게 물어 보았다. 영아는 주변을 살피더니 아기 인형의 목에 목걸이를 걸어 주었다.

"아가에게 선물로 주고 싶었구나."

2 실내 · 외를 넘나드는 놀이

색깔판, 밀가루점토, 나뭇잎이라는 놀이 자료로 영아가 실내와 실외 환경을 넘나들며 놀이하고 교사가 지원한 사례이다.

1) 색깔판으로 보기

▌놀이 흐름과 그에 따른 교사의 지원▐

놀이흐름	교사의 지원
색깔판으로 교실과 놀잇감 보기	영이 놀이 관찰하기 – 영아의 놀이 정서적으로 지원하기
여러 개의 색깔판을 겹쳐서 교실과 놀잇감 보기	– 영아의 놀이 정서적으로 지원하기
실외 공간에서 색깔판으로 보기	– 영아의 제안 수용하기 – 영아 놀이에 도움주기

1세 학급에 감각 · 탐색 영역에 다양한 색의 색깔판을 넣어주자 영아가 색깔판 탐색을 시작하였다.

(1) 색깔판으로 교실과 놀잇감 보기

색깔판을 양손으로 잡고 교실을 둘러보는 영아의 행동을 교사가 언어로 표현해 주었다.

"파란색 색깔판으로 둘러보았구나."

영아는 색깔판을 눈에 대고 교실과 놀잇감을 보기도 하고 색깔판을 눈에서 떼고 보기도 한다.

"색깔판을 눈에 대고 보네~ 어떻게 보이니?"

"색깔판 없이 놀잇감을 보고 있네."

(2) 여러 개의 색깔판을 겹쳐서 교실과 놀잇감 보기

색깔판을 보던 영아 중 한 명이 파란색과 빨간색의 색깔판을 한꺼번에 들고 교실과 놀잇감을 보기 시작하였다.

"○○는 파란색과 빨간색 색깔판을 한꺼번에 들고 보고 있네, 어떻게 보이니?"

그러자 다른 영아들도 색깔판을 2개, 3개씩 한꺼번에 들고 보기 시작했다.

(3) 실외 공간에서 색깔판으로 보기

색깔판 놀이를 하던 영아는 바깥 놀이 시간에도 색깔판을 가지고 나가고 싶어 했다.

실외놀이 공간에서 색깔판을 들고 놀이 기구, 동식물을 살펴볼 수 있었다.

2) 밀가루 점토 음식놀이[02]

▌놀이 흐름과 그에 따른 교사의 지원▐

놀이흐름	교사의 지원
밀가루 점토로 음식 만들기	– 영아 놀이 관찰하기
밀가루 점토로 생일 케이크 만들어 놀이하기	– 놀이 제안하기 – 영아가 놀이 주도권 가져가게 하기
밀가루 점토를 실외 공간으로 가지고 가길 원하는 영아	– 영아의 제안 수용하기 – 영아 놀이에 도움주기
실외 공간에서 밀가루 점토로 생일 축하 놀이하기	– 영아 놀이 정서적으로 지원하기
나뭇잎 점토 김밥 만들기	– 영아 놀이 관찰하기

2세 학급 역할 놀이 영역에 다양한 색의 밀가루 점토를 넣어 주었더니 영아가 점토를 떼어서 소꿉 그릇에 담기도 하고 점토를 동글동글하게 만들기도 한다.

(1) 밀가루 점토로 음식 만들기

역할 영역에 있는 밀가루 점토를 떼어내어 접시 모형에 담기도 하고 떼어낸 점토를 길게 밀고는 모형 칼로 잘라 접시 모형에 담기도 한다.

02 서울특별시 육아종합지원센터(2019). 놀이와 영유아 중심의 맞춤 컨설팅 참고.

(2) 밀가루 점토로 생일 케이크 만들어 놀이하기

교사는 밀가루 점토를 크게 떼어내어 접시에 올려놓고 촛불 모형을 꽂아 놓고는 생일잔치 놀이를 시작한다.

"선생님이 생일 케이크를 만들었어. 누구 생일이라고 할까?"

"그래 ○○ 생일이라고 하자."

생일 축하 노래를 부르고 촛불 끄기 놀이를 해 본다. 영아의 제안으로 돌아가면서 생일잔치를 해 본다.

(3) 밀가루 점토를 실외 공간으로 가지고 가길 원하는 영아

교실에서 밀가루 점토 생일 놀이를 즐긴 영아는 바깥 놀이 시간이 되자 밀가루 점토를 실외 공간으로 가지고 가서 더 놀이하고 싶어 했다. 교사는 밀가루 점토를 바구니에 넣어 실외 공간의 놀이 자료로 제시하였다.

(4) 실외 공간에서 밀가루 점토로 생일 축하 놀이하기

실외 공간에서도 생일 케이크을 만들던 영아는 나뭇잎, 꽃잎을 가지고 와서 밀가루 점토를 장식하기도 하고 나뭇가지를 주어와 촛불이라고 하면 놀이하였다.

"나뭇잎과 꽃으로 멋진 케이크가 되었네!"

(5) 나뭇잎 점토 김밥 만들기

생일 축하 놀이를 즐긴 영아들 중 한 명이 나뭇잎에 밀가루를 올리고 돌돌 말고 김밥이라고 하였다. 이를 본 다른 영아들도 동일한 행동을 하며 김밥 만들어 먹기 놀이를 하였다.

3) 나뭇잎 길 놀이

놀이 흐름과 그에 따른 교사의 지원

놀이흐름	교사의 지원
나뭇잎 탐색하기	– 영아 놀이 관찰하기
산책 가방에 스티커로 꾸미기	– 놀이 제안하기 – 영아 놀이 관찰하기
산책 가방에 나뭇잎 주워오기	– 영아 놀이 관찰하기
나뭇잎 길 걷기	– 영아 놀이 관찰하기 – 질문하기

만 1세 영아가 바깥놀이에 나가서 바닥에 떨어진 나뭇잎에 관심을 나타낸다.

(1) 나뭇잎 탐색하기

영아는 떨어져 있는 나뭇잎으로 눈으로 보기도 하고 냄새도 맡고 손가락을 내밀어 콕콕 찔러 보기도 한다.

"나뭇잎이 있구나. 콕콕 손가락으로 찔러도 보았구나."

"냄새도 맡아보았네."

영아는 여러 개의 나뭇잎을 줍기 시작한다.

"나뭇잎을 주웠구나."

"여러 개를 줍고 싶구나."

(2) 산책 가방에 스티커와 끼적이기로 꾸미기

교실로 들어와 비닐 가방과 다양한 색과 모양의 스티커를 준비하여 놓는다. 영아가 잘 떼어 붙일 수 있도록 스티커의 끝을 말아 놓는다.

"다음에 바깥놀이 나가서 나뭇잎을 주워올까? 이 가방을 가지고 나가보자."

"가방에 스티커를 붙여 꾸밀까?"

영아는 비닐 가방 이곳 저곳에 스티커를 붙여 본다.

(3) 산책 가방에 나뭇잎 주워오기

스티커로 꾸민 산책 가방을 들고 바깥놀이터에 나간다. 영아들은 산책 가방에 나뭇잎을 주워넣기 시작한다.

"와~ 나뭇잎을 주웠네~."

"산책 가방에 나뭇잎을 넣었구나~."

(4) 나뭇잎 길 걷기

영아들이 산책 가방에 주워온 나뭇잎을 씻어 말린다. 교실 한 공간에 아세테이트지를 부착한 후 나뭇잎을 깔아 나뭇잎 길을 만든다. 영아들은 그 길 위를 걷기도 하고 뛰기도 한다.

"나뭇잎 위를 걸어 보았구나~ 뛰어도 보네."

"어떤 소리가 나니?"

"바스락바스락 소리가 나네."

3 실외놀이

솔방울, 도토리, 나뭇잎이라는 자연물을 놀이 자료로 영아가 실외에서 놀이하고 교사가 지원한 사례이다.

1) 솔방울 놀이[03]

놀이 흐름과 그에 따른 교사의 지원

놀이흐름	교사의 지원
바닥에 솔방울 찾기	– 영아 놀이 관찰하기 – 탐색 제안하기
장바구니에 솔방울 담기	– 놀이 제안하기 – 영아가 놀이 주도권 가지도록 하기
솔방울 가져가기	– 질문하기 – 놀이 제안하기 – 영아의 제안 수용하기

만 1세 영아반 5명이 교사 1명과 실외 공간으로 바깥놀이를 나갔다. 마침 실외 놀이터에는 솔방울이 많이 떨어져 있었다. 영아는 바닥에 떨어진 솔방울을 보자 관심을 가지고 손으로 만지며 탐색하기 시작하였다.

(1) 바닥에 솔방울 찾기

바닥에 떨어진 솔방울에 영아가 관심을 보이며 만지자 교사는 영아가 보이는 행동을 언어로 표현해 주기도 하고 냄새 맡기를 제안하기도 하였다.

"바닥에 솔방울이 떨어져있구나."

"솔방울을 만져보고 있네?"

"솔방울을 만져보니 어떤 느낌이 드니?"

03 서울특별시 육아종합지원센터(2019). 놀이와 영유아 중심의 맞춤 컨설팅 참고.

"솔방울 냄새도 맡아볼까?"

(2) 장바구니에 솔방울 담기

영아가 바닥에 떨어진 솔방울 여러 개를 양손에 쥐자 솔방울이 자꾸 바닥에 떨어지기 시작했다. 교사는 영아가 솔방울을 주워 담을 수 있는 장바구니를 여러 개 준비해 주었다. 영아는 장바구니 안에 솔방울을 주워 넣기 시작했다.

(3) 솔방울 가져가기

바깥놀이 시간이 끝나자 교사는 바구니 속의 솔방울을 다시 바닥에 놓아 주고 내일 다시 와서 줍기 놀이를 하자고 제안하였다. 그러나 영아들은 솔방울을 교실로 가져가고 싶어 했다. 교사는 영아의 가져가고 싶어 하는 마음을 읽어주되 솔방울을 교실에 가져갔을 때의 문제점을 이야기하였다.

"교실에 솔방울을 가지고 가고 싶구나."

"엄마, 아빠에게 선물하고 싶구나."

"그런데 솔방울을 우리가 다 가져가면 다른 친구들은 솔방울을 볼 수가 없는데 어떡할까?"

영아가 문제 해결을 어려워하자 교사의 제안으로 엄마, 아빠에게 선물로 줄 솔방울만 각각 하나씩 가져가기로 하였다.

2) 솔방울 붓 놀이

놀이 흐름과 그에 따른 교사의 지원

놀이흐름	교사의 지원
솔방울과 나뭇가지 탐색하기	– 영아 놀이 관찰하기
↓	
솔방울과 나뭇가지로 끼적이기	– 영아 놀이 관찰하기
↓	
솔방울 붓으로 끼적이기	– 놀이 제안하기 – 영아 놀이 관찰하기

만 1세 영아가 바깥 놀이에 나가서 바닥에 떨어진 솔방울과 나뭇가지 등의 자연물을 보며 관심을 나타낸다.

(1) 솔방울과 나뭇가지 탐색하기

영아는 떨어져 있는 솔방울을 찾아 만져보기도 하고 바닥에 굴려보기도 한다.

"솔방울을 주웠구나."

"굴려보기도 하네."

옆에 떨어져 있는 나뭇가지를 주워 이리저리 돌리며 살펴보기도 하고 바닥에 세워보기도 한다.

"나뭇가지구나."

"나뭇가지가 기다랗네."

(2) 솔방울과 나뭇가지로 끼적이기

솔방울과 나뭇가지를 탐색하던 영아는 나뭇가지로 흙 위에 끼적이기를 시작한다.

"나뭇가지로 끼적이고 있네."

나뭇가지로 길게 선을 그리기도 하고 점을 찍기도 하던 영아는 솔방울을 양 손에 쥐고 바닥에 굴려가며 끼적인다.

"와, 이번에는 솔방울로 끼적이기를 하고 있네."

(3) 솔방울 붓으로 끼적이기

영아의 놀이를 관찰하던 교사는 솔방울에 나뭇가지를 끼우고 도화지와 물감접시를 제공한다.

"솔방울에 물감을 찍어서 끼적이기를 해 볼까?"

영아는 나뭇가지를 잡고 솔방울에 물감을 묻혀 끼적이기를 시작한다.

영아 중에 몇몇은 솔방울을 손으로 잡고 나뭇가지에 물감을 묻혀 끼적이기를 시도한다.

"와, 나뭇가지에도 물감을 묻혀 끼적이네. 재미있는 생각이다."

3) 도토리 놀이

❚ 놀이 흐름과 그에 따른 교사의 지원 ❚

놀이흐름	교사의 지원
도토리 탐색하기	– 영아 놀이 관찰하기
↓	
도토리 모으기	– 놀이 제안하기
↓	
도토리 쌓기	– 놀이 제안하기 – 영아 놀이 관찰하기
↓	
도토리 케이크 생일축하놀이	– 영아 놀이 관찰하기 – 질문하기

가을 숲길을 걸으며 도토리를 발견한 영아가 도토리와 도토리 깍지를 찾았다.

(1) 도토리와 도토리 깍지 탐색하기

바닥에 떨어져 있는 도토리와 도토리 깍지를 찾은 영아는 관심을 가지고 탐색하기 시작한다.

"도토리를 찾았네."

"도토리 깍지도 주웠구나."

영아는 도토리를 굴리기도 하고 도토리 깍지 안에 흙을 담기도 한다.

(2) 도토리 모으기

영아는 숲길 여기저기를 다닌다. 두 손 가득 도토리를 모으자 자꾸 손가락 사이로 도토리가 떨어진다. 영아는 쓰고 있던 모자를 벗어서 도토리를 담기 시작한다.

"모자가 도토리 담은 바구니가 되었네."

(3) 도토리 쌓기

한참을 도토리를 줍던 영아는 바닥에 앉아 도토리를 나무판자 위에 올려놓고 손뼉을 치며 '생일축하합니다' 노래를 부른다.

"도토리 케이크구나? 재미있다."

나무판자 위의 도토리가 자꾸 굴러 떨어지자 생일 노래가 중단된다.

"도토리가 자꾸 떨어지네. 어떻게 하면 좋을까?"

교사는 찰흙을 보여주며 제안한다.

"찰흙 위에 도토리를 올려놓아 볼까? 선생님 생각에는 잘 떨어지지 않을 것 같은데?"

영아는 찰흙을 주물거려 납작한 동그라미를 만들고 그 위에 도토리를 쌓기 시작한다.

(4) 도토리 케이크 생일 파티 놀이

찰흙 위에 쌓아진 도토리를 보내니 영아는 다시 생일축하 노래를 부르기 시작한다.

교사는 누구의 생일인지 질문하고 노래 부르기를 한다.

"오늘은 누구 생일일까?"

"생일 축하합니다."

4) 나무가 되어 보기

놀이 흐름과 그에 따른 교사의 지원

놀이흐름	교사의 지원
바닥에 떨어진 나뭇잎 줍기	– 영아 놀이 관찰하기 – 대안 찾기를 위한 질문하기 – 놀이 제안하기
나무가 되었다고 느끼는 영아	– 영아 놀이에 정서적으로 지원하기
나무처럼 움직이기	– 언어적 자극 주기

만 2세 영아 7명이 교사 1명과 지역사회 공원으로 산책을 나갔다. 영아들은 공원의 나무를 보고 나뭇잎을 손으로 뜯기 시작한다.

(1) 바닥에 떨어진 나뭇잎 줍기

교사는 나뭇잎을 뜯을 때의 문제점을 영아가 생각해 보도록 하고 나뭇잎을 뜯기보다 바닥에 떨어진 나뭇잎을 줍도록 제안한다.

"나무에 붙어있는 나뭇잎을 뜯으면 어떻게 될까?"

"그래, 나무와 나뭇잎이 아프겠구나."

"그럼, 바닥에 떨어진 나뭇잎을 주워보자."

(2) 나무가 되었다고 느끼는 영아

바람이 불어 영아의 머리, 몸에 나뭇잎이 떨어지자 한 명의 영아가 이야기한다.

"와~ 내 몸에 나뭇잎이 붙어 있어! 내가 나무가 되었어."

영아들은 바닥에 떨어진 나뭇잎을 서로 몸에 붙여 주며 서로 나무라고 이야기한다.

교사는 격려해 준다.

"나무가 되었구나~."

(3) 나무처럼 움직이기

교사는 나무가 되었다라고 생각하는 영아들에게 나무처럼 움직여 보도록 언어적 자극을 주기 시작한다.

"바람이 불어요. ○○ 나무, △△ 나무가 바람에 흔들리네요. 흔들~ 흔들~."

"바람이 그치자 나무가 움직이지 않네요."

영아는 나무처럼 움직이기 놀이를 즐긴다.

5) 눈 놀이

놀이 흐름과 그에 따른 교사의 지원

놀이흐름	교사의 지원
눈 만져보기	- 영아 놀이 관찰하기 - 탐색 제안하기
눈 밟기	- 놀이 제안하기
눈 위에 물감 뿌리기	- 놀이 제안하기 - 영아가 놀이 주도권 가져가게 하기

(1) 눈 탐색하기

겨울이 되어 온 눈에 영아가 관심을 보이며 만지자 교사는 영아의 행동을 관찰한 후 눈의 느낌을 언어로 표현해 주고, 눈의 다양한 모습을 관찰하도록 제안한다.

"눈을 한 번 만져볼까?"

"아이 손 시려, 눈이 차갑네."

놀이를 하던 영아는 장갑을 끼워달라고 요청한다. 교사는 장갑을 낀 채로 눈을 탐색할 수 있도록 돕는다.

"눈을 모아볼까?"

교사가 제안하자 영아는 모래놀이 놀잇감을 가지고 와서 눈을 퍼서 담기도 하였다.

(2) 눈 밟기

영아는 눈을 걸으며 발자국에 관심을 갖기 시작한다. 영아는 발자국을 보며 미소를 짓거나 발자국이 없는 곳으로 가서 걸기도 하고 이미 찍힌 발자국을 일부러 밟기도 한다.

(3) 눈 위에 물감 뿌리기

교사는 물감을 미리 준비한 후 바깥놀이 장소에서 나뭇가지를 찾아 물감에 찍어 눈 위에 흩뿌려 본다. 영아는 물감이 눈 위에 뿌려지는 모습에 관심을 보인 후 나뭇가지를 찾아와 물감 통에 나뭇가지를 담근다. 영아는 교사처럼 흩뿌리지는 못하였지만, 주도적으로 나뭇가지에 묻은 물감을 눈 위에 찍거나, 나뭇가지로 눈 위를 문지르며 다양한 색을 입힌다.

CHAPTER

11

유아기 놀이

1. 내 맘대로 교실놀이
2. 무엇이든 가능한 실외놀이
3. 사계절 숲놀이
4. 특별한 날의 놀이

CHAPTER 11

유아기 놀이

1 내 맘대로 교실놀이

내 맘대로 교실놀이

1. 되살림놀이

놀이 하나, 되살림 놀이터
놀이 둘, 물놀이 서커스장
놀이 셋, 함께 만드는 거북선

2. 점토놀이

놀이 하나, 아이스크림 가게 놀이
놀이 둘, 밀랍 점토 놀이
놀이 셋, 겨울 간식 가게 놀이

3. 블록놀이

놀이 하나, 색깔나라 요정놀이
놀이 둘, 크리스마스트리 만들기 놀이
놀이 셋, 자동차 길 만들기

4. 소품놀이

놀이 하나, 여러 가게 놀이
놀이 둘, 캠핑놀이
놀이 셋, 킥보드 도로 놀이

1) 되살림놀이

놀이의 발견

일상생활에서 자주 접하는 일회용품부터 몇 년간 사용했던 가방, 단추 하나까지 버려지는 물건을 되살려서 활용할 수 있는 재활용품은 유아들에게 훌륭한 놀이 재료다. 다양한 크기의 종이상자, 천, 꾸미기 재료(비즈, 단추, 지퍼, 자수 등), 코팅이 벗겨진 프라이팬, 냄비, 도마 등 되살림 놀잇감은 대표적인 개방적 놀잇감으로 유아들의 흥미와 무궁무진한 상상력을 자극하여 무엇이든 만들어 볼 수 있는 재미있는 놀이로 이어진다.

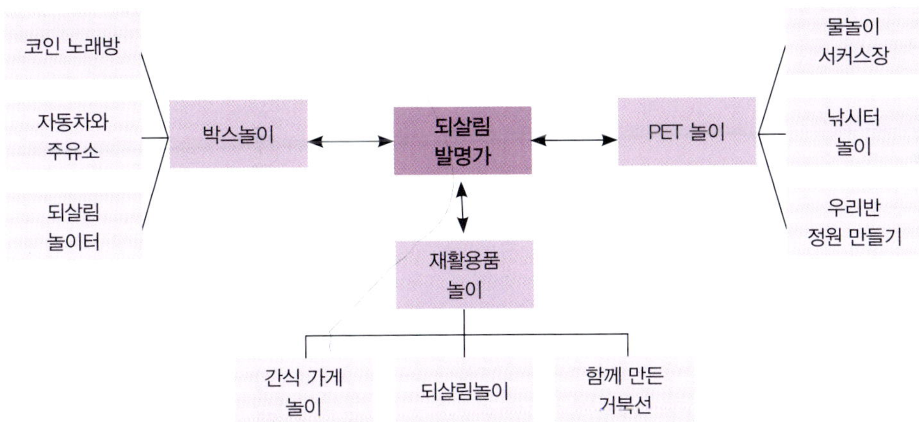

놀이의 준비

- 가정통신문을 통해 정기적으로 되살림 자원을 지원받는다.

  예 매주 월요일마다

- 학부모에게 되살림 재료에 대한 안내를 자세히 해 다양한 재료를 요청한다.

  예 다양한 크기의 종이박스, 안 입는 면 옷, 주방용품, 액세서리(비즈), 재활용품 등

- 반마다 되살림 재료 영역을 만들어 유아들이 언제든지 사용할 수 있도록 정리해 둔다.

놀이 하나, 되살림 놀이터

놀이의 시작

각 가정에서 지원받은 종이상자들이 가득한 날, 자신만의 재미있는 놀이를 만들겠다며 신나게 하루를 시작하였다. 아이들은 저마다 필요한 상자와 테이프, 매직 등 재료를 챙겨 삼삼오오 모여 만들고 고민하고, 또 만들기를 반복하며 바쁜 모습이다.

"선생님, 저는 인형극놀이를 할거예요." "우리는 공 던지기 게임이에요."

저마다 들뜬 목소리로 개발한 되살림 놀잇감을 소개하기도 하고 시범 놀이를 해보며 게임 규칙을 만들거나 수정하는 등 놀잇감의 완성도를 높여간다.

"자, 그럼 친구들의 놀잇감을 소개해 볼까요?"

선생님의 이야기에 모여 앉아 서로가 만든 놀잇감과 활용방법을 공유하며 진짜 놀이할 시간을 기다린다. 아이들은 저마다의 재미있는 놀이방법과 세밀한 게임 규칙을 소개하며 놀이 개발자답게 진지하고 의젓한 모습이었다. 그리고 함께 되살림 놀이터를 배치한 후 우리만의 즐거운 놀이를 시작했다.

놀이 흐름

되살림 재료 놀이 ⇒ 1인 또는 팀별 놀잇감 개발 ⇒ 놀잇감 소개 ⇒ 되살림 놀이터 구성 ⇒ 되살림 놀이터 놀이 실행하기 ⇒ 초대 및 운영하기

놀이 재료

넓은 공간, 되살림 재료(종이상자), 매직, 테이프, 그 밖의 요청 재료(색지, 색막대, 자연물 등)

놀이 지원

놀이 공간	– 놀잇감을 구성할 넓은 공간 확보하기
놀이 시간	– 유아들과 일과 계획 시 만들 시간과 놀이 즐길 시간 분배하기
토의 주제	– 어떤 공간에서 만들고 놀이할지 아이들과 토의하기 – 어떤 되살림 놀잇감을 만들지 함께 고민하기 – 유아들이 놀이에 필요한 자료 요청하기

놀이 과정 및 사진

① 되살림 재료를 활용해 저마다 놀잇감을 만들어요.

② 다 완성된 되살림 놀잇감 소개 및 이용 방법을 소개해요.

③ 넓은 공간에 놀잇감을 배치하고 친구들과 함께 되살림 놀이터에서 함께 놀이해요.

놀이 둘, 물놀이 서커스장

놀이의 시작

페트병을 이용해 물놀이 장난감을 만들어 아이들과 즐거운 놀이를 했다. 아이들이 물놀이를 너무 즐거워하며 "선생님! 우리 내일은 더 큰 물놀이대를 만들어요."라고 제안했다. 작은 페트병으로 물놀이를 하니, 여러 번 물을 담기가 여간 귀찮은 일이 아니었다. "그럼 무엇을 준비해야 할까?" 아이들은 저마다 "우리 집에 큰 페트병 있어!" "우리 집엔 쿠키통 있어!" 하며 물놀이대를 구성하기 시작한다. 아이들과 반짝이는 아이디어 회의를 한 후, 다음날 필요한 되살림 자료들을 챙겨 만나기로 했다. 그렇게 만들어진 물놀이 서커스장의 놀이 이야기이다.

놀이 흐름

작은 페트병 물놀이감 놀이 ⇒ 거대한 물놀이대 계획 ⇒ 설계도 그리기 ⇒ 되살림 자료를 활용해 제작 ⇒ 물놀이 즐기기 ⇒ 초대 및 운영하기

놀이 재료

되살림 자료(다양한 크기의 플라스틱 페트병 및 통), 테이프, 매직, 색시트지.

놀이 지원

놀이 공간	– 놀잇감을 구성할 넓은 공간 확보하기
놀이 시간	– 유아들과 일과 계획 시 만들 시간과 놀이 즐길 시간 분배하기
토의 주제	– 놀잇감 구성 및 사용할 공간 선정하기 – 되살림 물놀이대의 조형도 및 설계도 구성하기 – 놀잇감 이름 정하기 – 놀잇감 이용 시 주의 사항 및 이용법 제작의 역할 분담하기 – 물놀이 시 복장 준비하기

놀이 과정 및 사진

① 작은 페트병을 활용해 물놀이감을 만들어 놀아요.

② 거대한 물놀이대를 구성하고 친구들과 함께 만들고 꾸며요.

③ 물놀이 서커스장을 이용해 즐겁게 친구들과 놀아요.

④ 다른 반 친구들과 물놀이 서커스장을 공유해요.

놀이 셋, 함께 만드는 거북선

놀이의 시작

아이들이 '한국을 빛낸 100명의 위인' 노래에 푹 빠져 우리나라의 위인에 관한 관심이 높아졌다. 커다랗고 긴 상자 안에 숨었다, 나오기를 반복하던 남자아이들이 갑자기 "이 상자로 거북선을 만들어야겠어." "나도 나도!" 아이들이 들뜬 모습으로 이것저것 필요한 재활용품을 챙긴다. "거북선 머리는 내가 만들게!!" "선생님 거북선 한 번 더 보여주세요." 하며 아이들이 역할을 나누고 거북선의 모양을 열심히 관찰한다. 아이들이 되살림 자료로 만든 거북선은 어떤 모습일까?

놀이 흐름

긴 상자를 활용한 신체놀이 ⇒ 거북선 설계 계획 ⇒ 되살림 자료를 활용해 제작 ⇒ 거북선과 이순신 장군 놀이

놀이 재료

되살림 자료(다양한 크기의 플라스틱 페트병 및 통), 테이프, 매직

놀이 지원

놀이 공간	– 놀잇감을 구성할 넓은 공간 확보하기
놀이 시간	– 유아들과 일과 계획 시 만들 시간과 놀이를 즐길 시간 분배하기
토의 주제	– 거북선 조형도 관찰하기 – 필요한 놀잇감 요청하기 – 어떤 공간에서 만들고 놀이할지 아이들과 토의하기 – 유아들이 놀이에 필요한 자료 요청하기

놀이 과정 및 사진

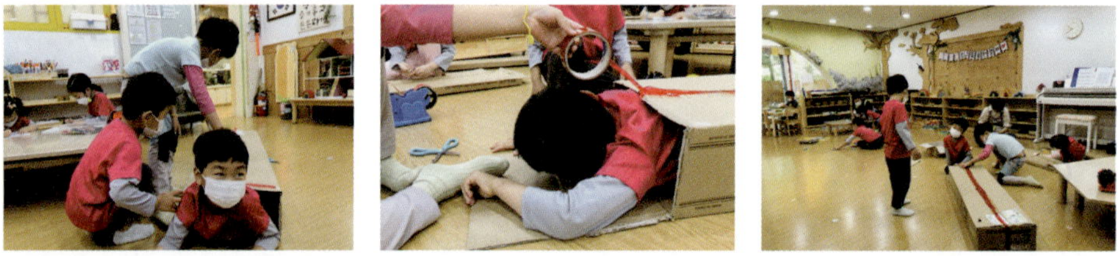

① 커다란 긴 상자를 이용해 신체놀이를 해요.

② 거북선을 설계하고 친구들과 함께 만들어요.

③ 거북선이 완성되었어요. 친구들과 거북선 놀이를 해요.

2) 점토놀이

놀이의 발견

아이들은 말랑말랑한 점토를 조물조물 가지고 놀이하는 것을 무척 좋아한다. 동그랗게 뭉쳤다가, 길쭉하게 늘리는 등 원하는 대로 모양이 쉽게 만들어지는 점토는 아이들의 좋은 장난감이다. 특히 어린 연령대부터 큰 연령까지 천차만별의 작품과 놀이를 만들어 내는 비구조적인 놀이재료다. 유치원에서 활용하는 클레이 중에는 천사점토, 찰흙, 지점토, 황토, 색깔 클레이 등 다양한 소재로 구분될 수 있다. 어떠한 종류든 성분에 따라 잘 마르고, 가볍고, 어디서든 놀이하기 좋은 점토를 활용한 교실놀이를 소개한다.

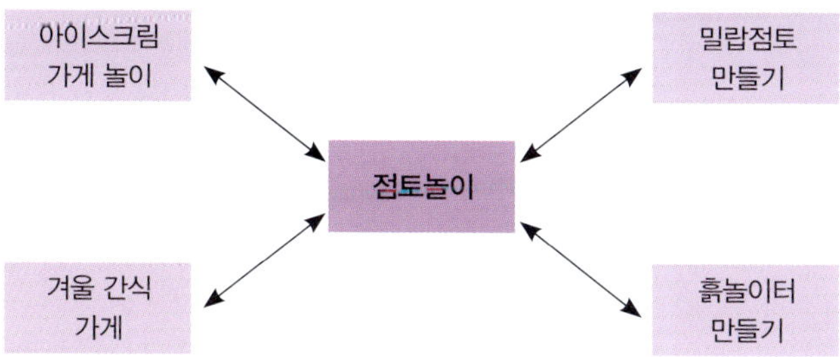

놀이의 준비

- 점토놀이로 시작해 놀이가 확장될 수 있는 여러 가지 되살림 자료도 준비한다.
- 점토놀이 후 작품을 말리거나 전시할 수 있는 공간을 미리 마련한다. 놀이가 점점 더 활성화된다.
- 밀랍 점토는 벌집의 밀랍이 주성분으로 체온으로 밀랍 점토를 말랑하게 만들어 작품을 만들고 후에 딱딱하게 다시 굳게 되는 천연 점토이다. 작품을 다 완성한 후에도 다시 체온으로 녹여 새로운 작품을 만들 수 있다.

놀이 하나, 아이스크림 가게 놀이

놀이의 시작

바깥 놀이터를 다녀온 아이들 이마에 땀방울이 송골송골하다. "선생님, 아이스크림 먹고 싶어요." 저마다 자신이 좋아하는 아이스크림 이름을 이야기하다가 자연스럽게 천사점토를 이용해 조물조물 표현해 낸다. "오늘 아이스크림 가게 열어요." 친구의 한마디에 천사점토에 색을 더하고 반짝이 스팽글을 붙이며 너도나도 개성 있는 작품을 만들어낸다. 선생님이 제공해 준 아이스크림 가게 틀을 활용해 아이스크림 가게 놀이에 아이디어를 더해 도넛 가게도 창업했다. 아이들이 아이스크림 만들랴 도넛 만들랴 손이 쉴 틈 없다. 이렇게 여러 음식을 사고파는 놀이 끝에 모두가 마음을 모아 아나바다 바자회를 열었던 놀이 이야기이다.

놀이 흐름

여름날 바깥 자유놀이 ⇒ 점토 아이스크림 제작 ⇒ 아이스크림 간판 만들기 ⇒ 아이스크림 가게 놀이 ⇒ 점토 도넛 만들기 ⇒ 아이스크림과 도넛 가게 놀이 ⇒ 아나바다 바자회

놀이 재료

천사점토, 색지, 스팽글, 목공풀, 되살림 자료(종이상자)

놀이 지원

놀이 공간	– 놀잇감을 구성할 넓은 공간 확보하기 – 만들어진 아이스크림의 보관 또는 전시 공간 마련하기 – 아이스크림 가게 공간 확보하기
놀이 시간	– 유아들과 일과 계획 시 만들 시간과 놀이를 즐길 시간 분배하기
토의 주제	– 아이스크림 가게 놀이의 규칙 토의하기 – 가게 이름 정하기 – 또 다른 가게 입점 준비 토의하기 – 아나바다 바자회 토의하기

놀이 과정 및 사진

① 바깥 놀이를 신나게 하고 교실로 돌아오니 땀이 송골송골해요.

② 친구들과 천사 점토를 이용해 아이스크림을 만들어요.

③ 아이스크림 가게 놀이를 해요.

④ 도넛 가게 입점 준비를 해요. 간판도 만들도 현금도 만들어요.

④ 아이스크림 가게 놀이와 도덧 가게를 열어 손님을 초대해요.

놀이 둘, 밀랍 점토 놀이

놀이의 시작

아이들이 숲 놀이를 하던 중 벌들이 다 자라서 떠난 쌍살벌의 빈집을 찾았다. "우와! 진짜 육각형 집이네." "방이 진짜 많아!" 발견한 쌍살벌의 집을 관찰하며 만져 본다. "폭신폭신해!" "부드러워." 하며 자연의 규칙성과 원리에 감탄한다. 그 후 아이들은 벌집에 관심이 생겼고 벌집에서 얻은 밀랍으로 만든 점토를 제공해 주었더니, 밀랍 점토 놀이에 푹 빠져 만들기 시작했다. 촉감을 신기해하며 자연에서 얻은 귀한 점토를 한 점도 허투루 쓰지 않았다. 기존의 점토보다 색도 더 진하고 촉감이 다른 신기한 밀랍 점토 놀이 이야기를 소개한다.

놀이 흐름

숲에서 쌍살벌집 관찰 ⇒ 밀랍 점토 관찰 ⇒ 밀랍 점토로 음식 만들기 ⇒ 밀랍 점토 작품으로 놀이하기 ⇒ 밀랍 점토로 초 디자인하기 및 만들기 ⇒ 밀랍 초 디자인 전시회

놀이 재료

밀랍 점토, 점토놀이 도구(점토 칼, 밀대)

놀이 지원

구분	내용
놀이 공간	– 놀잇감을 구성할 공간 확보하기 – 만들어진 작품 보관 또는 전시 공간 마련하기
놀이 시간	– 유아들과 일과 계획 시 만들 시간과 놀이 즐길 시간 분배하기
토의 주제	– '밀랍 점토로 무엇을 만들까?' 토의하기 – 그 밖의 필요한 재료 요청하기 – 전시회 초대할 대상(다른 반 선후배) 의논하기 – 밀랍 초 디자인 정하고 발표하기

놀이 과정 및 사진

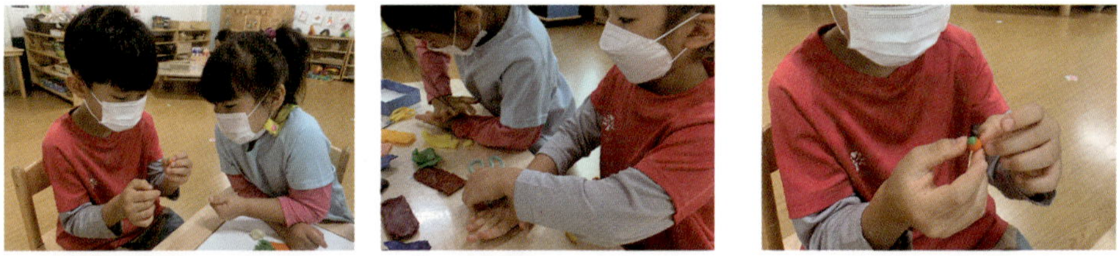

① 밀랍 점토를 이용하여 역할놀이 장난감을 만들어요.

② 밀랍 점토로 만든 음식을 놀이에 활용해요.

③ 여러 작품을 모아 가게 놀이를 해요.

④ 밀랍 점토는 초를 만들 때도 사용된대요. 아이들과 함께 밀랍 초를 만들어요.

놀이 셋, 겨울 간식 가게 놀이

놀이의 시작

찬 바람이 불기 시작하니 유치원 앞 오는 길에 '붕어빵 매점'이 생겼다. 아이들은 등·하원하며 붕어빵에 관심을 두기 시작했다. 선생님과 '겨울철 간식'에 대해 알아보며, 아이들은 입맛을 다진다. 놀이시간이 되자 "선생님, 우리도 붕어빵 가게를 차렸어요."하며 아이들은 되살림 자료와 점토를 이용해 붕어빵 가게를 입점했다. 아이들이 하나둘 참여하며 놀이하더니 호떡 가게, 떡볶이 가게, 호빵 가게, 군고구마 가게 등등 점포를 열기 시작했다. 아이들만의 재밌는 시장놀이 이야기를 따라가 보자.

놀이 흐름

붕어빵 가게 놀이 ⇒ 붕어빵 쿠폰과 붕어빵 봉투 만들기 ⇒ 진짜 붕어빵 사 먹기 ⇒ 겨울 간식 놀이 만들기 ⇒ 시장놀이 참여하기

놀이 재료

천사점토, 붕어빵가게 틀, 되살림 종이상자, 그 밖의 필요한 재료들

놀이 지원

놀이 공간	–놀잇감을 구성할 공간 확복하기 –붕어빵 가게 장소 공간 마련하기 –시장놀이 가게 배치하기
놀이 시간	–유아들과 일과 계획 시 만들 시간과 놀이를 즐길 시간 분배하기
토의 주제	–'붕어빵 구매 시 필요한 것' 토의하기 –그 밖의 필요한 재료 요청하기 –겨울 간식 시장놀이 구성 및 팀 분담 토의하기 –손님 초대 날짜 정하기 및 놀이 참여 규칙 정하기

놀이 과정 및 사진

① 붕어빵 가게에 붕어빵 쿠폰을 만들어 가져가요. 아이들과 쿠폰을 드리고 진짜 붕어빵을 구매하는 경험을 해요.

② 되살림 자료를 활용하여 우리만의 간식 가게를 만들어요.

③ 완성된 간식 가게들
(떡볶이 가게, 호빵 가게, 호떡 가게, 붕어빵 가게, 군고구마 가게, 코코아 가게)

④ 즐겁게 친구들과 놀이한 후 다른 반 친구들도 초대해요.
함께 시장놀이를 하며 즐거운 간식놀이가 되었답니다.

3) 블록놀이

놀이의 발견

같은 블록으로 아이들은 매일 다른 놀이를 한다. 벽돌 블록, 끼우기 블록, 할로우 블록, 원목 블록, 레고 등 종류도 소재도 정말 다양하다. 큰 블록들도 있지만 작은 블록들도 놀이의 소재로 충분하다. 개정 누리과정으로 변화되며 블록놀이의 공간이 넓어지고 인원 제한이 없어지면서 교실 전체가 블록 놀이터가 되기도 하고 블록을 이용하여 공간을 분리하기도 한다. 블록을 활용하여 창의적으로 구성하고 표현할 아이들의 재능을 펼치기 위해 블록 영역을 크게 확장시켜 시작해 보자.

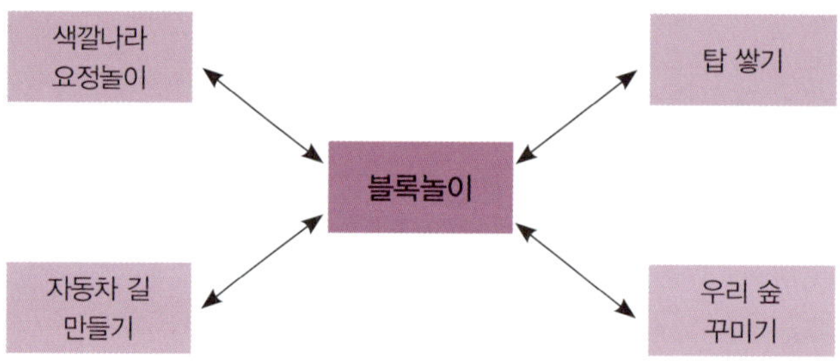

놀이의 준비

- 쌓기놀이 영역을 크게 확장해 준다.
- 단조로운 색의 블록뿐만 아니라 알록달록 색깔 있는 블록들도 제공해 준다.
- 함께 어우러져 놀이할 피규어들이 있다면 훨씬 재미있는 놀이가 진행될 수 있다.
- 되살림 자료들과 함께 구성하여 놀이가 더 확장될 수 있도록 제공해 준다.

놀이 하나, 색깔나라 요정 놀이

놀이의 시작

우리 유치원에는 알록달록 색깔 블록이 많이 있다. 다양한 블록을 꺼내어 놀이하다가 '겨울왕국' 영화를 관람하고 온 유아가 파란색 블록을 모두 꺼내어 얼음나라를 완성한다. "선생님~ 얼음나라로 놀러 오세요." "우와~ 정말 잘 만들었다!! 얼음나라 사람들은 초록나라에 가고 싶었데." "그럼 나는 초록나라 만들어야지!!" "그럼 나는 빨간나라!" 아이들이 신나서 블록마다 색을 골라낸다. 역할놀이 영역에서 초록 브로콜리도 가져가고 음률놀이 영역에서 빨간 스카프도 챙겨간다. 아이들의 '색깔나라' 놀이 공간이 점점 커지면서 교실 모든 색깔이 모이게 된 놀이 이야기를 시작해 보자.

놀이 흐름

'겨울왕국' 얼음성 만들기 ⇒ 초록나라 만들기 ⇒ '색깔나라' 만들기 ⇒ '색깔나라' 요정 놀이하기 ⇒ '색깔나라' 전시회

놀이 재료

색깔 블록, 색이 있는 놀잇감, 다양한 색의 천, 인형

놀이 지원

놀이 공간	–놀잇감을 구성할 공간 확보하기
놀이 시간	–유아들과 일과 계획 시 만들 시간과 놀이를 즐길 시간 분배하기 –작품 전시 기간 정하기
토의 주제	–그 밖의 필요한 재료 요청하기 –블록 작품 소개하는 방법 정하기 –손님 초대 날짜 정하기 및 놀이 참여 규칙 정하기

놀이 과정 및 사진

① 친구들과 블록놀이를 해요.

② '겨울왕국 얼음나라'를 완성했어요.
친구들도 함께 색깔나라를 만들기 위해 교실의 색을 모으기 시작했어요.

③ '색깔나라'를 완성했어요.

④ 친구들과 '색깔나라' 요정 놀이를 즐긴 후 다른 반 친구들을 초대해 전시회도 열었어요.

놀이 둘, 크리스마스트리 만들기 놀이

놀이의 시작

크리스마스가 가까워진 겨울날 아이들은 블록으로 탑을 쌓고 놀이를 하다가 "우리 크리스마스트리 만들자!"고 제안한다. 많은 블록을 이용해서 탑을 쌓고 작은 블록과 피규어들을 활용하여 크리스마스트리 장식을 한다. "이것도 이용해서 꾸며 볼까?" 선생님은 아이들이 꾸민 크리스마스트리에 장식품을 더해 준다. 아이들은 조금 더 크리스마스트리 흉내에 가까워지자 놀이에 더 몰입한다. "나는 나무 블록으로 만들어야지." 하며 만드는 트리의 종류도 다양해진다. 친구들과 함께 크리스마스트리를 만들고 함께 파티도 열어 보았다. 블록으로 만든 멋진 크리스마스트리 이야기를 따라가 보자.

놀이 흐름

블록 쌓기 놀이 ⇒ 크리스마스트리 만들기 → 장식하기 및 편지쓰기 ⇒ 다양한 종류의 크리스마스트리 만들기 ⇒ 크리스마스 파티하기

놀이 재료

다양한 블록(색깔 블록, 나무 블록, 할로우 블록 등등), 피규어, 크리스마스 장식품, 불빛 전구

놀이 지원

놀이 공간	–놀잇감을 구성할 공간 확보하기
놀이 시간	–유아들과 일과 계획 시 만들 시간과 놀이를 즐길 시간 분배하기 –크리스마스 파티 놀이 시간 정하기
토의 주제	–그 밖의 필요한 재료 요청하기 –크리스마스트리를 만들 때 안전 주의 사항 정하기

놀이 과정 및 사진

① 친구들과 블록놀이를 해요.

② 크리스마스트리 만들기를 하며 쌓아요.

③ 크리스마스트리 장식품으로 꾸며요.

④ 또 다른 크리스마스트리도 만들어요.

⑤ 우리가 만든 크리스마스트리 앞에서 함께 파티해요.

놀이 셋, 자동차 길 만들기

놀이의 시작

남자아이들은 자동차 놀이에 흠뻑 빠져있고, 여자아이들은 그림 그리기에 심취해 있다. "함께 놀 방법 없을까?"라는 선생님의 제안에 "아 이렇게 하면 되겠어요!"하며 여자 친구들이 도로를 그려주고 우리는 블록으로 건물과 다리를 만들고 같이 놀자고 이야기한다. 모든 아이가 흔쾌히 동의하고 분주히 움직인다. 필요한 재료를 요청하고 역할을 나눈다. 선생님이 제공한 긴 아세테이트 위의 재미있는 자동차 이야기를 시작해보자.

놀이 흐름

자유놀이 ⇒ 도로 그리기 ⇒ 건물과 다리 만들기 ⇒ 자동차 놀이

놀이 재료

다양한 블록(색깔 블록, 나무 블록, 할로우 블록 등등), 피규어, 자동차 장난감

놀이 지원

놀이 공간	–놀잇감을 구성할 공간 확보하기 –자동자 도로 동선 예측
놀이 시간	–유아들과 일과 계획 시 만들 시간과 놀이를 즐길 시간 분배하기
토의 주제	–그 밖의 필요한 재료 요청하기 –도로 길을 지나다닐 때 안전사항 정하기

놀이 과정 및 사진

① 친구들과 함께 긴 도로를 그려요.

② 다양한 블록을 이용해 도로를 건설해요.

③ 완성된 자동차 길을 활용하여 놀이해요.

4) 소품놀이

놀이의 발견

개정 누리과정에서 가장 많이 변화된 건 역할놀이다. 매번 생활주제에 맞춰 정해진 소품놀이를 하다가, 언제든 유아가 원할 때 원하는 소품으로 어떠한 놀이든 시작할 수 있는 자유로운 공간이 되었다. 역할놀이의 공간이 더 넓어지면서 많은 유아들이 역할놀이에 참여할 수 있다. 아이들의 아이디어가 톡톡 튀는 재미있는 소품놀이 이야기를 소개한다.

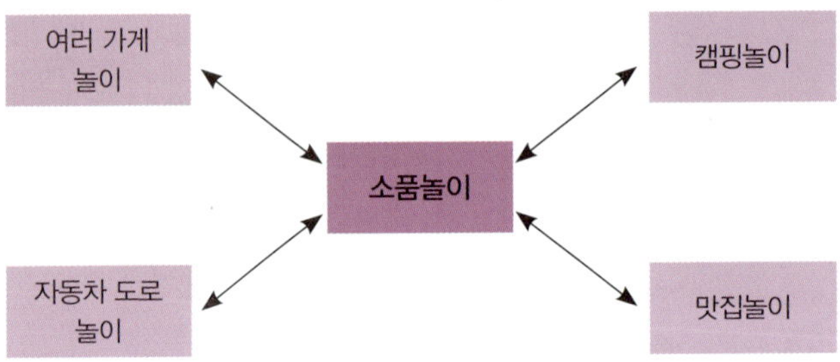

놀이의 준비

- 역할놀이 영역을 크게 확장시켜 주자.
- 유아들이 원할 때는 언제든지 필요한 소품을 제공하여 채우고 역할놀이의 공간으로 활용한다. 참여하는 유아들의 수에 따라 공간을 확장해 주고 필요한 간판과 놀잇감을 지원해 준다.
- 되살림 자료들과 함께 구성하여 놀이가 더 확장될 수 있도록 한다.

놀이 하나, 여러 가게 놀이

놀이의 시작

아이들과 '여름' 생각 나누기를 해보았다. 아이스크림, 바닷가, 에어컨 등등 아이들만의 여름에 대한 경험으로 칠판 한가득 채워진다. 자유놀이가 시작되자 7세 여아들은 미용실 놀이가 한창이다. "어떤 스타일을 원하세요?" 친구들의 머리를 묶었다, 풀었다, 핀을 꽂았다가 등등 반복하며 즐거운 미용사 놀이에 흰칭이다. 또 다른 한쪽 영역에서는 바닷가를 꾸미겠다고 바쁜 모습이다. 오늘 생각을 모았던 각자의 '여름' 경험을 살려 놀이가 시작되는 것을 보고 선생님은 필요한 소품들을 지원해 주었다. 그렇게 만들어진 여러 가지 가게놀이 이야기이다.

놀이 흐름

'여름' 생각 모으기 ⇒ 자유놀이 ⇒ 여러 가게 구성하기(미용실 가게, 낚시터, 아이스크림 가게) ⇒ 놀이하기 ⇒ 다른 반 초대해 가게 운영하기

놀이 재료

- 미용실 가게: 집게 삔, 염색 머리핀, 미용사 놀잇감 도구, 헤어롤, 미용실 가운 등
- 낚시터: 바다(파랑, 하늘색 습자지), 되살림 자료(낚싯대, 체험티켓), 바다생물 그림 자료
- 아이스크림 가게: 천사점토, 꾸미기 재료, 되살림 자료(배달 상자), 직원 전용 재킷 등

놀이 지원

놀이 공간	–놀잇감을 구성할 공간 확보하기 –가게 장소 선정하기
놀이 시간	–유아들과 일과 계획 시 만들 시간과 놀이를 즐길 시간 분배하기 –놀이 진행 일정 정하기
토의 주제	–그 밖의 필요한 재료 요청하기 –가게놀이에 다른 반 친구들 초대 일자 정하기 –가게놀이 참여하는 방법 정하기

놀이 과정 및 사진

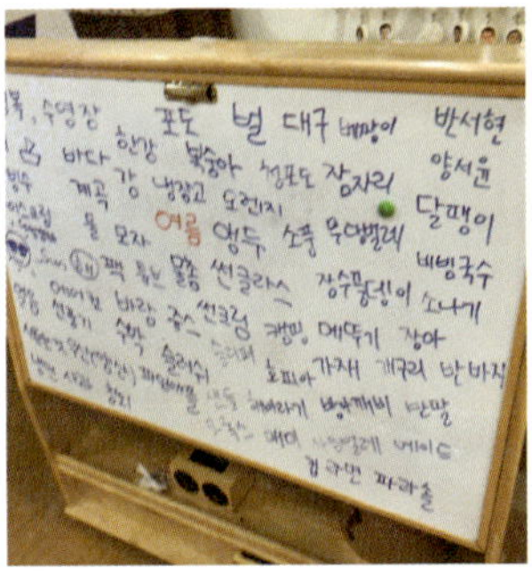

① 친구들과 '여름'에 대한 생각 모으기를 했어요.

② 친구들과 함께 여러 가게를 구성해요.

③ 바다섬 낚시터를 만들어요. 낚시를 즐기며 물고기를 잡아요.

미용실 가게를 개점했어요. 멋진 헤어디자이너가 되어 놀이해요.

아이스크림 가게를 열었어요. 아이스크림 배달도 하며 재미있는 놀이를 이어갑니나.

놀이 둘, 캠핑놀이

놀이의 시작

주말 지낸 이야기에 여러 유아들이 캠핑을 다녀왔다. "선생님, 우리 캠핑놀이할래요!" 유치원에 있는 다양한 캠핑 도구를 꺼내어 주고, 없는 것은 되살림 자료를 활용하여 만들기로 했다. 여자 친구들이 점토를 이용해 맛있는 음식을 만들고 남자 친구들은 텐트도 치며 캠핑 준비에 바쁘다. 뚝딱 만들어진 캠핑장의 재미있는 놀이 이야기이다.

놀이 흐름

주말 지낸 이야기 ⇒ 캠핑놀이 구성하기 ⇒ 캠핑 소품 되살림 자료로 만들기 ⇒ 계곡 만들기 ⇒ 놀이하기 ⇒ 다른 반 초대해 캠핑장 운영하기

놀이 재료

원터치 모기장(텐트), 1인용 텐트, 바비큐 놀잇감, 음식 장난감, 다양한 블록

놀이 지원

놀이 공간	- 놀잇감을 구성할 공간 확보하기 - 캠핑 및 계곡 장소 선정하기
놀이 시간	- 유아들과 일과 계획 시 만들 시간과 놀이 즐길 시간 분배하기 - 놀이 진행 일정 정하기
토의 주제	- 그 밖의 필요한 재료 요청하기 - 캠핑 소품 토의 및 재료 구성하기 - 캠핑놀이의 참여 방법 정하기

놀이 과정 및 사진

① 친구들과 함께 캠핑놀이를 준비해요.

② 블록으로 계곡도 만들고, 캠프파이어 공간도 구성했어요. 필요한 캠핑 도구도 만들어요.

③ 친구들과 즐겁게 캠핑놀이를 해요.

놀이 셋, 킥보드 도로 놀이

놀이의 시작

아이들과 '빌리보'를 활용해 신체 놀이를 했다. 빌리보에 올라가 중심을 잡고 섰다가, 거북이 등처럼 이고 기기, 엉덩이로 밀고 다니기 등 신나게 놀아보았다. "선생님 자동차 같죠?" 아이들이 줄지어 자동차가 행렬하듯 함께 놀이했다. "내일은 도로도 그리고 휴게소를 만들어 자동차 놀이해요." 아이들의 요청한 자료를 준비해 정말 자동차 도로 놀이를 시작했다. 자동차를 고치는 정비소뿐만 아니라, 휴게소, 주유소, 졸음쉼터, 톨게이트 등등 아이들의 재미있는 자동차 놀이는 계속 이어졌다. 교실에 비치된 자동차가 부족하자, 각자의 집에서 킥보드를 가져와 킥보드 도로놀이로 발전하게 되었다.

놀이 흐름

빌리보 신체놀이 ⇒ 자동차 도로 구성하기 ⇒ 휴게소 만들기 ⇒ 자동차 만들기 ⇒ 톨게이트, 세차장, 휴게소 등 ⇒ 구성하기 ⇒ 킥보드 추가하기 ⇒ 놀이하기

놀이 재료

큰 블록, 색 테이프, 천사점토, 되살림 자료(상자, 종이, 플라스틱, 줄 등등)

놀이 지원

놀이 공간	–놀잇감을 구성할 공간 확보하기 –자동차 도로 및 휴게소 주유소 등 장소 선정하기
놀이 시간	–유아들과 일과 계획 시 만들 시간과 놀이를 즐길 시간 분배하기 –놀이 진행 일정 정하기
토의 주제	–그 밖의 필요한 재료 요청하기 –자동차 놀이의 참여 방법 정하기 – 자동차 및 킥보드 놀이 시 필요한 안전 약속 정하기

놀이 과정 및 사진

① 빌리보 신체놀이를 해요.

② 자동차 놀이에 필요한 가게와 도로 및 소품을 구성하고 만들어요.

③ 블록으로 자동차를 만들어 정비소놀이를 해요.

④ 주유소, 졸음쉼터, 휴게소를 만들고 추가하여 놀이해요.

2 무엇이든 가능한 실외놀이

1) 모래놀이

놀이의 발견

아이들은 모래 하나만으로도 종일 놀이를 할 수 있다. 땅을 파면 생기는 웅덩이, 길을 내주는 물길, 산처럼 높이 쌓기, 친구의 생일 케이크를 준비하며 장식을 하기도 한다. 무엇이든 상상하는 대로 놀이를 이끌어주는 모래놀이는 아이들을 쏙 빠지게 하는 진짜 재밌는 놀이다. 모래와 물이 만나면 모래의 질감, 탄력, 무게 등 달라지는 현상을 활용하여 더 재미있는 놀이가 이어진다. 아이들의 즐거웠던 모래놀이를 소개한다.

놀이의 준비

- 모래놀이를 하기 편한 신발과 복장을 갖추도록 한다.
- 모래놀이에 활용하기 좋은 삽과 도구들을 준비한다.
- 각 가정에서 사용하지 않는 주방용품들을 되살림 자료로 지원받아 모래놀이에 활용할 수 있도록 제공해 준다.

놀이 하나, 화석 찾기 놀이터

놀이의 시작

실외놀이터에서 모래 속에 진짜 화석을 숨겼다. 아이들이 땅파기 놀이를 너무 좋아하니, 선생님들은 이벤트 놀이로 숨겨놓은 것이었다. 아이들은 진짜 화석이 숨겨져 있다는 걸 알고는 매일 모래를 열심히 판다. 넓은 모래 놀이터에서 작은 화석을 찾기가 쉽지 않자 "선생님 우리가 진짜 화석을 만들어야겠어요."라는 제안이 나왔다. 그날로 아이들은 공룡 뼈 화석 찾기 놀이터를 구성하게 되었고 고고학자의 놀이가 이어지게 되었다.

놀이 흐름

모래 놀이터 땅파기 ⇒ 화석 찾기 ⇒ 화석 만들기 ⇒ 발굴터 구성하기 ⇒ 고고학자 놀이 ⇒ 화석 찾기 놀이터 운영하기

놀이 재료

화석토, 공룡 점토 틀, 넓고 큰 비닐, 모래, 화석판, 붓

놀이 지원

놀이 공간	–놀잇감을 구성할 공간 확보하기 –'화석 발굴터' 장소 탐색하고 선성하기
놀이 시간	–유아들과 일과 계획 시 만들 시간과 놀이를 즐길 시간 분배하기 –공룡 뼈 화석 만들기 및 말리기 소요시간 알아보기
토의 주제	–그 밖의 필요한 재료 요청하기 –화석 발굴 시 필요한 소품 찾아보고 요청하기 –발굴터 만들 때 역할 분담하기

놀이 과정 및 사진

① 모래 놀이터에서 화석을 찾아요.

② 친구들과 직접 화석토를 활용해 공룡 뼈 화석을 만들어요.

③ 화석 발굴터를 구성해요.

④ 친구들과 함께 고고학자가 되어 화석 발굴 놀이를 해요.

놀이 둘, 모래 찜질방 놀이

놀이의 시작

햇빛 쨍한 초여름날, 모래 놀이터에서 열심히 땅을 파고 있다. "선생님 땅속은 더 따뜻해요." 햇빛을 받은 땅의 기운이 따뜻하게 느껴졌나 보다. 그리고는 "여기는 모래 찜질방이야." "같이 찜질방 놀이할 사람!" 모래 찜질방 놀이가 시작된다. 스스로 모래를 덮는 아이도 있고, 깊이 땅을 더 파는 아이도 있다. 단순한 아이들의 모래놀이 같지만, 얼마만큼 모래를 파야 하는지, 모래는 어떻게 옮겨야 잘 옮기는지, 퍼낸 흙은 어떻게 사용할지, 놀이를 위해 몇 명이 필요한지 등 모래놀이 속에 생겨난 의문과 해답을 한 번에 볼 수 있었다.

놀이 흐름

놀이터 모래놀이하기 ⇒ 찜질방 구성하기 ⇒ 찜질터 정하기 ⇒ 모래찜질하기 및 찜질방 놀이하기

놀이 재료

모래 놀이터, 삽, 되살림 주방 용품

놀이 지원

놀이 공간	– 놀잇감을 구성할 공간 확보하기 – 모래 찜질방 장소 선정하기
놀이 시간	– 유아들과 일과 계획 시 만들 시간과 놀이를 즐길 시간 분배하기
토의 주제	– 그 밖의 필요한 재료 요청하기 – 모래 찜질방 운영 역할 분담하기

놀이 과정 및 사진

① 친구들과 모래놀이를 즐겨요.

② 찜질방을 구성하고 찜질터를 정해요.

③ 친구들과 모래찜질하며 찜질방 놀이를 해요.

2) 물놀이

놀이의 발견

어떠한 놀이든 물이 포함되면 유아들은 온몸을 이용해 신나게 놀이한다. 옷과 신발이 다 젖도록 놀이하는 물놀이, 한여름의 특권처럼 물을 활용한 아이들의 놀이는 무궁무진하다. 단순히 배를 띄우거나 댐 만들기를 넘어서 목욕탕 놀이, 물 미끄럼틀 놀이, 물길 만들기 등 물을 활용한 유아들의 진짜 놀이를 소개한다.

놀이의 준비

- 물놀이를 편히 할 수 있는 복장과 신발을 준비한다.
- 물놀이 시 활용할 수 있는 되살림 자료(페트병, 헌 수건, 폐비닐 등) 제공해 준다.
- 체온 유지를 할 수 있는 해가 뜬 따뜻한 날 물놀이를 계획한다.
- 물을 충분히 사용할 수 있는 보조 통을 준비해 놀이에 활용한다.

놀이 하나, 물길 만들기

놀이의 시작

물 놀이대에 막아두었던 둑을 풀자 물이 콸콸 흘러갔다. 곧 물은 물 놀이대를 흘러 넘치자 거기서부터 물길을 만들어 이었다. 넘쳤던 물은 이내 흙 속으로 금방 스며든다. 아이들은 더 많은 물을 흘려보내 물길을 완성하려 했다. "선생님, 그런데 물이 자꾸 땅속으로 스며들어 물이 흘러갈 수가 없어요." "선생님이 어떻게 하면 물이 더 오래 흐를 수 있을까?" 질문에 "선생님! 비닐 주세요. 비닐을 깔면 돼요!" 선생님이 구해준 폐비닐을 이용해 아이들은 열심히 물길을 만들어 성공했던, 아이들의 열정 넘치는 물길 만들기 이야기이다.

놀이 흐름

물 놀이대 뚝 만들기 ⇒ 물길 만들기 ⇒ 폐비닐 깔기 ⇒ 물길 완성하기

놀이 재료

물 놀이대, 폐비닐, 삽

놀이 지원

놀이 공간	–놀잇감을 구성할 공간 필요 확보하기 –물길 만들기 장소 선정하기
놀이 시간	–유아들과 일과 계획 시 만들 시간과 놀이 즐길 시간 분배하기
토의 주제	–그 밖의 필요한 재료 요청하기 –물길 만들기 공간 및 역할 분담하기

놀이 과정 및 사진

① 친구들과 물 놀이대에서 신나게 놀아요.

② 물길을 만들어요. 물길은 통과하는 물은 너무 쉽게 땅속으로 흡수되었어요.

③ 친구들과 다시 협력하여 물길에 비닐을 깔아요.

④ 완성된 물길을 이용해 화물선도 운항하며 즐거운 놀이를 해요.

놀이 둘, 족욕탕 놀이

놀이의 시작

"어휴 더워." 바깥 놀이터를 나오고 얼마 지나자 아이들의 탄성이 나온다. 무더운 여름날, 열기만으로도 더운 날씨다. 물놀이 대의 친구들에게 선생님이 "여기요! 물 좀 배달해 주세요."라며 상황극을 시작하자, 아이들이 여러 도구(삽, 통, 페트병) 등등을 활용하여 물을 배달한다. 모래 놀이를 하던 친구들의 발에 부어주자 "와~ 시원하다!" 친구들의 반응에 또 열심히 물을 길어 온다. "여기 구멍을 파고 족욕탕을 만들자." 열심히 파서 만들었지만, 물이 너무 쉽게 스며든다. "다른 방법 없을까?" 아이들과 함께 놀이의 더위를 이기기 위해 시작한 족욕탕 놀이 이야기이다.

놀이 흐름

물 놀이대 자유 놀이 ⇒ 물 배달 놀이 ⇒ 족욕탕 구성하기 ⇒ 운영과 손님 정하기 ⇒ 족욕탕 놀이

놀이 재료

삽, 바가지, 대야, 큰 대야, 의자 여러 개

놀이 지원

놀이 공간	–놀잇감을 구성할 공간 확보하기 –족욕탕 놀이 장소 선정하기
놀이 시간	–유아들과 일과 계획 시 만들 시간과 놀이를 즐길 시간 분배하기
토의 주제	–그 밖의 필요한 재료 요청하기 –족욕탕 놀이 역할 분담 토의하기

놀이 과정 및 사진

① 친구들과 물 놀이대에서 신나게 놀아요.

② 모래 놀이터의 물 요청에 물 배달 놀이를 해요.

③ 족욕탕 놀이를 구성해요.

④ 완성된 족욕탕에서 친구들과 놀이를 이어가요.

3) 흙(황토)놀이

놀이의 발견

흙은 모래와는 또 다른 놀잇감이다. 입자 크기에 따라 나뉘겠지만, 모래와는 또 다른 무한한 놀이가 만들어진다. 고운 입자인 흙은 감촉이 부드러울 뿐만 아니라 아이들이 원하는 모양대로 잘 뭉쳐진다. 특히 황토는 색까지 더해져 더욱 흥미롭고 다양한 방법으로 놀이가 가능하다. 온몸으로 경험하는 흙놀이부터 다양한 예술놀이까지 아이들의 재미있는 흙놀이를 소개하고자 한다.

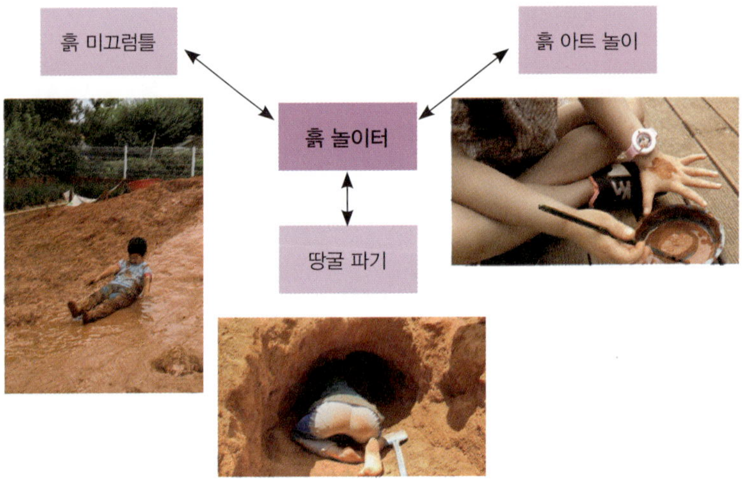

놀이의 준비

- 흙놀이를 편히 할 수 있는 복장과 신발을 준비한다.
- 흙놀이 시 활용할 수 있는 되살림 자료(비닐포대, 헌 수건, 주방용품 등)를 제공한다.
- 다치지 않도록 흙놀이 시 안전사항을 미리 설명하여 안전하게 놀이한다.
  (흙의 미끄러움, 흙산의 무너짐, 눈에 이물질이 들어갈 수 있음 등)
- 진흙놀이 후 애벌로 씻을 수 있도록 큰 대야를 준비한다.

놀이 하나, 흙미끄럼틀 놀이

놀이의 시작

유치원 놀이터에 커다란 흙(황토)산이 생겼다. 흙(황토)산에 오르고 내리기를 몇 번, 아직 낯선 산에서 무엇을 하고 놀아야 할지 고민에 쌓인 아이들의 모습이었다. 아이들은 흙산에 올라도 보고, 파보기도 하고, 흙을 물에 개어 색을 만들기도 하며 탐색했다. "우리 비닐을 깔고 흙썰매를 타 볼까?" 선생님의 제안에 아이들이 줄을 섰다. 다른 한쪽에서는 주방놀이를 챙겨 흙산 꼭대기에 펼쳤다. 너도나도 흙산에 올라 각자 원하는 놀이가 시작되었다. 아이들은 각자의 놀이를 하다가도 흙미끄럼틀을 타는 아이들에게 눈길이 간다. 그렇게 점점 시간이 흘러 하나둘 모여 모두가 온몸으로 황토 흙미끄럼틀을 타게 되었다.

놀이 흐름

흙산 탐색하기 ⇒ 흙산 자유놀이(흙산 오르기, 진흙공 만들기, 주방놀이 하기) ⇒ 흙미끄럼틀 타기 ⇒ 진흙탕 놀이

놀이 재료

물, 바가지, 비닐포대, 되살림자료(주방놀이 도구)

놀이 지원

놀이 공간	– 흙놀이터 공간 확보하기
놀이 시간	– 유아들과 일과 계획 시 만들 시간과 놀이를 즐길 시간 분배하기
토의 주제	– 없음

놀이 과정 및 사진

① 흙산을 탐색해요.

② 비닐을 깔고 흙썰매를 타요.

③ 물을 뿌려 흙썰매의 속도를 내며 온몸으로 놀아요.

④ 물과 섞어 진흙탕을 만들며 놀아요.

놀이 둘, 흙 아트 놀이

놀이의 시작

색이 있는 흙! 아이들도 신기해한다. 이전에도 조금씩은 접해 봤겠지만, 색깔 흙(황토)이 커다란 산을 이루고 있으니, 몇날 며칠 동안 아이들은 흙놀이 삼매경이다. 아이들이 주방 용품 중 채반을 이용해 황토의 불순물을 걸러 낸다. 부드러운 흙이 걸러지자 선생님이 "우리 염색놀이 할까?" 고운 흙의 주인인 아이들이 흔쾌히 허락한다. 그리고 이 놀이의 주인이 되어 열심히 이끌어 간다.

놀이 흐름

흙 채 치기 ⇒ 황토물 만들기 ⇒ 황토 천연 염색하기 ⇒ 황도 그림 그리기 ⇒ 삭품 발리며 전시하기

놀이 재료

되살림 채반, 삽, 그릇, 큰 대야, 붓, 광목천 여러 가지 크기

놀이 지원

놀이 공간	– 흙 놀이터에서 놀이 구성할 공간 확보하기 – 황토 염색 전시 공간 장소 선정하기
놀이 시간	– 유아들과 일과 계획 시 만들 시간과 놀이를 즐길 시간 분배하기
토의 주제	– 그 밖의 필요한 재료 요청하기 – 염색 놀이의 역할 분담하기

놀이 과정 및 사진

① 황토를 채에 걸러 더 고운 흙가루만 모아요.

② 큰 대야를 이용해 황토가루를 넣고 물에 개어 봅니다. 부드러움에 손을 뺄 수가 없어요.

③ 작은 광목천을 잘라 염색합니다. 원하는 모양으로 접어 고무줄로 묶어요.

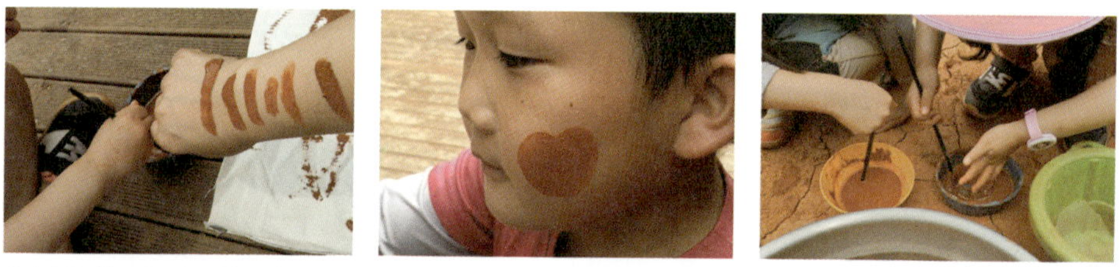

④ 남은 황토물로는 얼굴과 몸에 그림도 그리며 또 다른 놀이로 이어가요.

3 사계절 숲놀이

1) 봄의 숲놀이

놀이의 발견

입학 후 적응 시기가 끝나면 잘 이겨낸 대견함을 축하하듯 온 숲에는 작은 들풀의 꽃부터 키 큰 나무의 꽃들까지 흐드러지게 피어난다. 모든 만물이 소생하는 생명들과 하나되어 경이로움이 가득한 놀이들이 매일 펼쳐진다. 움츠렸던 어깨를 펴고 숲을 뛰어다니는 아이들, 손톱보다 더 작은 꽃들을 들여다보며 아름다움에 감탄하는 아이들, 작은 개구리가 낳은 많은 양의 알들을 발견하며 신기함을 금치 못한다. 이렇게 아이들은 봄의 숲과 한 해를 함께 자라간다. 숲에서 아이들의 즐거운 봄놀이를 따라가 보자.

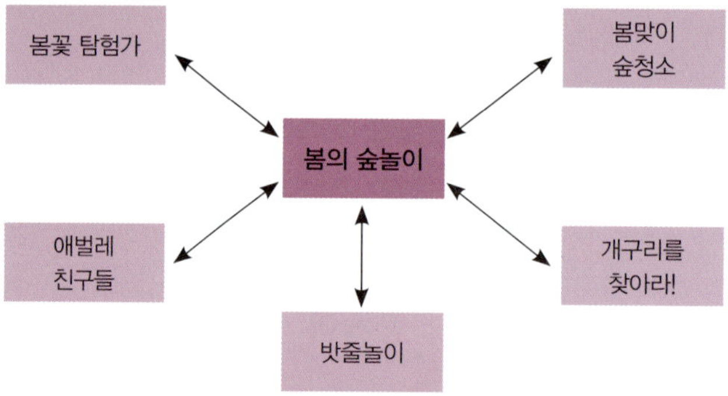

놀이의 준비

- 숲놀이 날에는 운동화와 기능성 숲복을 착용할 수 있도록 미리 안내한다.
- 안전한 반경 안에서의 자유놀이를 지도하고, 외부 등산객에 대한 주의를 미리 안내한다.
- 관찰 도구(루페, 돋보기 등)와 관찰통, 유아 수준의 도감책(봄꽃도감, 나무도감, 곤충도감 등)을 제공한다.
- 긴 나뭇가지 사용 시 유의점, 나무 가시 찔림 등 예측할 수 있는 안전사항은 미리 지도하고 함께 규칙을 만들어 지킨다.
- 숲에서 만나는 모든 생명은 소중히 다룰 수 있도록 지도한다.
- 각 가정에서 사용하지 않는 주방용품들을 되살림 자료로 지원받아 숲놀이에 활용할 수 있도록 제공해 줄 수 있다.

놀이 하나, 봄맞이 숲청소

놀이의 시작

4월 초 따뜻한 햇살에 아이들이 숲으로 갈 채비를 한다. "오늘은 숲에서 어떤 봄 친구를 만날까?" 선생님의 기대에 찬 한마디에 아이들의 발걸음과 눈망울이 커진다. 아직 초록 싹보다 낙엽이 더 많은 초봄이다. 숲으로 가는 길마다 따뜻한 봄기운을 받아 땅을 뚫고 올라온 새싹을 볼 때마다 "여기 봄친구 추가요!"를 외친다. "봄의 생명들이 더 잘 피어날 수 있도록 도와주고 싶은데." 선생님의 한마디에 아이들의 아이디어가 반짝이더니 "우리가 낙엽을 청소해줘요!" 하며 저마다 필요한 도구를 챙겨 봄맞이 낙엽청소를 시작하게 되었다. 그 과정에서 만난 숲의 생명들과 아이들의 놀이 이야기이다.

놀이 흐름

숲 자유놀이 ⇒ 낙엽 숲청소하기 ⇒ 흙 속에 찾은 생명 ⇒ 자연물 찾기 메모리 게임 ⇒ 숲에 씨앗 심기

놀이 재료

루페, 관찰통, 긴 나뭇가지, 삽, 다양한 되살림 자료들

놀이 지원

놀이 공간	–자유숲놀이 장소 정하기 –낙엽청소 장소 및 범위 선정하기
놀이 시간	–유아들과 일과 계획 시 만들 시간과 놀이를 즐길 시간 분배하기
토의 주제	–그 밖의 필요한 재료 요청하기 –'도토리 씨앗 심기' 활동에 필요한 재료 알아보기 –친구들과 낙엽청소 공간 및 역할 분담하기

놀이 과정 및 사진

① 숲에서 자유놀이를 해요.

② 숲놀이터에서 자라는 새싹들이 봄볕을 잘 받도록 낙엽을 청소해요.

③ 청소하며 찾은 여러 자연물을 모아 서로 숨기고 찾는 메모리 게임을 해요.

④ 찾은 다양한 자연물 중 뿌리가 나오고 싹이 난 도토리를 심어 주었어요.

놀이 둘, 봄꽃 탐험가

놀이의 시작

봄꽃들이 만연한 숲이다. 한 걸음마다 인사하듯 봄꽃들이 얼굴을 내밀고 있다. 아이들과 키 작은 들꽃부터 키 큰 나무의 봄꽃까지 모두 만나며 하나씩 인사를 건냈다. 색색이 다르고 모양이 달라 발견하는 재미가 솔솔하다. "봄꽃 팔레트 모으기 할 사람?" 하며 팔레트 판은 제공하자 저마다 아름다운 봄꽃을 찾아 모아 보았다. "우리 오늘 탐험가 같다!" 허리 숙여 새로운 봄꽃들을 발견하는 아이들은 오래도록 숲의 언덕을 넘나들었다. 아이들이 남은 꽃들로는 무엇을 하며 놀았을까? 아이들의 봄꽃 놀이를 따라가 보자.

놀이 흐름

숲 산책 봄꽃 찾기 ⇒ 목련 풍선 불기 ⇒ 목련잎 그림 ⇒ 봄꽃 팔레트 수집 ⇒ 꽃잎으로 색칠하기

놀이 재료

루페, 관찰통, 팔레트 모양 종이, 양면테이프, 봄 그림 활동지

놀이 지원

놀이 공간	–자유숲놀이를 할 장소 정하기 –산책의 이동 경로 정하기
놀이 시간	–유아들과 일과 계획 시 만들 시간과 놀이를 즐길 시간 분배하기 –숲으로 이동시간 고려하기
토의 주제	–그 밖의 필요한 재료 요청하기

놀이 과정 및 사진

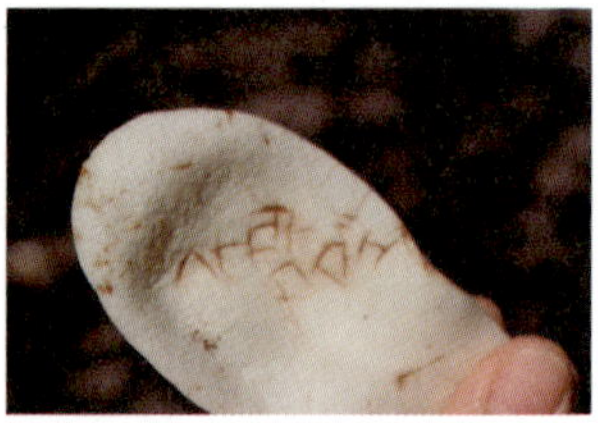

① 숲에서 자유놀이를 하며 찾은 봄꽃으로 놀아요.

② 길가의 떨어진 봄꽃을 관찰하고 봄꽃 팔레트를 만들어요.

③ 찾은 봄꽃을 관찰통에 모아 두었다가 그림에 꽃잎으로 색을 입혀요.

놀이 셋, 애벌레 친구들

놀이의 시작

숲이 점점 초록 잎으로 가득 차니 어디서든 쉽게 애벌레를 만날 수 있다. 한 걸음씩 나아가며 아이들은 새로운 애벌레를 만날 때마다 모양과 생김새를 친구들에게 적극적으로 알려준다. "여기도 있어! 엄청나게 커!" 아이들은 우르르 몰려다니며 애벌레 삼매경이다. 이제는 보이는 애벌레뿐만 아니라 나무 속, 땅속 숨어있는 애벌레들도 찾아보며 숲을 탐험한다. 온통 애벌레 생각뿐인 우리 아이들은 애벌레가 먹는 나뭇잎과 앞으로 애벌레의 변화과정에도 관심이 많았다. 특히 선생님이 시작한 애벌레 천적 게임에 애벌레가 되어 진지하게 참여한다. "야! 조심해! 앞에 새가 있어!" 싱그러운 연녹색 나뭇잎들이 가득한 숲에서 즐기는 신나는 애벌레 놀이 이야기이다.

놀이 흐름

숲에 애벌레 찾기 ⇒ 관찰 도구로 애벌레 관찰하기 ⇒ 파스타로 애벌레 만들기 ⇒ 애벌레 천적 피하기 게임 ⇒ 나뭇잎 따먹기 놀이

놀이 재료

루페, 관찰통, 파스타 4종류, 양면테이프, 애벌레 천적 피하기 게임 키트(에코샵 홀씨), 나뭇잎 모양, 집게, 나뭇잎 과자

놀이 지원

놀이 공간	–자유숲놀이 할 장소 정하기 –애벌레 관찰 장소 정하기
놀이 시간	–유아들과 일과 계획 시 만들 시간과 놀이를 즐길 시간 분배하기
토의 주제	–그 밖의 필요한 재료 요청하기

놀이 과정 및 사진

① 친구들과 다양한 곳에서 애벌레를 찾아봅니다.

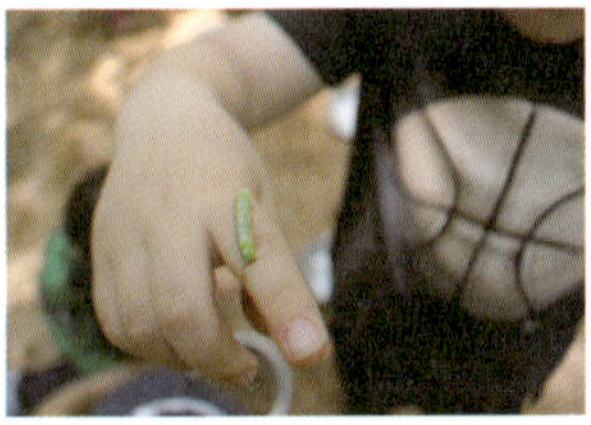

② 숲에서 만난 애벌레를 루페로 관찰해요.

③ 파스타로 애벌레의 변신을 작품으로 표현해요.

④ 친구들과 애벌레 천적 피하기 게임을 해요.

⑤ 애벌레 나뭇잎 과자 따먹기 놀이를 해요.

2) 여름의 숲놀이

놀이의 발견

싱그러운 초록 잎들이 햇빛을 가려주는 고마운 그늘이 된다. 숲의 모든 만물이 무성해진 숲에서 아이들은 여름 곤충(사슴벌레, 장수풍뎅이, 여치, 매미, 나비 등), 물속생물(가재, 개구리, 송사리 등), 들꽃과 들풀, 나뭇잎, 여름비와 흙, 버섯 등 수많은 자연을 만나게 된다. 매일 변화하는 여름 숲에서 더욱 신나고 활발해진 아이들의 놀이를 소개한다.

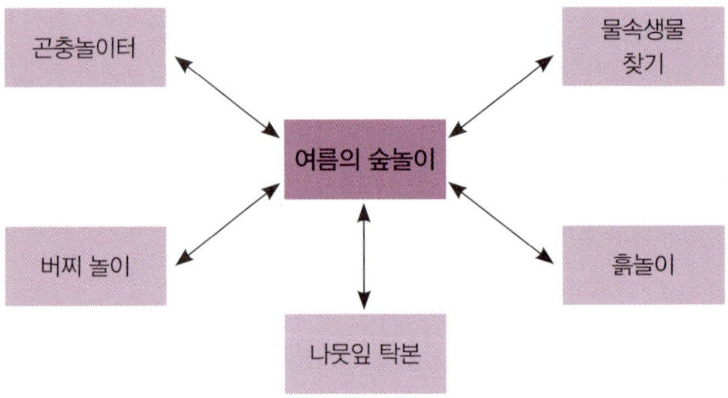

놀이의 준비

- 숲놀이 날에는 운동화와 기능성 숲복장을 착용할 수 있도록 미리 안내한다.
- 여름에는 숲모기가 많다. 반드시 모기 기피제와 기피 패치를 붙이고 참여할 수 있도록 안내한다.
- 목 뒤까지 덮는 플랫캡 모자를 착용한다.
- 벌의 활동이 왕성한 시기에는 의자, 데크의 밑, 나무 기둥 등 벌집을 미리 체크 하고 벌 쏘임 예방에 대한 안전교육을 실시한다.
- 숲에서 만나는 모든 생명은 소중히 다룰 수 있도록 지도한다.
- 각 가정에서 사용하지 않는 주방용품들을 되살림 자료로 지원받아 숲놀이에 활용하도록 한다.

놀이 하나, 버찌놀이

놀이의 시작

벚꽃이 피었던 자리에 동글동글 검은색의 열매가 익어간다. 여름을 가장 먼저 알리듯 숲에서 만난 버찌가 반갑기만 하다. 벚나무 밑에 아이들이 그냥 지나칠 리 없죠. 손끝이 까매지도록 버찌를 모아 담는다. 아이들이 모은 버찌로 무엇을 하고 놀까? 아이들의 여름 숲놀이를 소개한다

놀이 흐름

버찌 관찰하고 모으기 ⇒ 버찌로 숲놀이 하기 ⇒ 버찌 타투 그리기 ⇒ 버찌 물감 만들기 ⇒ 나뭇가지로 버찌 그림 그리기

놀이 재료

루페, 관찰통, 되살림 자료(주방용품), 작은 붓(미술용), 광목천

놀이 지원

놀이 공간	– 자유숲놀이 할 장소 정하기 – 버찌가 떨어지는 장소 알아보기
놀이 시간	– 유아들과 일과 계획 시 만들 시간과 놀이를 즐길 시간 분배하기
토의 주제	– 그 밖에 필요한 재료 요청하기

놀이 과정 및 사진

① 버찌를 관찰하고 떨어진 버찌를 모아요.

② 버찌를 활용하여 숲놀이를 해요.

③ 버찌 즙으로 우리 손에 예쁜 무늬도 그려요.

④ 버찌 즙을 물감 삼아 나뭇가지로 그림을 그렸어요.

놀이 둘, 곤충 놀이터

놀이의 시작

여름 숲, 커다란 참나무 앞에 아이들이 모인다. 시큼한 냄새가 나는 참나무의 수액 흐른 곳을 잘 들여다보면 사슴벌레 또는 장수풍뎅이를 쉽게 발견할 수 있다. 아이들은 눈을 크게 뜨고 나무의 옹이 구석구석을 살펴본다. "여기야 여기 조금 보여." 한 친구가 발견하면 모두가 숨죽이고 사슴벌레가 나오길 기다린다. 한쪽에서는 곤충 도감을 보며 암컷인지, 수컷인지 예측해 본다. 아이들이 공룡 모형만큼이나 좋아하는 사슴벌레! 사슴벌레를 만난 뒤 아이들의 놀이 이야기이다.

놀이 흐름

여름숲 곤충 찾기 ⇒ 사슴벌레 관찰 ⇒ 도감 찾기 ⇒ 사슴벌레 집 만들기 ⇒ 사슴벌레 놀이터 만들기 ⇒ 사슴벌레 세밀화 그리기

놀이 재료

루페, 관찰통, 다양한 자연물, 세밀화 그리기 도구, 곤충 옮기기 협동게임(종이컵 옮기기 게임), 곤충 순서 카드, 종, 미술놀이 도구, 곤충 도감, 트레싱지

놀이 지원

놀이 공간	– 자유 숲놀이 할 장소 정하기 – 참나무가 많은 숲 장소 알아보기
놀이 시간	– 유아들과 일과 계획 시 만들 시간과 놀이를 즐길 시간 분배하기
토의 주제	– 그 밖의 필요한 재료 요청하기

놀이 과정 및 사진

① 여름 숲에서 다양한 곤충들을 발견해요.

② 숲에서 사슴벌레를 찾았어요.

③ 사슴벌레를 위한 놀이터를 나뭇가지로 만들어 주었어요.

④ 곤충 옮기기 협동게임, 곤충 미술 활동, 도감에서 곤충 찾기 놀이를 해요.

⑤ 놀이 후 사슴벌레를 세밀화로 표현해 보았어요.

놀이 셋, 물속생물 찾기

놀이의 시작

비가 오는 여름 숲, 아이들과 함께 우비를 입고 숲으로 향한다. 어제부터 내린 비로 물길이 만들어졌다. 첨벙첨벙 물장구치며 걷는 아이들의 발걸음이 벌써 재미있는 하루다. "물이 흘러갈 수 있게 길을 만들자." 아이들은 흙을 파서 더 넓고 긴 우리만의 물길도 만들어 본다. "오! 가재 발견!" 한 아이가 소리치자 모두 달려간다. 가재의 모습에 아이들은 신기한 표정으로 관찰한다. 그리고 모두 한마음으로 물속생물을 찾기 시작했다. 우리 숲의 계곡에서는 어떤 물속생물을 만날 수 있을까?

놀이 흐름

숲길 걷기 ⇒ 물길 만들기 ⇒ 가재 발견 ⇒ 물속생물 찾기 ⇒ 물속생물 집 짓기 ⇒ 놓아주기

놀이 재료

루페, 관찰 통, 다양한 자연물, 삽, 뜰채

놀이 지원

구분	내용
놀이 공간	–자유숲놀이 할 장소 정하기 –숲에 물이 흐르는 계곡 장소 정하기
놀이 시간	–유아들과 일과 계획 시 만들 시간과 놀이를 즐길 시간 분배하기
토의 주제	–물속생물 찾기에 필요한 재료 요청하기

놀이 과정 및 사진

① 여름 숲에서 물길을 따라 걸어요.

② 물이 잘 흐를 수 있도록 물길을 만들어 주었어요.

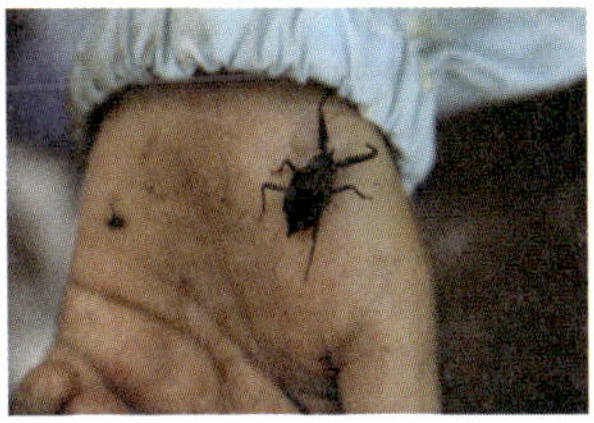

③ 물이 흐르는 숲에서 가재, 개구리, 물장군을 발견했어요.

3) 가을의 숲놀이

놀이의 발견

오색빛깔 가을 숲은 아이들의 가장 좋은 숲 놀이터다. 숲의 작은 풀부터 키 큰 나무까지 단단히 여물어지며 맺은 씨앗과 열매들을 쉽게 발견할 수 있다. 숲에서 찾은 열매들을 활용해 재미있는 게임을 개발하기도 하고 예술 작품을 만들기도 한다.

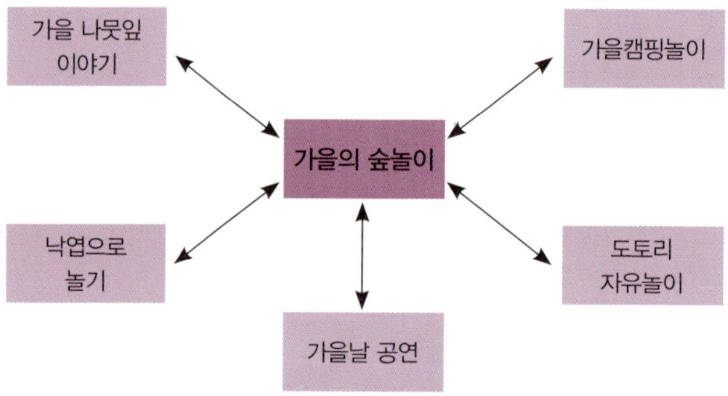

놀이의 준비

- 숲놀이 날에는 운동화와 기능성 숲 복장을 착용할 수 있도록 미리 안내한다.
- 숲에서 찾은 열매를 함부로 먹지 않도록 안내한다.
- 숲에서 만나는 모든 생명은 소중히 다룰 수 있도록 지도한다.
- 각 가정에서 사용하지 않는 주방용품들을 되살림 자료로 지원받아 숲놀이에 활용한다.

놀이 하나, 가을 나뭇잎 이야기

놀이의 시작

한걸음 걸을 때마다 색색의 단풍잎을 만난다. "선생님, 선물이에요. 예쁘죠?" 색색이 예쁜 낙엽들을 모아 선물도 하고 관찰통 가득 담아도 본다. "예쁜 나뭇잎으로 무엇을 할까?" 아이들은 저마다 찾은 낙엽을 이용해 자유롭게 놀이를 시작한다. 나뭇잎 밥 짓기, 곤충 찾기, 흙썰매 타기 등 재미있는 놀이 시간을 보낸다. "이 나뭇잎은 얼굴 같아!" "이건 강아지 얼굴이야." 아이들이 낙엽의 생긴 모양을 이용해 이야기를 지어본다. "남은 낙엽으로 꾸미고 이야기 짓기 해봐요." 삼삼오오 모여 앉아 그림을 그리는 아이와 자연물에 눈부터 붙이는 아이, 다양한 자연물이 모여 재미있는 이야기가 완성되어 간다.

놀이 흐름

가을 나뭇잎 찾기 ⇒ 가을 숲놀이 ⇒ 나뭇잎 인형 만들기 ⇒ 친구들과 이야기 짓기 ⇒ 이야기 들려주기 ⇒ 이야기 이어가기

놀이 재료

루페, 관찰통, 나뭇잎 담는 통, 눈알, 목공풀, 연필과 종이

놀이 지원

구분	내용
놀이 공간	–자유 숲놀이를 할 장소 정하기 –단풍과 낙엽 지는 숲 장소 탐색하기 –이야기 발표 장소 선정하기
놀이 시간	–유아들과 일과 계획 시 만들 시간과 놀이를 즐길 시간 분배하기
토의 주제	–그 밖의 필요한 재료 요청하기

놀이 과정 및 사진

① 오색빛깔 예쁜 나뭇잎을 모아요.

② 가을 숲에서 청서도 만나고 즐겁게 자유놀이를 해요.

③ 놀이 후 남은 나뭇잎을 활용하여 친구와 이야기를 지어요.

④ 우리만의 숲 이야기 짓기를 친구들에게 들려줘요.

⑤ 이어지는 이야기를 다음 날에도 또 이어가요. 매일 더해지는 우리만의 특별한 숲 이야기예요.

놀이 둘, 가을 콜라주

놀이의 시작

가을의 숲은 매일이 달라지는 숲이다. 가까운 산책로에서도 다양한 자연물을 만날 수 있다. 가을이 되니 특히 키 큰 나무에서 떨어진 반가운 나뭇잎들을 많이 만날 수 있다. 아이들은 저마다 찾은 자연물을 모아 '가을 콜라주' 만들기에 참여한다. "내가 도토리 많이 모아올게!" "난 나뭇잎!" 저마다 발견한 자연물을 모으며 한창 바쁘게 움직인다. 그리고 완성되어 가는 우리의 콜라주를 보니 신이 난다. "애들아! 노란색 나뭇잎이 더 필요해!" 함께 만드니 이 큰 작품도 뚝딱이다. 우리 아이들이 만든 작품은 오색빛깔 가을을 담고 있다.

놀이 흐름

열매와 다양한 나뭇잎, 자연물 모으기 ⇒ 콜라주 밑그림 그리기고 자연물 정하기 ⇒ 가을 열매와 나뭇잎으로 채우기 ⇒ 친구들과 작품 감상하기

놀이 재료

루페, 관찰통, 나뭇가지, 다양한 자연물

놀이 지원

놀이 공간	–자유숲놀이 할 장소 정하기 –가을 열매와 나뭇잎이 많은 숲 장소 탐색하기
놀이 시간	–유아들과 일과 계획 시 만들 시간과 놀이를 즐길 시간 분배하기
토의 주제	–그 밖의 필요한 재료 찾아보기 –콜라쥬 영역마다 자연물 선정 및 참여 팀 정하기

놀이 과정 및 사진

① 도토리, 깍정, 색색의 예쁜 나뭇잎과 키 큰 나무의 낙엽 등 자연물을 모아요.

② 친구들과 콜라주의 밑그림을 그리고 콜라주 자연물을 정해요.

③ 별 모양 가을 콜라주에 참여해요.

④ 짠! 우리가 만든 자연물 콜라주랍니다. 작품을 보며 함께 느낌을 공유해요.

놀이 셋, 도토리 자유놀이

놀이의 시작

'토독! 토도독~' 걷다가도 여기저기서 열매 떨어지는 소리가 들린다. 크고 작은 도토리들, 알밤, 작살나무 열매, 팥배나무 열매 등 많은 열매가 아이들 손에 하나 가득 모인다.

햇살에 비쳐 반짝이는 열매들이 정말 예쁘고 탐스러운 모습이다. 아이들은 이 열매를 활용해 어떤 놀이를 할까? 매일 즐거운 도토리 자유놀이 이야기이다.

놀이 흐름

열매 모으기 ⇒ 열매를 활용한 역할놀이 ⇒ 도토리를 활용한 놀이(알까기, 땅따먹기, 구슬치기) ⇒ 도토리 까기 ⇒ 도토리 피자 만다라 ⇒ 도토리 수거함에 넣기

놀이 재료

루페, 관찰통, 나뭇가지, 다양한 자연물, 도토리, 알밤, 여러 가지 열매 등

놀이 지원

놀이 공간	–자유숲놀이 할 장소 정하기 –가을 열매가 많은 숲 장소 탐색하기
놀이 시간	–유아들과 일과 계획 시 만들 시간과 놀이를 즐길 시간 분배하기
토의 주제	–그 밖의 필요한 재료 요청하기

놀이 과정 및 사진

① 숲에서 다양한 가을 열매를 찾았어요.

② 도토리로 밥을 짓고 음식을 만들어요.

③ 도토리 알까기도 하고 도토리 껍질을 까보며 놀이해요.

④ 많이 모은 열매로 가을 피자 만다라도 만들었어요.

⑤ 도토리를 활용한 즐거운 놀이 후에는 다람쥐들을 위해 도토리 수거함에 쏙 넣어줘요.

4) 겨울의 숲놀이

놀이의 발견

찬바람이 불고 낙엽이 지는 겨울이지만 아이들 손은 따뜻하다. 겨울바람에 맞서 숲을 뛰어다니며 놀이하다 보면 이마에 땀이 송골송골 맺힌다. 숲과 함께 자란 1년의 마지막 계절, 아이들은 함께 자라났던 모든 자연물을 활용하여 매일 재미있는 놀이를 만들어낸다. 화려한 꽃과 잎들이 지고 나니 보이는 낙엽과 나뭇가지, 솔잎과 솔방울, 얼음 등이 좋은 놀잇감이 되어 아이들의 놀이를 풍성하게 해준다.

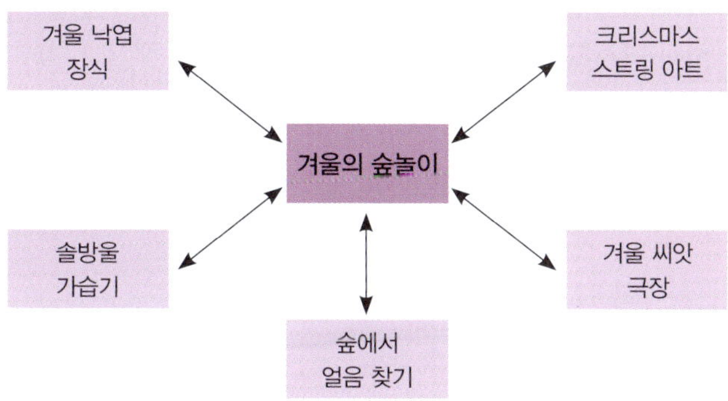

놀이의 준비

- 움직임에 따라 추위가 다르게 느껴진다. 아이들이 얇은 옷을 여러 겹 입도록 안내하고 어린이용 핫팩과 방한용품(모자, 넥워머, 장갑)을 착용하도록 한다.
- 미끄럽지 않은 부츠를 신고 올 수 있게 안내한다.
- 낙엽이 많이 쌓인 곳이 움푹 빠지거나, 미끄러울 수 있음을 안전교육을 통해 지도한다.
- 숲에서 만나는 모든 생명은 소중이 다룰 수 있도록 지도한다.

놀이 하나, 겨울 낙엽 장식

놀이의 시작

'바스락바스락' 아이들과 걷는 숲길에서 들리는 겨울의 낙엽 소리가 숲을 채운다. 낙엽을 휘날리며 놀이하던 아이들에게 선생님은 봉투를 나눠주며 "누가 먼저 낙엽 많이 모으나?" 놀이를 제안해 본다. "공 같아요~ 우리 굴리기 게임해요!" 즉흥해서 친구들과 낙엽 공 굴리기 게임이 시작되었다. "선생님, 우리 낙엽에 색깔 옷 입혔었어요." "우와, 가을 때보다 더 예쁜데? 무지개 옷이네." 나뭇잎들은 모두 낙엽으로 떨어졌지만, 오색의 아름다웠던 가을의 추억이 아이들 마음속에 남아있는 모양이다. 하나, 둘 모여 낙엽에 크레파스와 마커로 색을 더해 옷을 입히기 시작했다. 겨울이지만 아름답게 낙엽의 옷을 입히고 장식했던 놀이 이야기이다.

놀이 흐름

낙엽 찾기 ⇒ 낙엽 공 만들기 ⇒ 낙엽 공 굴리기 게임 ⇒ 낙엽 색칠하기 ⇒ 색깔 낙엽 장식하기

놀이 재료

루페, 관찰통, 커다란 봉투, 크레파스, 크리스마스 장식품

놀이 지원

놀이 공간	–낙엽이 많은 숲 장소로 정하기 –낙엽 공 굴리기 게임 장소 정하기
놀이 시간	–유아들과 일과 계획 시 만들 시간과 놀이를 즐길 시간 분배하기
토의 주제	–그 밖의 필요한 재료 요청하기 –색깔 낙엽 장식할 곳 정하기

놀이 과정 및 사진

① 숲에 가는 길에 떨어진 낙엽들을 주어요.

② 커다란 봉투에 낙엽을 한가득 모아요.

③ 낙엽 공 굴리기 게임을 하며 친구들과 신나게 놀아요.

④ 낙엽에 예쁜 색을 칠했어요.

⑤ 예쁜 낙엽은 우리 교실 곳곳에 크리스마스 장식으로 활용했답니다.

놀이 둘, 솔방울 가습기

놀이의 시작

추운 한겨울이지만 따뜻한 햇볕 아래에서 아이들은 자유롭게 숲놀이를 즐겼다. 돌아오는 길에 활엽수 낙엽과는 다른 솔잎을 발견하고 솔잎을 모아 자신의 이름을 써본다. 소나무 아래 떨어져 있는 솔방울의 모양을 비교하며 크고 작은 것을 알아보다가 솔방울이 핀 것과 오므린 것을 발견했다. "솔방울은 옛날부터 가습기로 사용했데." 교사의 말에 아이들은 솔방울을 가득 모아 왔다. 습기를 머금을 때는 오므리고, 습기가 적을 때는 활짝 펼쳐지는 솔방울 가습기를 아이들과 함께 만들어 보기로 했다.

놀이 흐름

겨울 숲 자유놀이 ⇒ 솔잎으로 이름 쓰기 ⇒ 솔방울 찾기 ⇒ 솔방울 세척 ⇒ 솔방울 가습기 만들기

놀이 재료

루페, 관찰통, 커다란 봉투, 크레파스, 크리스마스 장식품

놀이 지원

놀이 공간	–자유숲놀이 할 장소 정하기 –솔방울이 많은 장소 알아보기
놀이 시간	–유아들과 일과 계획 시 만들 시간과 놀이를 즐길 시간 분배하기
토의 주제	–자유놀이에 필요한 재료 요청하기 –솔방울 가습기에 필요한 재료 요청하기 –솔방울 가습기 둘 장소 정하기

놀이 과정 및 사진

① 겨울 숲에서 우리만의 자유놀이를 해요.

② 내려오는 길에 만난 솔잎으로 내 이름을 남겨요.

③ 솔방울을 찾았어요. 가습기를 만들기 위해 열심히 모아요.

④ 솔방울을 소금물에 깨끗하게 씻어요.

⑤ 우리 반의 예쁜 솔방울 가습기가 생겼어요.

놀이 셋, 겨울 씨앗 극장놀이

놀이의 시작

나뭇가지 끝마다 맺은 팥배나무 열매, 단풍나무 씨앗들을 만나니 떠나지 못한 씨앗에 대한 질문이 많아졌다. “선생님, 저 나무 끝에 열매는 언제 떨어져요? 새싹이 되어야 할 텐데.” “더 세찬 바람이 불어야 할까? 혹시 떠나기 싫은 건 아닐까?” 선생님의 되물음에 아이가 재미있는 상상력을 쏟아낸다. 모두가 숲놀이를 열심히 하는 그때 한쪽에서 ‘겨울 씨앗 극장’놀이 준비가 한창이다. “선생님, 우리가 공연 준비하고 있으니깐 나중에 꼭 와요.” 하며 작은 초대장 하나를 주고 간다. 극장에 나올 인형들도 나뭇잎으로 만들고, 초대장을 주며 공연을 홍보하고 다닌다. 정해진 시간이 되자 공연장에 많은 아이들이 기대감을 가지고 모여 앉았다. 아이들이 즉흥적으로 만든 ‘떠나지 않은 겨울 씨앗’에 대한 이야기를 재미있게 듣고 공연을 축하한다. 우리만의 겨울 씨앗 극장놀이 이야기이다.

놀이 흐름

겨울 숲에서 찾은 씨앗 ⇒ 숲자유놀이 ⇒ 겨울 씨앗 이야기 싯기 ⇒ 겨울 씨앗 공연 준비 ⇒ 공연하기

놀이 재료

루페, 관찰통, 되살림 주방 놀이, 네임펜, 넓은 나뭇잎, 가위, 테이프

놀이 지원

놀이 공간	– 자유숲놀이 할 장소 탐색하기 – 겨울 씨앗 공연 장소 정하기
놀이 시간	– 유아들과 일과 계획 시 만들 시간과 놀이를 즐길 시간 분배하기
토의 주제	– 자유놀이에 필요한 재료 요청하기 – 겨울 씨앗 공연 참여할 팀 정하기 – 공연에 필요한 소품 제작 및 역할 나누기

놀이 과정 및 사진

① 겨울 씨앗을 발견하며 숲으로 이동해요.

② 겨울 숲에서 즐거운 자유놀이를 해요.

③ 몇몇 아이들이 '겨울 씨앗 극장'놀이를 준비해요.
등장인물 인형을 만들고 초대장도 만들어요.

④ 공연 준비가 다 되었어요.

⑤ 즉흥극으로 공연을 열었어요. 친구들의 공연을 함께 감상하며 축하해요!

4 특별한 날의 놀이

놀이의 발견

유아들의 놀이 흐름이 크게 달라지는 경우가 있다. 놀잇감이 달라졌을 때, 주말 지낸 경험이 풍성할 때, 계절성이 달라 다양한 종류의 동식물을 만날 때, 그리고 특별한 날이 있을 때이다. 특별한 날은 '영화관 놀이', '물풍선 놀이', '알밤 줍기 데이' 등 관심사에 따라 정하는 특별한 날과 세계 또는 국가가 지정한 '독도의 날', '농업인의 날', '단오' 등 깊이 경험하기 위해 하루의 놀이 주제로 정하기도 한다. 놀이의 참여뿐만 아니라 주체자가 되어 캠페인과 놀이 공유를 통해 더 큰 즐거움을 느끼게 된다.

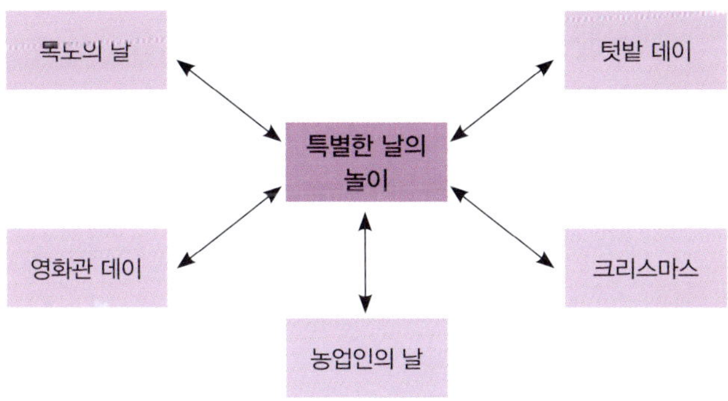

놀이의 준비

- '특별한 날'은 미리 계획하에 운영할 수 있다.
- '사회적 이슈' 또는 기후 변화 등 생활과 관련된 주제를 '특별한 날'로 정해도 무관하다.
- '특별한 날'에 대한 충분한 이해와 토의를 통해서 유아와 진행을 계획한다.
- 유치원의 다양한 장소와 교직원의 참여를 요청하여 놀이의 다양성을 더 한다.
  예 원장님 손님으로 초대하기, 팝콘 가게 주인으로 원장님 참여하기 등

놀이 하나, 영화관 DAY

놀이의 시작

주말 지낸 아이들이 극장에서 재미있는 영화를 보고 왔다고 했다. "영화 진짜 재밌었어!" "팝콘도 먹고 음료수도 먹으면서 영화 봤어." "우와~ 재밌었겠다." 하는 아이들의 이야기 끝에 "그럼 우리도 영화관 놀이를 해보자."라고 선생님이 제안하니 "선생님 무슨 영화 보여 주실 거예요?"라며 아이들은 모두 신난 모습이다. "무슨 영화가 좋을까? 영화관 놀이를 하려면 우선 무엇이 필요할까? 우리 함께 고민해 보자." 선생님 이야기에 모두 둘러앉아 토의하며 우리만의 즐거운 영화관 DAY를 계획하게 되었다.

놀이 흐름

영화관 놀이 계획하기 ⇒ 영화관 간판 만들기 ⇒ 영화관 놀이에 필요한 소품 꾸미기 ⇒ 역할 나누기 ⇒ 영화관 개봉하기

놀이 재료

되살림 천, 다양한 되살림 종이, 색연필, 매직, 영화관 스낵코너

놀이 지원

놀이 공간	–영화상영관 장소 마련하기 –'영화관 자리 배정' 장소 미리 계획하기
놀이 시간	–유아들과 일과 계획 시 만들 시간과 놀이를 즐길 시간 분배하기
토의 주제	–그 밖의 필요한 재료 요청하기 –영화관 놀이 역할 정하기(판매자, 관람자, 티켓확인 등)

놀이 과정 및 사진

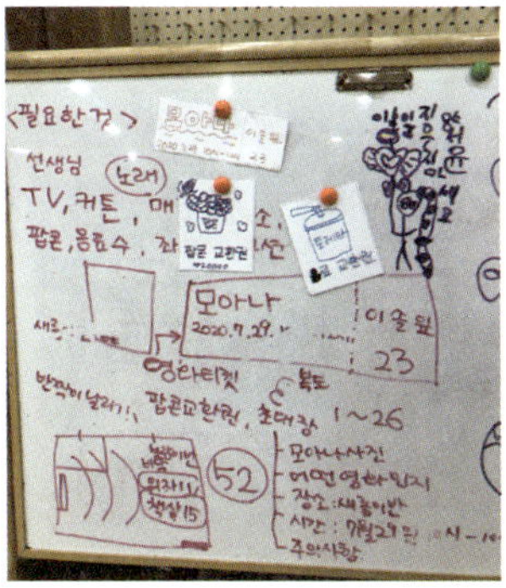

① 영화관 놀이를 계획해요. (상영 영화 정하기, 필요한 소품 찾기 등)

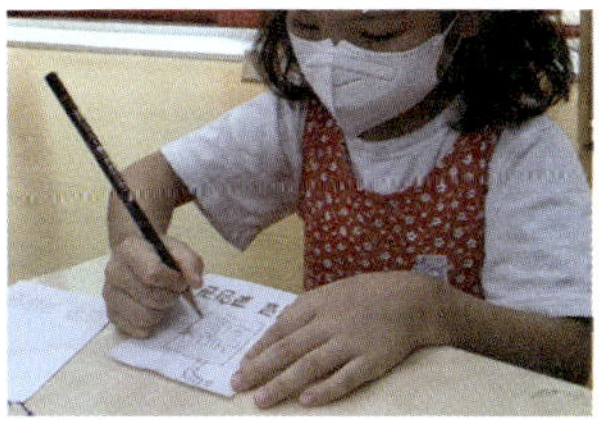

② 영화 홍보 포스터와 티켓, 팝콘 쿠폰을 디자인하고 만들어요.

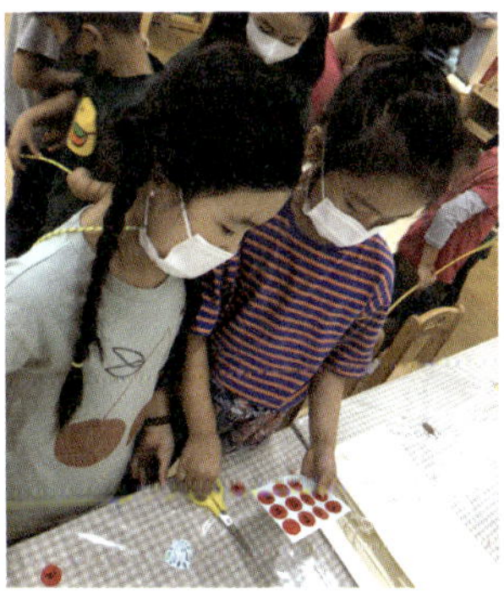

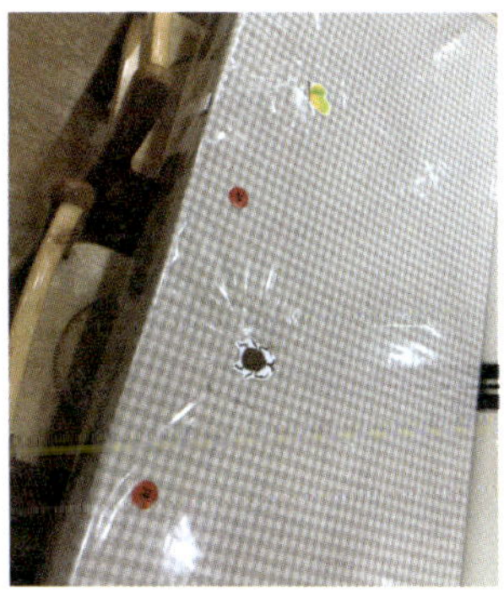

③ 숫자를 쓴 스티커로 좌석을 배정해요.

④ 영화관 놀이에 필요한 포스터와 안내서를 붙여요.

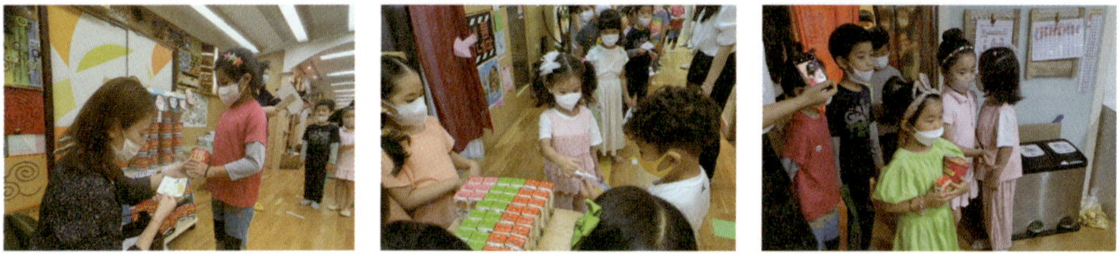

⑤ 쿠폰으로 팝콘과 음료수를 사고, 티켓도 내고 자리에 앉으며 영화관 놀이를 해요.

놀이 둘, 독도 지킴이 놀이

놀이의 시작

매년 10월 25일은 '독도의 날'이다. 아이들과 어떻게 의미를 깊이 새기고 즐거운 경험을 할까 고민 끝에 '독도의 날' 캠페인을 준비하기로 하였다. '독도의 날' 이야기 나누기 한 번으로 아이들은 이미 독도 수호대이자 독도 지킴이가 되었다. 블록으로 독도를 만들고, 오가는 배를 만들며, 우리나라의 땅과 상징하는 것에 관해 관심이 높아졌다. 그렇게 시작한 우리만의 '독도의 날' 놀이를 소개한다.

놀이 흐름

'독도의 날' 알아보기 ⇒ 자유놀이 ⇒ 독도 꾸미기 ⇒ '독도' 퀴즈대회 ⇒ 독도의 날 홍보하기 ⇒ 독도 캠페인 준비하기 ⇒ '독도의 날' 캠페인 하기

놀이 재료

'독도의 날' 현수막, 독도 꾸미기 재료(플레이콘), 태극기 꾸미기(그리기 재료), 독도의 날 알림 카드 만들기 재료(되살림 종이, 꾸미기 재료)

놀이 지원

놀이 공간	–독도 꾸미기 전시 공간 마련 –'독도의 날' 캠페인 장소 계획하기
놀이 시간	–유아들과 일과 계획 시 만들 시간과 놀이를 즐길 시간 분배하기
토의 주제	–'독도의 날' 캠페인 방법 및 역할 정하기

놀이 과정 및 사진

① '독도의 날'을 이해 후 유아들의 놀이에서 독도와 관련된 놀이가 시작 되었어요.

② 다양한 방법으로 독도를 만들고 독도에 관한 이야기를 지어봐요.

③ 독도에 대한 상식을 알아보는 퀴즈 대회도 열었어요.

④ '독도의 날'을 홍보해요.

⑤ 각자의 방법으로 태극기를 만들며 캠페인을 준비해요.

⑥ '독도의 날'을 맞아 신나게 캠페인에 참여했어요.

놀이 셋, '텃밭 데이' 놀이

놀이의 시작

땅속에서 보물을 꺼내듯 모두가 열심히 고구마 캐기에 참여했다. 수확물이 많으니 아이들도 내심 뿌듯한 표정으로 만나는 선생님들께 자랑한다. "수확한 고구마로 무엇을 만들어 먹을까?" 선생님의 질문에 아이들은 고구마로 할 수 있는 다양한 음식을 이야기한 끝에 '고구마 부침개'를 만들기로 했다. "고구마 부침개 맛집으로 오세요." 하며 아이들이 역할 영역에서 놀이를 시작했다. "우리 진짜 음식으로 고구마 부침개 맛집 놀이를 해볼까?" 아이들은 분주히 역할을 나누고 요리 준비, 간판 만들기, 필요한 가게 용품 등 챙기며 놀이를 시작했다.

놀이 흐름

고구마 캐기 ⇒ 고구마를 활용한 놀이 계획하기⇒ '고구마 부침개 맛집' 놀이 준비 ⇒ 요리 준비 ⇒ 고구마 맛집 놀이하기

놀이 재료

맛집 간판 만들기(되살림 재료, 매직, 색연필), 요리 실습(도마, 어린이용 칼, 볼, 전기 프라이펜, 접시 등), 앞치마

놀이 지원

놀이 공간	– 고구마 부침개 맛집 가게 장소 정하기
놀이 시간	– 유아들과 일과 계획 시 만들 시간과 놀이를 즐길 시간 분배하기
토의 주제	– 고구마 부침개 맛집 놀이 역할 분배하기

놀이 과정 및 사진

① 우리 텃밭의 고구마 캐기를 했어요.

② 고구마 맛집 놀이를 위해 요리를 준비해요.

③ 맛있는 고구마 요리를 하며 '고구마 부침개 맛집' 놀이를 해요.

*참고문헌

곽노의 (2018). 제 4차 산업혁명시대의 인문학적 이해와 숲교육의 이해. 한국아동숲교육학회. 동계세미나 자료집. 16-30.

곽노의, 이신영 (2014). 누리과정과 연계한 숲체험 교육활동. 서울: 창지사.

권정윤 (2007). 조기 특기교육에 대한 부모의 인식과 양육 스트레스 및 유아의 문제행동. 미래유아교육학회지, 14(2), 1-19.

권혜진, 김정은, 우현경, 전가일, 진숙영, 정윤주, 한유진 (2016). 아이와 교사가 즐거운 놀이지도. 경기: 양서원.

경기도 교육청 (2017). 놀이 2017: 놀이로 유아교육 본질 찾기.

경기도 교육청 (2018). 놀이 2018: 유아교육, 놀이로 풀다.

경기도 교육청 (2019). 놀이 2019: 놀이로 유아의 삶을 담다.

교육과학기술부 · 보건복지부 (2013). (3-5세)연령별 누리과정 해설서. 서울: 교육과학기술부 · 보건복지부.

교육부, 보건복지부 (2019a). 2019 개정 누리과정 해설서. 세종: 교육부 · 보건복지부.

교육부, 보건복지부 (2019b). 2019 개정 누리과정 놀이이해자료. 세종: 교육부 · 보건복지부.

교육부, 보건복지부 (2019c). 2019 개정 누리과정 놀이실행자료. 세종: 교육부 · 보건복지부.

국립환경과학원 (2016). 어린이 바깥활동 시간 하루 평균 34분........ 미국 29% 수준. 웹진 YES (2016년 6월호). http://211.114.21.55:8443/ecatalog.jsp?Dir=47&catimage=에서 2019년 4월 20일 인출.

김광웅, 김화란 (2006). 처음 만나는 놀이치료. 서울: 숙명여자대학교 출판부.

김광호, 조미진 (2012). 오래된 미래, 전통 육아의 비밀. 서울: 라이온북스.

김명순 (2019a). 놀이에 대한 부정적인 오해와 긍정적 편견: 미래사회 변화에서 '교육과정 놀이'에 대한 재개념화 방향과 과제. 한국유아교육학회, 2019 춘계학술대회 기조강연집, p. 48. 경기: 가천대학교.

김명순 (2019b). 놀이중심 개정 누리과정 현장 적용의 실제와 어린이지 평가제, 영유아 놀이의 본질과 놀이의 힘. 한국보육학회, 2019 추계학술대회.

김보라 (2018). 유아미디어 이용 시간 실태와 자기조절력, 문제행동과의 관계. 연세대학교 교육대학원 석사학위논문.

김수정 (2010). 애착장애와 치료놀이. 경기: 공동체.

김숙이 (2010). 유아 그림이야기책을 활용한 이야기 회상 및 이야기 꾸미기 활동에 관한 연구, 유아교육학논집, 15(1), 249-275.

김은영, 최효미, 최지은, 장미경 (2016). 영유아 사교육 실태와 개선 방안 Ⅱ: 2세와 5세를 중심으로(연구보고 2016-13). 육아정책연구소.

김주현, 박찬옥 (2011). 단동치기십계훈의 교육관과 유아교육적 의미. 유아교육연구, 31(2), 233-253.

김태영, 엄정애 (2019). 실내 자유놀이시간에 나타나는 유치원 교사의 놀이개입, 교육과학연구, 50(3), 1-32.

김희태, 김경희, 김민진, 송연경 (2020). 아동관찰 및 행동연구. 경기: 파워북.

나은숙 (2008). 유아의 몰입행동 특성에 대한 연구. 한국보육학회지, 8(4), 67-90.

남진경 (2013) 만 4세 유아의 순수 놀이공간 및 놀이성과 놀이행동 간의 관계. 연세대학교 대학원 석사학위논문.

박영양, 이성희 (2004). 유아의 과외참여 현황에 따른 스트레스 정도 분석. 유아특수교육연구, 4(2), 175-196.

박찬옥, 정남미, 곽현주 (2016). 놀이지도. 경기: 양성원.

방은영 (2016). 영유아놀이지도. 놀면서 배우는 행복한 아이들. 경기: 공동체.

보건복지부 (2014). 제3차 어린이집 표준보육과정 교사용 지침서. 세종: 보건복지부 · 육아정책연구소.

보건복지부 · 한국보육진흥원(2020). 어린이집 평가 매뉴얼. 서울: 한국보육진흥원.

서동미, 엄은나, 이혜경, 박성희 (2018). 영유아교수학습방법론. 경기: 공동체.

성영혜 (2000). 치료놀이 1. 서울: 형설출판사.

송승민, 박인영, 김미옥, 이순희 (2020). 개정누리과정에 기초한 놀이지도. 경기: 공동체.

신지연, 박영욱, 이주영 (2014). 열두 달 자연관찰중심의 숲교육프로그램. 서울: 신정.

신지연, 신혜원, 서원경, 박원순 (2018). 영유아 교수학습방법. 경기: 파워북.

신지연, 이신영, 정민정 (2019). 행복한 미래교육, 한국 숲유치원. 경기: 공동체.

오연주, 박애순, 최정화, 이명윤 (2020). 유아중심 놀이지도. 서울: 창지사.

오정희, 최남정 (2010). 유아교실에서 발생하는 몰입과 미적경험: 자유선택활동 시간을 중심으로. 유아교육연구, 30(1), 173-196.

오주현, 박용완 (2019). 영유아의 스마트 미디어 사용 실태 및 부모 인식 분석. 육아정책연구, 13(3), 3-26.

유소라, 박찬옥 (2019). 영유아의 마음이론 발달 양상 분석. 열린부모교육연구, 11(3), 27-44.

유애열 (1994). 유아의 상상놀이와 교사 개입에 관한 연구. 연세대학교 대학원 박사학위논문.

Booth, P. B., & Jernberg, A. M. (2011). 치료놀이. 윤미원, 김윤경, 신형정, 전은희, 김유진 공역. 서울: 학지사.

이경화, 김연진, 배지현 (2018). 영유아놀이지도. 경기: 양서원.

이상희 (2008). 행복한 엄마와 자녀관계 증진 프로그램. 서울: 태영출판사.

이소영, 임재택 (2020). 아이중심 놀이중심 관찰 기록. 경기: 공동체.

이숙재 (2019). 영유아 놀이의 이론과 실제(제5판). 서울: 창지사.

이신영 (2019). 프뢰벨의 교육사상 관점에서 본 숲유치원 자유놀이의 의미. 유아교육학논집, 23(6), 257-282.

이재은 (2006). 또래관계에서 사용하는 유아의 사회적 문제해결행동. 한국교원대학교 교육대학원 석사학위논문.

이정희, 권혜진, 백선희 (2018). 놀이로 자라는 유치원. 서울: 기역.

이종휘 (1995). 놀이와 교육: 구성놀이에 대한 재고. 유아교육연구, 15(2), 91-104.

이화여자대학교 이화어린이연구원 (2016). 교사라면 꼭 알아야 하는 쌓기 놀이 지도의 모든 것. 서울: 파란마음.

임부연, 서유리, 김경애 (2018). 자유선택활동 놀이시간에 나타나는 몰입경험에 관한 질적 연구. **학습자중심교과교육연구**, 18(7), 789-818.

임부연, 오정희, 최남정 (2008). 비구조적인 자유놀이 시간에 유아들이 보여주는 '진짜 재미있는 놀이'에 대한 현상학적 연구. **유아교육연구**, 28(1), 185-209.

정진, 성원경 (1994). **유아놀이와 게임활동의 실제**. 서울: 학지사.

조선미 (2000). 기질에 따른 유아의 놀이스타일 연구. 성신여자대학교 석사학위논문.

조영아 (2003). Froebel 교육의 놀이에 관한 연구. 한국교원대학교 대학원 석사학위논문.

조은진 (2000). 유아들의 가상놀이 촉진을 위한 놀잇감 사용: 놀잇감의 구조성을 중심으로. **아동학회지**, 21(1). 197-220.

중앙육아종합지원센터 (2000). 제4차 어린이집표준보육과정 놀면서 자란다(유아3~5세 보육과정). 서울: 중앙육아종합지원센터.

지혜련 (1992). 아동 놀이 이론의 통합을 위한 개념적 접근. 연세대학교 생활과학연구소 **생활과학논집** 6, 23-45.

최석란, 신지연, 이현옥 (2014). **놀이지도**. 서울특별시교육청.

최혜영, 신혜영 (2008). 아동 또래 놀이행동 척도(PIPPS)의 국내적용을 위한 타당화 연구. **아동학회지**, 29(3), 303-318.

한경애 (2007). **놀이의 달인 호모 루덴스**. 서울: 그린비.

허진경 (2001). 사회극놀이 수준이 다른 유아 간 상호작용이 표상능력과 협상능력에 미치는 영향. 이화여자대학교 대학원 석사학위논문.

홍은자 (2011). 어머니 성취압력과 학원 학습지 이용이 유아 스트레스에 미치는 영향, 이화여대 교육대학원. 석사학위 논문.

황의명, 조형숙 (2015). **유아과학교육**. 경기: 정민사.

Barnett, L. A. (1991). Playfulness: Definition, design, and measurement. *Play and Culture*, *3*(4), 319-336.

Bergin, C., & Bergin, D. (1999). Classroom discipline that promotes self-control. *Journal of Applied Developmental Psychology*, *20*(2), 189-206.

Berlyn, D. (1960). *Conflict, arousal and curiosity*. New York: McGraw-Hill.

Bodrova, E., & Leong, D, J. (2010). 정신의 도구: 비고츠키 유아교육. 박은혜, 신은수 공역. 서울: 이화여자대학교 출판부.

Ellis, M. J. (1973). *Why people play. Englewood Cliffs*. N.J.: Prentice-Hall.

Bruner, J .S. (1972). The nature and uses of immaturity. *American Psychologist, 27*, 686-708.

Bruner, J .S. (1975). Play is serious business. *Psychology Today, 2*, 75-86.

Csiksentmihalyi, M. (2003). 몰입의 기술. 이삼출 역. 서울: 더불어책.

Csiksentmihalyi, M. (2004). 몰입, 미치도록 행복한 나를 만나다. 최인수 역. 서울: 한울림.

Damast, A., Tamis-LeMonda, S., & Bornstein, M. (1996). Mother-child play : Seqential interactions and the relation between maternal beliefs and behaviors. *Child Development, 67*, 1752-1766.

Dockett, S. (1994). Pretend play and young children's developing theories of mind. Unpublished doctoral dissertation, University of Sydney.

Doyle, A., Connelly, J., & Rivest, L. (1980). The effect of playmate familiarity on the social interactions of young children. *Child Development, 51*, 217-223.

Erikson, E. H. (1950). *Childhood and society*. NY: Norton.

Ellis, M. J. (1973). *Why people play*. Englewood Cliffs, NJ: Prentice Hall.

Elkind, D. (2001). The adaptive function of work and play. *Play, Policy, & Practice Connections, 6*(2), 6-7.

Enz, B., & Christie, J. (1997). Teacher play interaction styles : Effects on play behavior and relationships with teacher training and experience. *International Journal of Early Childhood Education, 2*, 55-69.

Fantuzzo, J. W., Sutton-Smith, B., Coolahan, K. C., Manz, P. H., Canning, S., & Debnam, D. (1995). Assessment of preschool play interaction behaviors in young low-income children: Penn interactive peer play scale. *Early Childhood Research Quarterly, 10*, 105-120.

Fogle, L., & Mendez, J. (2006). Assessing the play beliefs of African American mother with preschool children. *Early Childhood Research Quarterly, 21*

507–518.

Freud, S. (1961). *Beyond the pleasure principle*. N.Y.: Norton.

Frobel, F. W. A. (2005). *The education of man* [*Die Menchenerziehung*]. (W. N. Hailmann, Trans.) New York, NY: Dover Publications. (Original work published in 1826).

Frost, J. (1992). *Play and playscapes*. Albany, N.Y.: Delmar.

Frost, J. L., & Klein, B. L. (1979). *Children's play and playgrounds*. Boston: Allyn and Bacon safety.

Garvey. C. (1977). *Play*. Cambridge, Massachusetts: Harvard Press.

Goemer, S. (1994). *Chaos and the evolving ecological universe*. Langhorne, PA: Gordon & Breach.

Gowen, J. (1995). The early development of symbolic play. *Young Children*, 75–81.

Howes, C. E., & Faver, C.(1985). *Social pretend play in two-years olds with older and same age play partners*. U.S.: Callifonia.

Hughes, M., & Hutt, C. (1979). Heart-rate correlates of childhood activities:play, exploration, problem-solving and day dreaming. *Biological Psychology*, *8*, 253–263.

Huizinga, J. (2018). 호모루덴스: 놀이하는 인간을 꿈꾸다. 이종인 역. 경기: 연암서가.

Hutt, C. (1971). Exploration and play in children. In R. E. Herron and B. Sutton-Smith (Eds.), *Child's Play* (pp. 231–251). New York: John Wiley & Sons.

Jeffree, D., & McConkey, R. (1976). An observation scheme for recoding children's imaginative doll play. *Jounal of Child Psychology and psychiatry*, *17*, 189–197.

Jenkins, M., & Astington, J. (2000). Theory of mind and social behavior : Casual models tested longitudinal study. *Merrill-Palmer Quarterly*, *46*(2), 203–220.

Jenvey, V., & Jenvey, H. (2002). Criteria used to categorize children's play:

Preliminary findings. *Social Behavior and Personality, 30*(8), 733–740.

Jeon, S. H. (2016). The effects of fathers' rearing practice and play participations of child' emotional regulation. (Master's thesis). Retrieved from http://www.riss.kr/link?id=T14005999.

Johnson, H. M. (1973). The art of block building. In E. S. Hirsh (Ed.,), *The block book* (pp.9–24). Washington DC : NAEYC.

Johnson, J. E., Christie, J. F., & Wardle, F. (2005). 놀이, 발달, 유아교육. 이진희, 손원경, 안효진, 유연옥 공역. 서울: 아카데미프레스.

Johnson, J. E., Christie, J. F., & Yawkey, T. D. (1999). *Play and early childhood development*. New York: Addison Wesley Longmans, Inc.

Kamii, C., & DeVries, R. (1980). *Group games in early education: Implication of Piaget's theory*. Washington, D. C.: NAEYC.

Kinsman, C., & Berk, L. (1979). Joining the block and housekeeping areas: Changes in play and social behavior. *Young Children, 35*(1), 66–75.

Levy, J. (1978). *Play behavior*. New York: John Wiley & Sons.

Lewis, M. (1972). Sex differences in play behaviour of the very young. *Journal of Health, Physial Education and Recreation, 43*, 38–39.

Lewis, V., & Boucher, J. (1988). Spontaneous, instructed and elicited play in relatively able autistic children. *British Journal of Development Psychology, 6*(4), 325–339.

Liberman, J. N. (1965). Playfulness and divergent thinking: an investigation of their relationship at the kindergarten level. *Journal of Genetic Psychology, 107*, 29–224.

Liberman, J. N. (1977). *Playfulness: Its relationship to imagination and creativity*. New York: Academic Press.

Matas, L., Arend, R. A., & Sroufe, A. (1978). Continuity of adaptation in the second year: The relationship between quality of attachment and later competence. *Child Development, 49*, 547–556.

Moore, G. (1986). Effects of the spatial definition of behaviour setting on children's behavior: A quasi-experimental study. *Journal of Environmental Psychology, 6*, 205-231.

Mueller, L., & Brenner, J. (1977). The origins of social skills and interaction among playgroup toddlers. *Child Development, 48*, 854-861.

O'Connel, B., & Bretherton, I. (1984). Toddler's play, Alone and with mother. In I. Bretherton (Ed.), *Symbolic play:The development of social understanding*. New York: Academic Press.

Piaget, J. (1962). *Play, dreams and limitation in childhood*. New York: W. W. Norton.

Prescott, E. (1994). The physical environment: A powerful regulator of experience. *Child Care Information Exchange, 100*, 9-15.

Pulaski, M. A. (1973). Toy and imaginative play. In J. L. Singer (Ed.), *The child's world of make-believe*(pp. 74-103). New York: Academic Press.

Rubin, K. H. (1989). *The play observation scale(POS)*. Center for Children, Relationships, and Culture. University of Maryland.

Rubin, K. H., Fein, G., & Vandengberg, B. (1983). Play. In P. H. Mussen & E. M. Hetherington (Eds.), *Camichael's manual of child psychology: Social development* (pp. 693-774). New York: John Wiley & Sons.

Rubin, K. H., Maioni, T. L., & Hornung, M. (1976). Free play behaviors in middle and lowerclass preschoolers: Patten and Piaget revisited. *Child Development, 47*, 414-419.

Saraho, O. (1995). Relationship between young children's cognitive style and their play. *Early Childhood Development and Care, 113*, 77-84.

Schaefer, C. E. (1993). The therapeutic powers of play. NJ: Jason Aronson.

Singer, J. L. (1973). *The child's world of make-believe*. New York: Academic Press.

Smilansky, S. (1968). *The effects of sociodramatic play on disadvantaged preschool children*. N.Y.: Wiley.

Smith, P., & Vollstedt, R. (1985). On defining play: An empiral study of the relationship between play and various play criteria. *Child Development*, *56*, 1042–1050.

Sponseller, D., & Lowry, M. (1974). Desinging a play environment for toddlers. In D. Sponseller (Ed.), *Play as a learning medium* (pp.81–106). Washington, DC: National Association for the Education of Young Children.

Steinberg, L., Vandell, D. L., & Boenstein, M. H. (2012). **아동발달**. 곽금주 역. 서울: 시그마프레스.

Sutton–Smith, B. (1967). The role of play in cognitive development. *Young Children*, *22*, 361–370.

Thomas, A., & Chess, S. (1977). *Temperament and development*. New York. Bruner/Mazel.

Thrawick–Smith, J. (2007). **놀이지도: 아이들을 사로잡은 상호작용**. 송혜린, 신혜영, 신혜원, 조혜진 공역. 서울: 다음세대.

Tizard, B., Philps, J., & Lewis, I.(1976). Play in preschool center: Effects on play of the cdild's social class and the educational orientation of the center. *Journal of Child Psychology*, *143*(1), 19–28.

Van Hoorn, J., Monighan–Nourot, P., Sacles B., & Alward, K. R. (2018). **놀이중심 교과과정**. 순진이, 정현심 공역. 서울: 시그마프레스.

Vander Ven, K. (1998). Play, proteus, and paradox: Education for a chaotic and super symmetric world. In D. Fromberg & D. Bergen(Eds.), *Play from birth to twelve and beyond: Context*, Perspectives and meanings (pp.119–132). New York: Garland.

Vygotsky, L. S. (1978). *Mind in society: The development of psychological processes*. M. Cole, V. John–Steiner, S. Scribner, & E. Souberman (Eds.), Cambridge, MA: Harvard Unversity Press.

Weisler, A., & McCall, R. R. (1976). Exploration and play: Resume and redirection. *American Psychologist, 31*(7), 492–508.

Wolf, D., & Grollman, S. H. (1982). Ways of playing: Individual differences in imagintive style. In D. J. Pepler and K. H. Rubin (Eds.), *The play of children: Current theory and research* (pp.46–63). Basel, Switzerland: Kager, AG.

Yawkey T. D., Christie F. F., & Johnson, J. E. (1998). *Play and Early Childhood Development*. Longman Grop.

Youngblable, L., & Dunn, J. (1995). Individual differences in young children's pretend play with mother and sibling: Links to relationships and understanding of other people's feelings and beliefs. *Child Development, 66*, 1472–1492.

저자약력

▶ 신지연

삼육대학교 유아교육과 교수
삼육대학교 부속 유치원 원장
사)한국숲유치원협회 부회장

[주요저서]

행복한 미래교육 한국 숲유치원(2019, 공저)
영유아교수학습방법(2016, 공저)
열 두달 자연관찰중심의 유아숲교육 프로그램(2013, 공저)

▶ 이신영

세한대학교 유아교육과 교수
한국아동숲교육학회 부회장

[주요지시]

유아교육기관과 초등학교의 연계교육(개정)(2020, 공저)
행복한 미래교육 한국 숲유치원(2019, 공저)
누리과정과 연계한 숲체험 교육활동(2014, 공저)

▶ 서원경

성남시육아종합지원센터장
성남시 아동친화도시 추진위원회 위원

[주요저서]

영유아교수학습방법(2016, 공저)
어린이집 운영관리(2016, 공저)
놀이지도(2010, 공저)

▶ 이미화

삼육대학교 부속 유치원 원감

아이와 교사의 행복을 위한 개정 누리과정 중심

놀이지도

초판발행 2021년 1월 25일 1판 1쇄 인쇄 | 2021년 1월 30일 1판 1쇄 발행

지은이 신지연 이신영 서원경 이미화
펴낸이 최용구 | **펴낸곳** 도서출판 **신정**
주소 (04316) 서울시 용산구 원효로 89길 19 (원효로1가)
전화 02)3211-4782, 0266(영업부), 3211-4783(편집부), 3211-4784(팩스)
이메일 shinjeong72@naver.com | **홈페이지** www.sjbook.co.kr
등록 2001년 5월 11일 제13-702호
기획마케팅 최용구 장만동 최충구 진소희 | **책임편집** 석기은 황가연

ISBN 978-89-5912-537-1 93370
정가 22,000원